O EU E O ISSO

Blucher

O EU E O ISSO

Um século de ressonâncias

Organizadoras
Ana Cláudia Zuanella
Denise Zimpek

O Eu e o Isso: um século de ressonâncias

Publisher Edgard Blücher
Editores Eduardo Blücher e Jonatas Eliakim
Coordenação editorial Andressa Lira
Produção editorial Juliana Morais
Diagramação Plinio Ricca
Preparação de texto Luana Costa Negraes
Revisão de texto Cristiana Gonzaga Souto Corrêa
Capa Laércio Flenic
Imagem de capa iStockphoto

Blucher

Rua Pedroso Alvarenga, 1245, 4º andar
04531-934 – São Paulo – SP – Brasil
Tel.: 55 11 3078-5366
contato@blucher.com.br
www.blucher.com.br

Segundo o Novo Acordo Ortográfico, conforme 6. ed. do *Vocabulário Ortográfico da Língua Portuguesa*, Academia Brasileira de Letras, julho de 2021.

Dados Internacionais de Catalogação na Publicação (CIP)
Angélica Ilacqua CRB-8/7057

O Eu e o Isso : um século de ressonâncias / organizado por Ana Cláudia Zuanella, Denise Zimpek. - São Paulo : Blucher, 2023.

326 p.

ISBN 978-85-212-2143-2

1. Psicanálise 2. Freud, Sigmund, 1856-1939 I. Zuanella, Ana Cláudia II. Zimpek, Denise

23-5472 CDD 150.195

Índice para catálogo sistemático:

1. Psicanálise

Conteúdo

Introdução

Zelig Libermann[1]

"O Eu e o Isso" é um dos trabalhos fundamentais da obra de Freud. Tendo em vista sua condição de introdutor da segunda tópica, a denominada teoria estrutural, e também por sua ligação com a nova teoria pulsional, esse texto insere elementos constitutivos de caráter enigmático na descrição do aparato psíquico.

Segundo André Green (1993), esse artigo faz parte de um período importante de transformação da obra freudiana, denominada por ele "O giro dos anos 20". E, para chegar a esse giro dos anos 20, Freud precisou perceber as insuficiências da teoria para dar conta dos reveses clínicos.

Além dos reveses clínicos, a Primeira Guerra Mundial trouxe uma pergunta: "o que empurra os homens à matança e às feridas que os deixarão inválidos e sofrendo para o resto da vida?" (Green, 1993, p. 12). No que se refere à clínica psicanalítica, Green supôs que Freud consideraria que, nos casos de pacientes neuróticos que não melhoravam, a despeito da terapêutica, haveria a manutenção do conflito psíquico, levando ao sofrimento permanente, que

[1] Médico psiquiatra e psicanalista. Analista didata da Sociedade Psicanalítica de Porto Alegre (SPPA). Diretor científico da Federação Brasileira de Psicanálise (FEBRAPSI) no biênio 2022-2023.

poderíamos chamar de guerra interna. Então, Green (1993) traz uma interessante questão: viveria Freud entre o porquê da guerra e o porquê da manutenção da enfermidade?

Publicado em 1923, "O Eu e o Isso" traz um novo desenho da mente, a chamada teoria estrutural. Freud apresenta novas ideias sobre a condição do Eu no aparato psíquico e introduz duas novas instâncias, o Isso e o Supereu.

O Isso é o espaço psíquico que contém as pulsões: porção originária do aparelho psíquico, a partir da qual se desenvolverá o Eu. O Isso demandaria o esforço permanente para a tramitação de energias, resultando em um *quantum* permanente de energia desligada e uma possibilidade limitada de representação. Essa ideia nos apresenta a uma lógica de automatismo e compulsão à repetição, modos primitivos do funcionamento mental, tanto no que se refere aos pacientes não neuróticos quanto aos núcleos primitivos em indivíduos em quem predomina a estrutura neurótica.

Com relação ao Eu, até 1920, Freud o considerava um aliado do tratamento – em que pese já haver menção às resistências. Nessa segunda tópica, o Eu passa a ter uma parte inconsciente, que o torna uma instância não tão colaboradora da terapêutica – que vai, de certa forma, nos ajudar a entender a manutenção da enfermidade, como afirma Green (1993).

Quanto ao Supereu, Freud inferiu que o Eu é passível de sofrer cisões e que

> *A separação de uma instância observadora do restante do Eu pode ser um traço regular dentro da estrutura egoica; essa ideia não mais me abandonou e me vi impulsionado a investigar os outros caracteres e nexos da instância assim separada. . . . E como cumpre ao reconhecimento de uma instância separada dar à coisa um nome próprio, designarei*

> *no que segue Superego a essa instância situada no interior do ego. (Freud, 1933[1932]/2006, p. 55)*

A descoberta do Supereu é plena de desdobramentos dentro da teoria estrutural, tanto no que tange a suas origens (as identificações com as figuras parentais na elaboração do complexo de Édipo) e funções (consciência moral e ideal do Eu) no psiquismo do indivíduo quanto ao papel que desempenha na transmissão dos valores morais e éticos da humanidade.

De acordo com Freud,

> *o Superego da criança não se constrói segundo o modelo de seus progenitores, senão segundo o Superego deles; se preenche com o mesmo conteúdo, se torna portador de todos os valores permanentes que se produziram por esse caminho ao longo das gerações. (Freud, 1933[1932]/2006, p. 62)*

Podemos considerar, então, que o processo de desenvolvimento psíquico que leva à inserção do sujeito na cultura reproduz o caminho trilhado pela humanidade. Segundo Freud, o elemento cultural tem com primeiro objetivo regular os vínculos sociais. A convivência humana só se tornou possível pela premissa básica de restrição da livre expressão das pulsões, permitindo reunir uma maioria mais forte que os indivíduos isolados. A questão é como ultrapassar uma barreira que se opõe à cultura: a inclinação natural dos seres humanos a agredirem-se uns aos outros.

A substituição do poder do sujeito pelo da comunidade foi um passo decisivo para a cultura, pois estabelece a busca pela justiça, por uma ordem estabelecida que não será rompida em favor do indivíduo.

Essas condições básicas das relações humanas comunitárias fazem parte do que Freud denominou Supereu cultural, o qual tem estabelecido seus ideais e demandas.

> *Entre estes, os que se referem aos vínculos recíprocos entre os seres humanos se resume sob o nome de ética. . . A ética há de conceber-se com um ensaio terapêutico, como um emprenho de alcançar por um mandamento do Superego aquilo que até este momento o restante do trabalho cultural não havia alcançado. (Freud, 1930[1929]/2006, pp. 137-138)*

Como se pode observar, "O Eu e o Isso", em que pese estar completando cem anos em 2023, aproxima a obra freudiana da nossa prática clínica contemporânea e de questões culturais que permeiam a sociedade atual.

Isso e Eu, aliados a conceitos como identificações primárias e cisão do Eu, são instrumentos relevantes na clínica atual, presentes por meio das descargas impulsivas ou somáticas que revelam pulsões desenfreadas, da busca infindável do objeto idealizado que levaria ao reencontro com o Eu ideal e da dificuldade em estabelecer ligações simbólicas para os conteúdos cindidos do Eu. E essas características não aparecem apenas em pessoas com estruturas não neuróticas. Penso que o avanço da psicanálise nos permitiu, também, ampliar a possibilidade de ajuda a pacientes neuróticos que, embora em intensidade menor, nos mostram aspectos relacionados às experiências primitivas de seu desenvolvimento.

E no que se refere ao Supereu, observamos que o espaço para o questionamento necessário à evolução da sociedade está tomado, muitas vezes, por um relativismo extremado em que se perdem os limites, as responsabilidades e as funções atribuídas a determinados papéis sociais. Podemos considerar que essa condição abala "os vínculos recíprocos entre os seres humanos que se resume sob o nome de ética" (Freud, 1930[1929]/2006, pp. 137-138), a qual se pode considerar ligada à transmissão dos conteúdos do Supereu entre as sucessivas gerações.

E, frente à riqueza do texto para a clínica psicanalítica e para uma visão sobre a cultura, pareceu natural para a Federação Brasileira de Psicanálise (FEBRAPSI) homenagear o centenário desse escrito seminal de Freud no primeiro grande evento presencial que promovemos após o recrudescimento da pandemia de covid-19.

O Eu com Isso: afetos em emergência, tema central do 29º Congresso Brasileiro de Psicanálise, busca agregar a riqueza das instâncias psíquicas descritas por Freud com a clínica psicanalítica e a cultura contemporânea, ambas confrontadas com afetos que emergem do mundo interno dos indivíduos e do mundo externo e suas relações entre os seres humanos.

Referências

Freud, S. (1923). El yo y el ello. In S. Freud, *Sigmund Freud - Obras completas* (pp. 01-66). Amorrortu, 2006.

Freud, S (1930[1929]). El malestar en la cultura. In S Freud, *Sigmund Freud - Obras completas* (pp. 57-140). Amorrortu, 2006.

Freud, S. (1933[1932]). Nuevas conferencias de introducción al psicoanálisis. 31ª Conferencia: La descomposición de la personalidad psíquica. In S. Freud, *Sigmund Freud - Obras completas* (pp. 53-74). Amorrortu, 2006.

Green, A. (1990). Introducción: el giro de los años locos. In A. Green, *La nueva clínica psicoanalítica y la teoría de Freud* (pp. 11-34). Amorrortu, 2001.

Prólogo

Hemerson Ari Mendes[1]

Caros leitores, os Congressos Brasileiros de Psicanálise da FEBRAPSI apresentam, entre as suas peculiaridades, a construção artesanal. São pensados, projetados, construídos, realizados e vividos por seus membros e demais participantes.

Sem negar a importância dos alimentos industrializados, que podem conter todos os elementos essenciais para o bom desenvolvimento físico das crianças, seguimos acreditando que eles não têm as mesmas implicações da tradicional amamentação. Na mesma linha, psicanálise é comida feita em casa, pelos próprios comensais, ela não é *fast food*. Psicanálise não é genérica. Psicanálise é caminhar ao ar livre, inclusive em dia de vento e chuva.

É com esse espírito que o conselho científico da FEBRAPSI – no qual estão presentes todos os diretores científicos das sociedades brasileiras vinculadas à International Psychoanalytical Association (IPA), bem como a diretoria da FEBRAPSI e a presidente da Associação Brasileira de Candidatos (ABC) – se reúne para escolher o tema do Congresso. Quando se começa a reunião, não sabemos a cor da fumaça que sairá.

---

[1] Psicanalista da Sociedade Psicanalítica de Pelotas (SPPEL) e presidente da Federação Brasileira de Psicanálise (FEBRAPSI, gestão 2022-2023).

Entretanto, precisamos admitir que nas últimas décadas os temas têm orbitado em torno do centenário das obras basilares de Freud. Como percebem, O Eu com Isso: afetos em emergência não é diferente. O título remete a uma condensação de significantes e significados que se abrem para inúmeras possibilidades e desdobramentos. Das discussões sobre as implicações das traduções (sem esquecer o *traduttore, traditore*) ao prosaico e coloquial "e eu com isso?"; dos afetos que emergem, nascem, vicejam e dão vida aos que levam aos prontos-socorros e podem matar, passamos a ter certeza de que as possibilidades não serão saturadas em um congresso/livro e seguirão reverberando.

Os textos freudianos são uma valiosa herança da nossa família. A cada geração, precisam ser lidos, relidos, sonhados, interpretados, ressonhados, reinterpretados, recriados e desenvolvidos... Isso tudo sem a pretensão de sermos os *traduttori* definitivos; pois só assim escaparemos da pecha de *traditori*.

Logo nas primeiras atividades preparatórias para o Congresso, percebemos a potencial riqueza que a temática trazia e produziria: São Paulo, a partir da Sociedade Brasileira de Psicanálise de São Paulo (SBPSP), frente ao tema, optou por pensar as questões que envolvem a ética e a moral, sem dúvida uma abertura importante da nova tópica; Brasília, pela Sociedade de Psicanálise de Brasília (SPBsb), na sequência do jogo do rabisco, sugere O Eu e o Isso em tempos de excessos; as federadas do Rio Grande do Sul, Sociedade Psicanalítica de Porto Alegre (SPPA), Sociedade Brasileira de Psicanálise de Porto Alegre (SBPdePA) e Sociedade Psicanalítica de Pelotas (SPPel), em conjunto, perguntam: O Eu e o Isso: o que mudou?

Foi nesse momento que surgiu a ideia de organizarmos um livro com alguns textos das atividades preparatórias. Ao longo dos dezoito meses que antecederam o Congresso, realizamos quinze atividades preparatórias, e todos poderão acompanhar como cada evento, de maneira criativa e com o peculiar olhar de cada sociedade, abriu e aprofundou a temática proposta para o Congresso.

Certamente, a partir desta obra, os leitores poderão entrar na história/construção desse belíssimo Congresso. Aproveitem.

1. O Eu e o Id em tempos de transparência[1]

Renata Arouca[2]

Quero iniciar minha fala agradecendo à diretoria científica da SPBsb, em especial à Daniela Prieto, pelo convite na participação dessa jornada como preparatório para o nosso congresso a ser realizado em 2023.

Esse tema me fez pensar em algumas coisas, que tentarei aqui dividir com vocês para que possamos (re)pensar e talvez chegar em algumas reflexões. O Eu e o Id referem-se a instâncias psíquicas de um aparelho mental (para pensar) criado por Freud, mas a pergunta que se faz é: como nascem essas instâncias? E como ocorrem seus processos de delimitação de espaços/territórios? Tempos primitivos e arcaicos de um longo processo de constituição... Então, o Eu é algo que se faz ao longo de um caminho, trajetória e história? Está aí, também, a importância da história?

---

[1] Trabalho apresentado na Jornada Científica da Federação Brasileira de Psicanálise (FEBRAPSI) pela Sociedade de Psicanálise de Brasília (SPBsb) em 27 de agosto de 2022, sob o tema Sociedade da transparência.

[2] Membro associado da Sociedade de Psicanálise de Brasília (SPBsb) e diretora do Conselho Profissional da FEBRAPSI.

A transparência diz respeito à qualidade ou à condição do que é transparente, ou seja, daquilo que deixa passar a luz e ver nitidamente o que está por trás (MICHAELIS, 1998). Essas associações me levam a pensar, também, sobre a questão dos limites, da importância da delimitação dos espaços, sejam eles intrapsíquicos, intersubjetivos, geográficos, espaciais... Ou quando estes não estão claros nem delimitados, ou então são rígidos, inflexíveis como muros, países com fronteiras fechadas...

Seguindo para mais associações e com intuito de exemplificar, despertar por meio do vínculo estético com o autor da obra/arte ao retratar aquilo que o comove diante das pessoas que a admiram e fazer analogias com a psicanálise, especialmente para as questões mais arcaicas e primitivas do funcionamento psíquico, “trago” a artista Magdalena Carmen Frida Kahlo y Calderón, mais conhecida como Frida Kahlo, considerada a pintora mais importante do México. A artista compôs principalmente autorretratos e obras representando naturezas-mortas e paisagens.

Frida chegou, segundo Laidlaw (2004), a criar mais de duzentas telas, em sua maioria de dimensões relativamente pequenas. Meu objetivo é contar um pouco de sua história – sua deficiência física, sua passionalidade, seus desejos sem limites – e tentar analisar uma de suas telas.

Frida é a terceira filha de Carl Wilhelm Kahlo, imigrante, alemão, judeu e fotógrafo, e de Matilde Calderón y Gonzáles, católica, mestiça e mexicana. Ela nasceu em 6 de julho de 1907, mas mudou sua data de nascimento para 1910, a fim de prestar uma homenagem à Revolução Mexicana, aspecto que exprime bem seu espírito revolucionário.

A pintora nasceu em um ambiente em que sua mãe, em função do luto de um filho, não pôde lhe dar o peito, entregando-a aos cuidados de uma ama de leite indígena, uma prática comum no

México. Há evidências de que Matilde sofreu de depressão pós-parto e de que sua depressão aumentou em função de uma nova gravidez, dois meses após o nascimento de Frida. A chegada precoce de uma irmã, uma rival na atenção e no afeto materno, parece ter alimentado a convicção de Frida de não ser amada e de ter sido abandonada pela mãe (Dosamantes-Beaudry, 2007).

A relação de Frida com sua mãe parecia ser inadequada e com qualidades depressivas. Sua profunda sensação de estar só na presença de sua mãe está documentada em seus quadros sobre nascimento e amamentação, em que a pintora se imaginava e se mostrava lutando por sua sobrevivência sem poder contar com a presença viva de sua mãe, o que sugere um profundo sentimento de desamparo, solidão e vazio existencial começando muito precocemente em sua vida. Winnicott (1967) escreve sobre uma característica essencial, que "*é a capacidade da mãe* (ou da substituta da mãe) *de se adaptar às necessidades do bebê através de sua capacidade sadia de se identificar com o bebê* (sem, evidentemente perder sua própria identidade)" (pp. 195-196). Entretanto, quando ocorrem falhas nesse processo, apresentam-se angústias mais primitivas, que eclodem em etapas bastante precoces da vida, com experiências de ruptura na continuidade do ser e no sentido de existir.

Algumas produções artísticas de Frida nos aproximam de sensações, como quando somos afetados pela desintegração e pela despersonalização das figuras humanas, nos levando ao mundo dos terrores e de sentirmo-nos sem fronteiras e despersonalizados. Desse modo, podemos pensar, no caso de Frida com sua mãe, que houve falhas nesse processo, e sua mãe não pôde se identificar com seu bebê-Frida. Ela-mãe não pôde se sentir como se estivesse em seu lugar e responder às suas necessidades.

Por outro lado, o pai de Frida teve uma profunda influência em sua vida e no desenvolvimento de suas aptidões artísticas. Era fotógrafo, epiléptico e compartilhava com ela seu *hobby*, a pintura. Sua presença na vida de Frida possibilitou a ela introjetar um objeto bom, acolhedor, um interlocutor que era buscado nas telas e nas tintas com que expressava seus sentimentos.

Aos 6 anos, a pintora contraiu poliomielite, tendo como consequências a hipotrofia do membro inferior direito e a atrofia do pé direito, provocando na futura artista intenso padecimento. Em função desse quadro, ela foi apelidada de "Frida perna de pau" e, com o passar dos anos, começou a usar calças - depois, longas e exóticas saias –, indumentárias que se tornaram, mais tarde, uma de suas marcas registradas. Com 18 anos, sofreu um grave acidente durante a colisão entre um bonde e um ônibus, no qual teve diversos ferimentos e fraturas, exigindo um longo período de recuperação e interrompendo seu sonho de cursar medicina. Nesse acidente, fraturou a espinha, a clavícula, a pélvis e várias costelas e, em função dos ferimentos, passou por 35 cirurgias ao longo de sua vida, precisando usar colete ortopédico até morrer.

Guilhermo Kahlo: Como se sente, Frida?

Frida: Nem lembro mais como era antes da dor.

Esse evento é considerado um fator determinante para o alvorecer de sua pintura, pois permitiu, de alguma maneira, que ela vencesse o tédio retratando a si própria e tornando a série de autorretratos uma significativa parte de sua obra. A pintora se expunha nas telas de modo dramático, profundo e íntimo nos retratos que fazia de si e, com isso, segundo ela, pintava sua própria realidade, ao mesmo tempo que estas funcionavam como espelho vivo de sua alma.

Winnicott (1967) afirma que no desenvolvimento emocional individual o precursor do espelho é o rosto da mãe. Essas situações especulares são condições adequadas para a integração do bebê e sua maturação, e quando não são encontradas repercutem em distúrbios no desenvolvimento. Quando, por algum motivo, a mãe não tem a possibilidade de funcionar como esse espelho especial, e o bebê não vê a si mesmo no rosto da mãe, mas um olhar fixo, distante, ou uma preocupação desta consigo mesma, ele recorre a defesas que lhe permitam sobreviver e escapar do sentimento de caos psíquico. Nesse sentido, Frida criava, por meio de seus autorretratos, um espelho próprio, um olhar que tinha para a função de autossustentação e reconhecimento de si mesma.

Assim, suas telas, ao retratar a si própria, sua história e, principalmente, seu sofrimento expunham sua tentativa de uso da arte para se amparar e amenizar a dor física e psíquica que a acompanhou durante toda a sua vida. A competência sublimatória, a arte, permite ao artista certa proteção contra frustrações provenientes da realidade que poderiam causar dor maior do que deveras sente. Segundo Sklar (1989), a arte pode atuar como um bálsamo que alivia a dor real e, de forma substitutiva, trazer satisfação ao fazê-la/criá-la para o lugar do sofrimento.

Médico: Seu pé está assim desde quando?

Frida: Sei lá. Vamos com uma desgraça de cada vez. Engesse-me para eu poder pintar.

Médico: É gangrena. Terei de amputá-lo. Sorte sua salvar a perna.

O alcance de sua angústia foi expresso – em termos artísticos – por meio de órgãos expostos e de corpos sangrando e com cicatrizes, ou seja, de seu corpo em agonia; ao mesmo tempo, sua tentativa de amenização do sofrimento. Frida dizia: "Para que preciso de pés quando tenho asas para voar?". Ainda na cama, onde permaneceu por meses, ela começa a desenhar e pinta, deitada, seu primeiro autorretrato. Freud (1923) nos diz que o "Eu mais arcaico é primeiro e, acima de tudo, um Eu corporal e a projeção de uma superfície ao derivar das sensações corporais, principalmente das que se originam da superfície do corpo" (p. 39). Desse modo, o Eu pode ser encarado, segundo o autor, como uma projeção mental da superfície do corpo, além de representar as superfícies do aparelho mental. Nesse processo, o corpo irá interagir com o meio e com o outro/objeto e, nessa interação, o Eu irá se constituir. Portanto, tem-se, nesse início, uma indiferenciação do Eu com o outro/objeto.

Frida traz para a cena excitações que ainda não podem ser representadas e não encontram possibilidade de expressão psíquica. Com isso, tem em seu corpo uma via de descarga. Essa condição de provação psíquica revela sua carência simbólica e remete a traumas precoces que estão subjacentes a fenômenos psicossomáticos. Desse modo, ela representa em suas obras seu excesso de angústia, de cores – que trazem vida –, de sofrimento e dá à eternidade ao transformar estes em estética, mediante a qual nós, quando olhamos, podemos nos identificar com a personagem, com as personagens de suas telas que representam ela mesma.

Em 1929, com 22 anos, Frida Kahlo casa-se, apaixonada, com o renomado muralista Diego Rivera, 21 anos mais velho, com quem manteve um relacionamento longo e turbulento, repleto de traições. Em 1930, ela engravida e sofre seu primeiro de três abortos espontâneos. A identificação artística e os ideais mexicanos e comunistas de Frida e Diego estão, provavelmente, entre os ingredientes do intenso e conturbado relacionamento vivido por ambos, repleto de infidelidades, desamparo, dor e abandono.

Kahlo amou Rivera incondicionalmente até o final de sua vida e, como consequência, sofreu em tamanha intensidade. Sua passividade e sua dependência são, também, expressas nessa relação cheia de aproximações e separações, momentos de grande ternura e de intensas dor, raiva, construção e destruição. Assim como o marido, Frida também teve relacionamentos extraconjugais, com homens e mulheres. Diego, no entanto, era o pivô de sua existência e seu ponto de referência. A maioria de seus quadros retrata o que sentia por ele, especialmente o lugar central em sua mente que ele ocupava. Fato marcante, e que expressa uma de suas dores, foi o romance do marido com sua irmã Cristina.

Frida: Com a minha irmã? Seu animal!

Diego: Sou uma besta, um idiota, mas não significou nada. Nada! Fale comigo.

Frida: Tive dois acidentes trágicos na minha vida. O bonde e você. E você foi o pior.

Em seu diário, Frida escreve tudo o que ele representa para ela: "princípio, construtor, minha criança, meu namorado, pintor, amante, 'meu marido', minha mãe, meu pai, meu filho, = a mim, Universo diversidade na unidade" (Kahlo, 2005, p. 60). Ao mesmo tempo, há um grande lamento: "DIEGO, estou só" (p. 79) e, ainda, um momento de dura reflexão: "Por que eu o chamo meu Diego? Ele nunca foi ou será meu. Ele pertence a ele mesmo" (p. 61).

Nesse sentido, Frida utilizou a pintura para traduzir sua angústia diante das tragédias que marcaram sua existência. Apesar de tudo, as adversidades em seu caminho não a impediram de ser uma mulher dinâmica e engajada cultural e politicamente, aspecto vociferado em suas telas. Ela pintava buscando dar sentido a seus sentimentos, fazendo da arte ora, quem sabe, uma atividade terapêutica, ora, talvez, uma obrigação existencial.

A imagem socialmente construída é de uma mulher engajada, politicamente revolucionária, livre e à frente do seu tempo. Artista participante da Revolução Mexicana, convivendo com revolucionários, artistas e líderes comunistas, alguns companheiros e amantes, como Trótski, Frida foi construindo a imagem de mulher implicada e voltada para os valores de sua terra e para ideais de uma revolução, estes também presentes em suas telas.

Em 1946, com seus problemas nas costas e com dificuldades para andar, Frida pinta o quadro intitulado *O veado ferido*, em que se representa no corpo de um veado macho, com galhos na cabeça. Essa tela é entregue como presente de casamento para seu amigo Arcady Boytler, diretor de cinema, e sua esposa Lina. A palavra *carma* está escrita ao lado da assinatura da pintora. A pintura pode ser acessada no Museo Frida Kahlo, no site https://www.museofridakahlo.org.mx/frida/.

A sexualidade de Frida tinha um papel central em sua vida, algo que também foi expresso em suas obras. Ao lado do sofrimento, de suas feridas, coexistia um clima sensual. Suas telas sobre concepção e retratando corpos desnudos fazem referências aos elementos masculinos e femininos, ao mesmo tempo que mostram uma atmosfera de muito vigor.

Neste quadro, a artista faz uma metamorfose de aspectos do humano e do animal. Escolhe o corpo de um animal, o veado, que se apresenta de maneira elegante, frágil e delicada, e seu corpo, corpo-animal, está perfurado por nove flechas que localizam as múltiplas feridas físicas e afetivas. Seu rosto expressa, além da dor, um ar sereno e compenetrado. Apesar de profundamente ferido – coloca-se a questão: quem o feriu? –, o veado segue seu caminho. Frida, identificada com o animal, com suas dores físicas e emocionais, tentava seguir sua vida; ao mesmo tempo, há uma busca por mais forças para lidar com as dificuldades?

Nessas feridas, vemos o sangue escorrendo, este que fala de morte, de dor, mas também de vida, de menstruação... A morte de humanos, dos animais, o abate... Nisso vai se apresentando um liberalismo radical como um sistema com o uso e o abuso do outro de maneira desenfreada... E uma lógica social pautada pela guerra, intolerância em que o outro não é tido como alteridade, mas como um inimigo que deve ser afastado e exilado, pois é o culpado pelas mazelas da sociedade. Aqui, hospitalidade se torna hostilidade, e esse outro, foco do ódio, tem abalos narcísicos com relação ao seu próprio valor, e essa lógica traz incidências sociais, pois ficam sem acesso aos meios culturais, sociais, econômicos da sociedade... Onde o medo e o ódio incitam a eliminação e o apagamento dos conflitos, e não sua explicitação...

Frida veio a falecer em 13 de julho de 1954, aos 47 anos, duas semanas após uma manifestação comunista da qual participou, contrariando ordens médicas, empurrada em sua cadeira de rodas. Ela ainda chegou a participar da exposição de suas obras, embora tendo comparecido em sua própria cama, devido às limitações desse lugar onde permaneceu até sua morte (Laidlaw, 2004). Posso dizer que a pintora transformou sua trajetória intensa e dolorosa em um fecundo processo de criação, em que reflete a si mesma, os sentidos de sua existência e a busca de cura.

Tempos passados, atuais... Transformações sociais, políticas, tecnológicas que também transformam a vida familiar e social e exigem a construção da convivência com a alteridade radical e a diferença. Com a pandemia, o sentimento de ameaça, insegurança e vulnerabilidade se intensificou, e a dimensão do outro teve seu lugar de destaque diante das consequências de vivenciar uma crise sanitária. Nessa crise, em que muitas pessoas tiveram/têm a negação desta realidade, com o descrédito e a desautorização sobre o que ocorria/ocorre... e, consequentemente, a intensificação do sofrimento e o retraumatismo nas pessoas. Falo de situações que não dizem respeito somente a aspectos intrapsíquicos – da história de cada um –, mas de sofrimentos produzidos também por questões sociopolíticas. O papel do testemunho adquire um lugar central, não somente aquele que vai revelar o inconsciente recalcado, mas também aquele que irá acompanhar uma construção, a construção pós-traumática com a possibilidade de dar sentido às experiências e às resistências a essas experiências. Assim, esse papel tem sua importância, no sentido não somente de saber o que está escondido por meio do manifesto, mas também como aquele que faz uma escuta empática e o acompanhamento de um testemunho e de sujeitos em uma perspectiva decolonial de não impor ao outro um modo de ser, uma verdade/razão ou uma experiência de vida.

Referências

Dosamantes-Beaudry, I. (2007). Frida Kahlo: representaciones self-outro y la auto-sanación a través del arte. *Rev. Chil. Psicoanal.*, *24*(1), 66-78.

Freud, S. (1923/1996). O Ego e o Id. In S. Freud, *Obras psicológicas de Sigmund Freud* (pp. 13-72). Imago.

Kahlo, F. (2005). *The diary of Frida Kahlo: an intimate self-portrait/ introduction by Carlos Fuentes*. Harry N. Abrams.

Laidlaw, J. A. (2004). *Frida Kahlo* (M. A. Rodrigues, Trad., Coleção Grandes Mestres). Ática.

MICHAELIS (1998). Moderno dicionário da língua portuguesa. São Paulo: Companhia Melhoramentos. 2259 p.

Sklar, S. (1989). *O espaço imanente: um estudo psicanalítico sobre a arte em Sigmund Freud e em Jacques Lacan*. Imago.

Winnicott, D. W. (1967/1975). O papel de espelho da mãe e da família no desenvolvimento infantil. In D. W. Winnicott, *O brincar e a realidade* (pp. 154-157). Imago.

2. O Eu e o Id em tempos de excessos

Regina Lúcia Braga Mota[1]

Alguns aspectos pontuais me chamaram a atenção nesse momento em que estamos vivendo um tempo de excessos. A partir da clínica psicanalítica e da observação psicológica das pessoas, o contexto humano se revela agora bastante peculiar.

Por causa da pandemia, houve um excesso de restrições, o que foi muito difícil para muitos; excesso de isolamento e de solidão, gerando aumento de suicídios, alcoolismo, tabagismo e sedentarismo. Por outro lado, percebemos nos noticiários um excesso de agressividade, de assassinatos, estupros, feminicídios e mortes dentro das famílias de maneira desenfreada. Podemos relacionar esses fatos à dinâmica entre o Eu e o Id, instâncias do aparelho psíquico.

O Id, reservatório da libido e das pulsões, conta com o Ego, ou o Eu, como aquele negociador, mediador entre essas pulsões e o Superego. O resultado dessa mediação vai definir como a pessoa vai agir nas circunstâncias atuais. Essa é a ideia central contida no texto do Freud de 1923, "O Ego e o Id", que constitui a segunda tópica freudiana, entrelaçada com a primeira de 1900-1915, que trouxe a noção de consciente, pré-consciente e inconsciente.

---

[1] Membro titular e analista didata da Sociedade de Psicanálise de Brasília (SPBsb). Mestre em Psicologia Clínica pela UnB.

O que suponho que esteja acontecendo neste momento é que o Id pede passagem, ou seja, o Id vem com todas as pulsões e, para quem não tem um Eu bem constituído, fica difícil mediar essas pulsões de agressividade, sexualidade, preconceitos, por identificação com nossos líderes. A política atual parece estar contribuindo com isso, com as armas liberadas e os clubes de tiro, assassinatos de indígenas e de indigenistas. Em contrapartida, vê-se um excesso do politicamente correto, palavras que podem ser ditas ou não por serem consideradas preconceituosas, quando o superego se manifesta.

O texto do filósofo Byung-Chun Han (2010/2015), "Sociedade do cansaço", acaba confluindo com o novo livro de Elizabeth Roudinesco (2021/2022), *O Eu soberano: ensaio sobre as derivas identitárias*. Ambos tratam de excessos, sendo que o primeiro autor afirma que isso pode produzir um "infarto da alma", até por excesso de positividade, e a segunda autora descreve os excessos identitários.

O excesso de informação via internet, *lives*, *podcasts*, *fake news*, com todos opinando sobre tudo, pode gerar uma confusão mental, uma saturação e um entupimento das vias que possam trazer um pensamento produtivo, mais diluído, para lidar com a frustração. Essa frustração pode ser mais bem suportada por aqueles que possuem um Ego forte.

O inconsciente e a pulsão de morte brotaram dos refúgios psicóticos e, como consequência, o Id passou ao ato, por meio de *acting outs* graves e manifestações maníacas, contra o excesso de depressão e repressão.

Percebi, na clínica, um excesso de sonhos, produzidos tanto pelos pacientes quanto pelos analistas, em uma manifestação simbólica do inconsciente, já que as ações motoras e relacionais estavam paralisadas. Predominaram os sonhos de angústia e de realização de desejo, para elaborar o trauma da própria pandemia. Visto que os desejos não estavam podendo ser realizados, nos sonhos isso poderia acontecer, como um recurso alucinatório. A possibilidade de simbolizar fez a diferença para que não se partisse para ações desenfreadas, mais primitivas.

A sublimação transcende a capacidade de simbolização. Com isso, os que possuem melhores recursos internos puderam usar essa crise humanitária para criar soluções. Foram desenvolvidas outras formas de comércio pela internet e de comunicação. Nós, analistas, tivemos de nos reinventar de uma forma que Freud nunca poderia imaginar. E as análises online foram bem-sucedidas.

Depressão, ansiedade e insônia aumentaram muito, levando ao uso crescente de psicotrópicos. Idosos se queixando de perderem dois anos valiosos do término de suas vidas, quando poderiam estar viajando e socializando. Em contrapartida, a negação e o medo da depressão, em alguns casos, levaram a uma euforia de falar demais, sair para comemorar sem a proteção das máscaras, não medindo as consequências. O excesso de trabalho em casa também acarretou *burnouts*.

Muitos casais de namorados resolveram morar juntos, isolando-se dos outros, porque assim poderiam conviver intimamente, já que os outros é que poderiam gerar contágio, e não eles próprios. O outro, ou o estranho, passou a ser fonte de perigo.

Quem morava sozinho teve de se haver muito profundamente com sua solidão, comunicando-se a partir de mensagens de vídeo ou de áudio. Ao mesmo tempo, criou-se a suposição de uma autossuficiência.

Sabemos que o encontro entre duas pessoas proporciona muita angústia, uma tempestade emocional, uma mudança catastrófica, e muitos usaram a pandemia para se afastar cada vez mais dos outros, como uma defesa psíquica. Fugindo dessa realidade e evitando encontros, com o excesso de isolamento houve um excesso de descuido físico. No novo normal, surgiu uma preguiça, um cansaço para comparecer a eventos presenciais. A acomodação em casa com os eventos virtuais teve o efeito de agora as pessoas desejarem continuar online para sempre.

As aulas e supervisões online mantiveram as nossas formações, mesmo percebendo que a comunicação passou a ser mais formal, sem a efervescência do encontro ao vivo. Considero que os seminários presenciais apresentam características peculiares de fenômenos de grupo, que são mais difíceis de serem detectadas no modo virtual. O mesmo acontece com as análises virtuais. Penso que o divã é insubstituível, bem como a observação dos movimentos gestuais do corpo do paciente desde a entrada no consultório.

Espero que voltemos a essa modalidade, mesmo que de forma híbrida. Estamos saturados das telas de computador e celular, atendendo o dia inteiro com esse foco. Mas reuniões, palestras e conferências com participantes de outras regiões e de outros países devem continuar, pois constituíram um ganho espetacular durante a pandemia.

Com as livrarias fechadas, houve um excesso de impressões eletrônicas, digitais, recursos muito importantes, bem como a possibilidade de se comprar livros via internet. Considero, no entanto, que nada substitui o prazer de folhear um livro impresso no papel, uma ida a uma livraria, passando entre as estantes e nos deparando com surpresas infinitas. Entendo que devem existir as duas opões tanto para livros quanto para periódicos.

Enfim, os opostos coexistem, pessoas desanimadas, deprimidas, que não conseguem trabalhar, e algumas produzindo até excessivamente, como uma compensação. Um excesso de gente que quer se encontrar enquanto outras pessoas estão com medo de conviver presencialmente, funcionando de maneira esquizoide, mantendo-se dentro de seus casulos, protegidas.

Diante desse complexo panorama vivido por nós, no ritmo incessante de várias abas abertas e da informação que pula a nossos olhos, percebo que, nas nossas instituições, provocou-se um movimento semelhante.

Os diferentes modelos de formação têm sido discutidos por décadas em muitas sociedades do mundo. Mas, atualmente, protegidos pela virtualidade, corremos o risco de nos lançarmos na rigidez belicosa do conflito; na cesura que finda o diálogo e impede o nascedouro.

Sabemos que ritos de passagem sempre existiram desde os primórdios da civilização, como elementos estruturais para sua organização. Eles carregam uma história, mas geram transformação.

Quanto à seleção de pretendentes à formação, creio que os critérios têm de ser bem definidos. As pessoas devem ter condições psíquicas para serem psicanalistas, uma mente pensante, que também sofre e sente, mas com características para desempenhar esse difícil ofício de tornar dizível a dor nem-dizível, funda. O desejo por exercer essa atividade deve ser genuíno, e não movido por outros interesses.

Penso que simplificar o caminho na seleção, na progressão dentro da instituição e na qualidade do ensino deve ser uma solução muito pensada, pois é usada por todas as pseudoformações que proliferam a cada dia. Preservar a essência da psicanálise e o legado de Freud, julgo indiscutível e primordial. Bem como manter a clínica psicanalítica viva.

Espero que as nossas sociedades possam se manter sem excessos identificatórios, mas com nossa identidade e qualidade preservadas. E que a criatividade possa ligar ao novo o sedimento formativo dos anos de prática.

Referências

Freud, S. (1923). O Ego e o Id. In S. Freud, *Edição Standard brasileira das obras psicológicas completas de Sigmund Freud* (J. Salomão, Trad, Vol. XIX, pp. 13-83). Imago, 1976.

Han, B.-C. (2010). *Sociedade do cansaço*. Vozes, 2015.

Roudinesco, E. (2021). *O Eu soberano: ensaio sobre as derivas identitárias*. Zahar, 2022.

3. Afetos emergentes hoje[1]

Bruno Salesio S. Francisco[2]

Bom dia a todos!

Estou muito contente por estar aqui na Sociedade Psicanalítica de Porto Alegre (SPPA), que conheço há bastante tempo; uma instituição consistente, de colegas muito competentes e uma revista de tradição e de alto nível, fruto de muita dedicação.

Agradeço a Diretoria da SPPel por ter-me indicado a representar nossa Sociedade neste evento preparatório do 28º Congresso Brasileiro de Psicanálise. Cumprimento a FEBRAPSI, cujo atual presidente é membro da SPPel, pela iniciativa em propor esse evento preparatório. Falar de um tema como este, em quinze minutos, só pode ser feito em manchetes. Por tal razão, serei informal. Meu foco será 'Afetos em Emergência'.

---

[1] Texto lido na atividade preparatória do 29º Congresso Brasileiro de Psicanálise, realizado na Sociedade Psicanalítica de Porto Alegre, em 8 de outubro de 2022, com a participação das três Sociedades Psicanalíticas do Rio Grande do Sul filiadas à International Psychoanalytical Association (IPA) e à Federação Brasileira de Psicanálise.

[2] Membro Titular e Analista Didata da Sociedade Psicanalítica de Pelotas; Membro Titular da Sociedade Brasileira de Psicanálise do Rio de Janeiro; *Consultant* do Comitê de Observação Clínica da IPA.

Strachey (1966/1977, p. 25), ao comentar sobre alguns termos técnicos cuja tradução requer explicação, esclarece uma questão etimológica: *Affekt*, *Empfindung*, *Gefühl* são termos do idioma alemão. Em inglês: *affect* (não é de uso corrente em inglês), *sensation* (sensação) e *feeling* (sentimento) ou *emotion* (emoção).

Empfindung corresponde e traduz-se por *sensation* e *feeling*.

Gefühl não pode ser traduzido como *feeling*, mas pode ser traduzido como *emotion*.

Freud usava regularmente a expressão francesa *état émotif* como tradução do alemão *Affekt*, no trabalho originalmente em francês *Obsessions et phobies* (Strachey, 1966/1977, p. 25, e 1966/1976, p. 87).

Na "Comunicação Preliminar", (Breuer e Freud, 1893/1974), discorrendo sobre a histeria, Freud afirma que o sintoma histérico seria decorrente de *um afeto bloqueado em sua descarga*. Um fato que por algum motivo não pôde aceder à consciência mantém o afeto preso e desencadearia o sintoma. Na Interpretação dos Sonhos, Freud (1900/1972) vai argumentar que a inibição motora provocada pelo dormir não permite a descarga do afeto provocando o sonho e daí conclui em sua muito conhecida concepção que o "*Os sonhos são os GUARDIÃES do sono...*" (p. 248).

Em suas *Conferências introdutórias sobre psicanálise*, Freud (1916/1976) disse: "A ansiedade, como tal, não há por que apresentá-la aos senhores. Cada um de nós experimentou essa sensação, ou, para expressar com maior correção, *esse estado afetivo*, numa ou noutra época, por nossa própria conta..." (Freud, 1916/1976, p. 458, grifo meu). Aqui Freud nomeia a ansiedade como um tipo de afeto. E Klein fez da ansiedade o *leitmotif*[3] de suas teorias.

Continuamos hoje a lidar com a ab-reação.

---

[3] Opinião pessoal, segundo a qual *leitmotiv* quer dizer motivo dominante.

Para Freud, o "representante psíquico" de um instinto consiste em dois elementos que sofrem vicissitudes bastante diferentes sob repressão. Um desses elementos é a ideia[4], ou grupo de ideias, catexizada; o outro é a energia instintual catexizante (Freud, 1915a, pp. 175-176).

"... os afetos e as emoções correspondem a processos de descarga, cujas manifestações finais são percebidas como sentimentos" (Freud, 1915b, pp. 204-205).

> *Um afeto inclui, em primeiro lugar, determinadas inervações ou descargas motoras e, em segundo lugar, certos sentimentos; estes são de dois tipos: percepções das ações motoras que ocorreram e sentimentos diretos de prazer e desprazer que, conforme dizemos, dão ao afeto seu traço dominante. (Freud, 1916/1976, Conferência XXV, p. 461)*

A quota de afeto "corresponde ao instinto, na medida em que este... encontra expressão, proporcional à sua quantidade, em processos que são sentidos como afetos" (Freud, 1915b).

> *Sem a dimensão do afeto, a análise é uma tarefa vã e estéril. Sem 'compartilhar' as emoções do paciente, o analista não é mais do que um robô-intérprete que melhor faria se mudasse de profissão antes que seja tarde demais." (Green, 1986, apud Navarro, 2016, p. 22)*

A complexidade que oferecem os afetos provém justamente de que são eles que habilitam o Eu para vivenciar a si mesmo por meio de seus estados de sentimento e na sua relação com o corpo.

---

[4] *Vorstellung.*

Os afetos escapam ao controle do Eu e é por isso que adquirem valor de comunicação para outras pessoas e isto obriga a novas defesas, caso veicule mensagens inoportunas.

O circuito de trocas entre o Isso-Eu-Objeto origina tensões conflitivas mais ingovernáveis do que as representações.

Na constituição do inconsciente, Freud propôs elementos heterogêneos: as representações de coisas e os afetos que constituem seu núcleo.

Esse núcleo se relaciona com o corpo, a ação e a linguagem.

O que é, no sentido dinâmico, um afeto? Em primeiro lugar, inclui determinadas inervações motoras ou descargas; em segundo lugar, certas sensações, de dois tipos: as percepções das ações motoras citadas e as sensações diretas de prazer e desprazer.

Os afetos implicam transformações de quantidades e qualidades em qualidades.

No trabalho clínico, encontramos dois tipos de afetos:

1. Aquele que se acha integrado como material sólido ao resto do material significativo dentro da cadeia inconsciente (e pré-consciente). Sua significação está na sequência a que pertence. Adota a função semântica de significante (a situação analítica oferece a oportunidade de encontro com um objeto, o que faz surgir uma transferência projetiva e viabiliza ao analista permitir que o paciente a reintegre na sua comunicação e a transferência se torna semantizável).
2. Aquele que, por sua intensidade e significação, desorganiza a cadeia inconsciente e as comunicações, destruindo as estruturas produtoras de sentido. Não funciona como afeto sinal, mas como derivados diretos do Isso (afeto traumático).

Discute-se intensamente se os afetos têm ou não representação. "Todas as representações surgem de percepções, são repetições destas" (Freud, 1925/1976, p. 298).

Hoje, distingue-se a memória (registro de percepções) da lembrança (*memories in feelings*). As lembranças também têm sentido.

Ao falar de *memória alucinatória*, Freud a entende como uma maneira de o aparelho mental recuperar lembranças anteriores à aquisição das palavras (Vinocur Fischbein; Miramon, 2017 p. 198). Fica implícito que Freud já separava os traços mnêmicos das representações dos afetos, teorização que muitos autores mais recentes desenvolveram.

Metapsicologicamente situo o afeto como uma vivência primariamente corporal, baseado em sensações e emoções; originado no corpo, sem poder ser considerado pensamento ou linguagem. Quando surge a ideia ou a linguagem, na construção do aparelho psíquico (Isso, Eu e Supereu), esta, a ideia ou a linguagem, levam o afeto que as antecedeu.

É discutível falar de um representante-afeto da pulsão.

Há uma oposição entre as representações como marcas mnêmicas e os afetos como processos de descarga.

As marcas mnêmicas, quando não se descarregam, levam à repressão.

A interação entre o Eu e o Isso (e o Supereu) tem a tarefa de calibrar e modular as descargas afetivas.

A tópica afetiva é tradicionalmente interna na periferia do corpo (o Eu, está-se tornando cada vez mais intersubjetiva).

Nossa prática precisa de investigações:

a) Qual é a forma mais adequada de resposta à comunicação afetiva do paciente, com a finalidade de obter melhor comunicação intrapsíquica no interior dele?
b) Que tipo de lógica ocorre nessas trocas, dos dois lados?
c) Qual a conexão de afeto dentro deste vínculo e o que se poderia chamar de lógica afetiva?

Finalizando:

Na atividade clínica psicanalítica, poderíamos dizer que a *talking cure* foi eminentemente verbal, uma linguagem. A função de psicanalista tinha um viés racional. As contribuições associacionistas de Freud lidavam com pensamentos, dos quais ele extraiu outras comunicações, de sentido inconsciente. No entanto, todo clínico tem noção de que tanto a linguagem do analista quanto a de seu paciente veiculam afetos, que são sentidos ou não, que disparam emoções e imagens, até chegarem na linguagem. A clínica de pacientes mais regredidos (*borderline* ou psicóticos) passou a fazer parte do trabalho psicanalítico, na medida em que houve uma aproximação dos psicanalistas a estados afetivos mais primitivos. Hoje sabemos que não avançaríamos na ajuda de situações de falso *self*, autistas, *borderline* e psicóticas sem dedicação ao entendimento do idioma afetivo. Nisso, incluo as questões de gênero e as novas formas de sexualidade e de parentalidade. Nós analistas precisamos elaborar nosso "racionalismo" teórico e a lógica do afeto. A lógica do afeto está distante da racionalidade, da linguagem e do discurso. É necessário o trabalho do Isso, do Eu e do Supereu do analista, uma integração daquilo que esteve cindido, por "determinantes" teóricos ou pessoais.

Pacientes com estrutura de falso *self* são finos em captar a repetição de seu trauma primitivo, na relação com seu analista, e regulam movimentos de distanciamento ou de aproximação, de forma surpreendentemente meticulosa e, por vezes, inconsciente para a dupla, levando a *enactments*. O regulador é afetivo.

Pacientes *borderline* não são silenciosos quanto aos seus afetos; perturbam o analista com sua fala, com suas atuações, com seu sadismo ou masoquismo etc. O desregulador é afetivo.

Pacientes psicóticos, na sua proteiformidade, surpreendem seu analista, ora com uma presença delirante e alucinatória transbordante ou com um afastamento castrador e desconcertante da função analítica. O discurso e a conduta costumam mostrar dissintonia com os afetos.

Pacientes com estrutura de sexualidade polimorfa lançam o psicanalista, de outra geração, a uma falta de familiaridade e de convivência com as configurações amorosas atuais, traumáticas para o analista. Cria-se o sofrimento de verdadeira "neurose atual" freudiana, na mente do analista. O desregulador não tem palavra, não tem representação e é um afeto em ato.

Pacientes autistas ocupam um lugar de quem acha o objeto pouco interessante para investir sua pulsão. Entram num processo afetivo desobjetalizante, privando a relação analítica de trocas interpessoais que nutrem fantasias, vínculos e outras formas de investimentos intersubjetivos e subjetivantes.

E assim por diante, em muitas outras situações nas quais o afeto encaminha ou decide a imagem, a linguagem, a relação e o processo.

Muito obrigado.

Referências

Freud, S.; Breuer, J. (1893). *Sobre o mecanismo psíquico dos fenômenos histéricos: comunicação preliminar*. Vol. II. Imago, 1974.

Freud, S. (1895). *Obsessões e fobias: seu mecanismo psíquico e sua etiologia*. Vol. III. Imago, 1976.

Freud, S. (1900). *A interpretação dos sonhos*. Vol. IV. Imago, 1969.

Freud, S. (1915a). *Repressão*. Vol. XIV. Imago, 1974.

Freud, S. (1915b). *O Inconsciente*. Vol. XIV. Imago, 1974.

Freud, S. (1916). Conferência XXV das *Conferências Introdutórias sobre psicanálise*. Vol. XVI. Imago, 1969.

Freud, S. (1923). *O Ego e o Id*. Vol. XIX. Imago, 1976.

Freud, S. (1925) *A negativa*. Imago, 1976.

Freud, S. (1932). *Novas conferências introdutórias sobre psicanálise*. Imago, 1969.

Navarro, JB. *Diccionario conceptual André Green*. Lugar Editorial, 2016.

Strachey, J. (1966). *Notas sobre alguns termos técnicos cuja tradução requer explicação*. Vol I. Imago, 1977.

Strachey, J. (1966). *Obsessões e fobias*. Vol. III. Imago, 1976.

4. O Eu e o Id: o que mudou na técnica psicanalítica?[1]

Gildo Katz[2]

Introdução

A influência de "O Eu e o Id" sobre a técnica psicanalítica é evidente se atentarmos para o fato de que autores como Melanie Klein, Bion, Lacan, Winnicott, Green e Ogden valeram-se desse texto para seus desenvolvimentos técnicos posteriores. Descrever esses desenvolvimentos, por sua amplitude, não caberia nesta apresentação.

Em razão disso, pretendo, em vez de expor as ideias do que mudou na técnica, discorrer sobre o que levou Freud (1923/1976) a escrever "O Eu e o Id" e como ele influenciou a técnica psicanalítica.

---

[1] Trabalho apresentado em Porto Alegre (RS) no Encontro Preparatório da Região Sul para o 29º Congresso da Federação Brasileira de Psicanálise (FEBRAPSI) em 8 de outubro de 2022 e publicado no mesmo ano na *Revista Psicanálise*, 24(2), 119-125.

[2] Médico psiquiatra pela Universidade Federal do Rio Grande do Sul (UFRGS), professor de Psiquiatria e professor da Fundação Universitária Mário Martins (FUMM). Membro titular da Sociedade Brasileira de Psicanálise de Porto Alegre (SBPdePA).

As necessidades de modificações

Penso que seis situações levaram Freud a efetuar modificações na tentativa de repensar a psicanálise segundo a primeira tópica: a progressiva espiritualização da psicanálise, o declínio do inconsciente, a ditadura da razão, a introdução do objeto e da identificação no *Luto e Melancolia* (1917) e a pulsão de morte em *Além do princípio do Prazer* (1920).

Em todas as modificações técnicas introduzidas por Freud, evidencia-se a importância do corpo. Hipnose, quando coloca a mão na testa do paciente em presença do terceiro objeto, e o famoso pêndulo, que também aparece no método catártico. Mesmo quando passa a privilegiar a técnica psicanalítica clássica, o *setting* surge também como uma ressonância do corpo.

A progressiva espiritualização

Com a técnica clássica, surge "outro corpo", que resulta da falta de contato sensorial entre dois humanos. O *espírito agora é a interação mental.*

E com a introdução da pulsão de morte, as pulsões de autoconservação fazem parte de algo que Freud a todo o momento nos propõe: a passagem de uma linguagem da sexualidade a uma linguagem da espiritualidade – *Eros.* É visível em vários textos de Freud que Eros representa muito mais que a pulsão sexual, uma vez que surge uma dimensão que vai esvanecendo o modelo essencial do início da psicanálise – o modelo pulsional, fortemente ligado à sexualidade.

A espiritualização encontra-se na teoria do Eu, um sinal da primazia de algo que até então não tinha sido afirmado: a famosa frase "onde está o Id deveria estar o Eu" é muito mais ampla que a afirmação de que a psicanálise servia para tornar consciente o inconsciente.

Trata-se de uma mudança fundamental. No primeiro capítulo de "O Eu e o Id", ele nos lembra das razões essenciais da criação de uma teoria do Eu, que era a de introduzir conceito de *resistência*, além da necessidade de acomodar a pulsão de morte, pois ela é contrária à principal função do Eu: a função sintética capaz de criar complexidades cada vez maiores.

A *resistência* é o que falta no primeiro modelo de Freud, pois apenas tornar consciente não modifica a relação do sujeito com ele próprio. Com a afirmação do Eu, o analista passa a ter de contar não apenas com o trabalho de tornar consciente o que era inconsciente, mas também com a necessidade de se confrontar com aquilo que, dentro do sujeito, resiste a *qualquer espécie de mudança*, como é o caso da angústia catastrófica diante da mudança, conforme Bion (1962/1987).

E é o conceito de resistência à mudança que altera o próprio modo de encarar a psicanálise. De fato, é a falha de uma ilusão que leva Freud à progressiva espiritualização do seu dizer.

À ilusão de que o levantamento do recalcamento significaria a cura do sujeito sucede a queda numa espécie de realidade fantástica e terrível, constituída pela brutalidade daquilo que se opõe, dentro do sujeito, à sua mudança. Nesse sentido, a *introdução do objeto* é o *corpo novo* que é mediado pelas instâncias e pela realidade.

O decréscimo do inconsciente

De fato, o Id é muito mais do que o inconsciente, como Freud (1923/1976) afirma, mas também é muito menos do que o inconsciente. O inconsciente da primeira tópica tinha a força de criar o conflito, o recalcamento, o sintoma, mas também tinha a capacidade de afirmar a liberdade do sujeito – quando este entrava em contato com o inconsciente. Agora, o inconsciente passa a ser apenas uma *qualidade* dos fenômenos mentais.

O inconsciente vai perdendo sua dimensão e seu valor, ao longo de "O Eu e o Id", afirmando Freud que é a formação do Eu que verdadeiramente lhe interessa. O Eu forma-se do Id de duas maneiras: como resultado do contato com o exterior e com o precipitado das relações de objeto perdidas – as relações de objeto, que, sendo desinvestidas, deixam traços mnésicos que constituem o Eu. Verifica-se, portanto, a prevalência da *identificação na formação do Eu.*

Então, para além do decréscimo do inconsciente, há um acréscimo da identificação. Embora o recalcamento não tenha perdido sua força, nesse texto a identificação passa a ser o modelo essencial, segundo o qual se organiza a vida psíquica do sujeito no que diz respeito tanto à formação do Eu como à do Supereu.

Dessa maneira, Freud realiza um afastamento radical do modelo médico. De fato, apesar de tudo, no modelo da teoria do recalcado (primeira tópica) – e na maneira como é apresentada de forma linear a etiopatogenia na teoria causal da neurose –, havia algo que se estruturava de um modo não linear – a sobredeterminação do sintoma. Agora, o modelo perde essa característica e complexifica-se pelo jogo próprio das instâncias mentais – pelo jogo próprio da psique, cuja autonomia é autorizada. Verifica-se o abandono progressivo do interesse por um funcionamento biológico, que vai sendo substituído pela afirmação radical do funcionamento mental.

A ditadura da razão

Esse fenômeno é muito interessante em termos da evolução do pensamento psicanalítico: a *teoria da identificação* representa um afastamento de Freud em relação aos seus próprios modelos anteriores. A ênfase do modelo identificatório é a ênfase de um modelo psicológico para a mente. Portanto, essa espiritualização é um decréscimo do inconsciente e, em última análise, é uma ditadura da razão ("ditadura" não sendo aqui entendida no sentido pejorativo).

A frase "onde está o Id deverá estar o Eu" (Freud, 1923/1976, p. 35) nada tem a ver com a ideia de que aquilo que está inconsciente deve ser transformado em consciente. Agora é o sujeito que passa a ser consciente do seu inconsciente.

A passagem linear, que às vezes se faz entre essas duas ideias (as duas tópicas), dizendo que têm o mesmo significado, é completamente falsa, porque a partir de "O Eu e o Id" passam a ser atribuídas ao Eu dimensões pré-conscientes, conscientes e inconscientes, sendo também o Eu que tem de reger os princípios da vida psíquica.

A cura psicanalítica passou a ter outra dimensão. Não é mais o levantamento do recalcado – deixou de ser a possibilidade de o sujeito tomar contato com algo que estava escondido dentro dele e que era o causador do seu conflito, como uma espécie de reminiscência irritativa, para ser uma modificação da complexização funcional da mente. O que isso significa é uma modificação da articulação entre as instâncias – que implica a relação de objeto, a natureza da defesa, a relação entre as instâncias, o interjogo das identificações e a modificação do regime dessa relação – temas caros à técnica kleiniana, como salientou Spillius (2007).

"Onde está o Id deverá estar o Eu" – este é o *dictat* da razão – é a primeira consequência deste mesmo sistema. Só por uma auto-observação, própria do processo analítico, o ser humano pode – algumas vezes – emancipar-se dos aspectos primitivos que se movem dentro dele.

Não se trata mais da realização de um princípio que ainda é consequência do método catártico, mas de um processo específico do sujeito saber. A segunda consequência epistemológica: a uma teoria causalística, sucede-se uma teoria descritiva. A segunda tópica é descritiva: é a descrição das relações entre instâncias, da natureza do seu funcionamento e da maneira como se estruturam, que vai se afirmar na técnica psicanalítica.

O modelo descritivo casa com a questão do conhecimento, com a capacidade de pensar. Tal como à palavra ditadura não deve ser atribuída nenhuma qualidade pejorativa, também a palavra "razão" deve ser entendida como a razão iluminista e pós-iluminista. Trata-se, portanto, da ditadura de um *cogito* que se ergue sobre o sujeito e que permite que ele se conheça, mesmo naquilo que não se conhecia. *A análise serve para que o indivíduo seja apresentado a ele mesmo.*

Outra questão fundamental é a importância da *palavra*. Freud (1923/1976) acentua drasticamente que, em vez de perguntar como uma coisa se torna consciente, seria mais vantajoso perguntar como uma coisa se torna pré-consciente. A resposta seria: vinculando-se às representações verbais que lhe correspondem. Ou seja, tornando-se do domínio da palavra.

Essa importância da palavra irá, mais uma vez, dividir os analistas. Alguns pensam que a palavra tem um valor relativo no processo analítico: que a situação regressiva na análise estrutura o processo de transferência. Ao contrário, Freud acredita que é pela palavra que se criam a representação e o conhecimento. Essa perspectiva atribui à relação analítica uma especificidade: a cura pela palavra.

A interpretação é o lugar fundante da relação entre analista e analisando. Fora da interpretação, o analista não tem nenhum lugar que lhe seja próprio. Trata-se de uma ideia central que só dois autores compreenderam completamente: Lacan e Bion. Lacan (1949-1960/1998) com o significante; Bion (1962/1987) ao afirmar que a lalação – o acesso aos primórdios da linguagem – é o primeiro sinal da identificação do bebê com a função continente da mãe.

Em contrapartida, a palavra é muito menos central nos analistas que cultivam a maternagem – uma espécie de psicanálise materno-plástica –, em que o acesso do sujeito ao amparo é mais importante que o acesso ao conhecimento e ao saber sobre si, ainda que esse saber, vale dizer, seja sempre parcial, porque nunca chegamos à verdade última.

Na obra freudiana, a palavra é o primeiro sinal da apresentação dos limites da analisabilidade. Introduz-se a questão de outra relação do sujeito com o cogito – já não é tanto o "penso, logo existo", mas o "eu conheço". Mais que conhecer, trata-se da capacidade de cogitar, de pensar, presente na técnica de Bion (1962/1987), Green (2012), Ogden (1994/1996), entre outros. Bion (1962/1987) foi mais preciso: existo porque penso, ou melhor, porque alguém pensou por mim.

A capacidade cogitativa do sujeito significa ser capaz de entrar em contato com a natureza da sua angústia: da relação do Eu com o Id, com o Supereu e com a realidade. E é isso que enriquece a mente e promove o crescimento mental, porque transforma-se na capacidade da pessoa de tolerar saber e não saber, apesar do sofrimento inerente a todo processo de saber.

Foi no domínio da palavra que se modificou a técnica. Por exemplo, quando se começou a tratar psicanaliticamente os psicossomáticos, aquilo que se alterou foi do domínio da palavra do analista – o tipo de interpretação e a relação com a fantasia. Se há uma tremenda falha no pré-consciente desses pacientes, o analista tem de favorecer e ampliar essa função do pré-consciente. Trata-se de uma modificação do sistema interpretativo, mas continua a tratar-se da palavra. Também quando os pacientes psicóticos são tomados em análise, o que se modifica é novamente o regime da palavra, não o quadro.

Comentários

Inicialmente, Freud queria tornar consciente o inconsciente. Agora, ele quer que o sujeito possa saber falar de si, não sobre si.

Parafraseando Lacan (1949-1960/1998), trata-se de fazer com que a ordem simbólica possa se instalar. Bion diria: fazer com que haja um aparelho para pensar os pensamentos. Maldavsky (1992), por sua vez, compreende que se trataria de um aparelho para sentir os sentimentos.

Tornar pré-consciente o inconsciente – fazê-lo do domínio da palavra – é uma ideia extraordinária. Significa buscar que o Eu passe a ter a capacidade de articular, por meio da representação, as coisas que acontecem na sua realidade multicomplexa e multifacetada. Significa, por meio da relação com o mundo interno, tornar o Eu capaz de lidar de outra maneira com o Id, com o Supereu e com a realidade externa.

É na representação acústica – na palavra – que tudo se opera. Em torno dessa questão, muitos analistas pensam que "a carne se faz verbo" – que seria a evolução do corpo para o corpo falante. Outros, como Lacan, pensam que o verbo se faz carne – que é a palavra que funda e que dá ao sujeito um lugar, mesmo como carne. Bion irá se afastar cada vez mais desses modelos com base em novas perspectivas, como o modelo continente-contido, o modelo espectral, criando novas perspectivas para o futuro da psicanálise.

Referências

Bion, W. R. (1962). Uma teoria sobre o pensar. In W. R. Bion, *Estudos psicanalíticos revisados* (Cap. 9, pp. 107-126). Imago, 1987.

Freud, S. (1923). O Ego e o Id. In S. Freud, *Edição standard brasileira das obras psicológicas completas de Sigmund Freud* (Vol. 19, pp. 13-86). Imago, 1976.

Green, A. (2012). A clínica contemporânea e o enquadre interno do analista. *Revista Brasileira de Psicanálise*, *46*(3), 215-225.

Lacan, J. (1949-1960). *Escritos*. Zahar, 1998.

Maldavsky, D. (1992). *Teoría* y clínica de *los procesos* tóxicos. Amorrortu.

Ogden, T. (1994). *Os sujeitos da psicanálise*. Casa do Psicólogo, 1996.

Spillius, E. B. (2007). *Uma visão da evolução clínica kleiniana: da antropologia à psicanálise*. Imago.

5. A cultura em movimento: uma nova tópica se apresenta?[1]

Gley P. Costa[2]

"O Eu e o Id", publicado em 1923, está completando um século. Nesse artigo, Freud abandona a compreensão biológica da mente e se mantém, a partir desse momento, em um plano estritamente psicanalítico, configurando a denominada segunda tópica ou teoria estrutural da mente: Eu, Id e Supereu. O Eu concebido por Freud, contudo, lembra em muito o sujeito da obediência kantiano, quando esse filósofo diz que todo ser humano carrega um juiz interno e por ele é ameaçado e impelido a manter o respeito e uma atenção ligada ao temor. Essa negatividade que nele se desperta, enfatiza Kant (1797/2008), não é algo que ele cria arbitrariamente para si: ele age em função de um outro, mas que é incorporado

---

[1] Trabalho apresentado em 2023 no 28º Congresso Brasileiro de Psicanálise, em Campinas (SP).

[2] Membro fundador, efetivo e didata da Sociedade Brasileira de Psicanálise de Porto Alegre (SBPdePA). Membro da Federação Brasileira de Psicanálise (FEBRAPSI), da Federação Psicanalítica da América Latina (Fepal) e da International Psychoanalytical Association (IPA). Professor da Fundação Universitária Mário Martins (FUMM). Autor de livros de psicanálise, sendo o mais recente *A invenção da vida: uma visão psicanalítica contemporânea da felicidade* (Artmed, 2023).

em seu ser, torna-se uma parte de si mesmo. O sujeito moral de Kant, ao mesmo tempo acusado e juiz, remete diretamente à vassalagem do Eu freudiano mediante as exigências do Id e do Supereu: uma instância de ordens e proibições rigorosas. Para Freud, assim como a criança encontra-se sob a coação de obedecer a seus pais, o Eu se submete ao imperativo categórico de seu Supereu, que assume um papel de domínio internalizado, um outro poderoso e superior dentro de si mesmo, do qual o Eu se defende reprimindo as demandas de satisfação do Id.

Observamos, ao mesmo tempo, que o inconsciente freudiano deve sua existência à repressão que resulta desse estado litigioso entre o Eu e o Supereu – não como um todo, mas grande parte. É o próprio Freud (1923/1976) que diz: "Adquirimos nosso conceito de inconsciente a partir da teoria da repressão. O reprimido é, para nós, o protótipo do que é inconsciente" (p. 27). As experiências do Eu – às quais me refiro adiante – parecem, a princípio, estar perdidas para a herança; mas quando se repetem com bastante frequência e com intensidade suficiente, em gerações sucessivas, transformam-se em experiências do Id, cujas impressões são preservadas por herança. O Supereu – esclarece Freud – originou-se das experiências que levaram ao totemismo, ou seja, sofreu a influência da cultura totêmica. Nessa linha, somos levados a considerar as notáveis diferenças entre a sociedade atual e o ambiente sociocultural da época em que Freud nasceu e viveu: uma Viena imperial com costumes burgueses e patriarcais que defendia a preservação de um ideal feminino, o que contribuiu para muitas das suas contradições, principalmente em relação à sexualidade feminina.

O caráter repressivo do aparato psíquico freudiano, que opera com ordens e proibições, espelha, na visão de Byung-Chul Han (2011/2017), uma sociedade disciplinar perpassada por muros, barreiras, portais, delimitações e postos de vigília de fronteiras. A sociedade contemporânea é bem diferente, reitera o filósofo sul-coreano: é uma sociedade de desempenho, que se esquiva cada vez mais da negatividade das ordens e das proibições, apresentando-se como uma sociedade movida pelo ideal de liberdade. Sendo assim, o que se encontra em jogo não é mais o *dever* do tempo de Freud, mas o *poder*, sem se importar com o outro: "Se eu quero, eu posso!" é o lema de um programa de treinamento de inteligência emocional europeu, revelando o desinvestimento do outro. Anuncia Han (2016/2022) que, na verdade, os nossos dias fizeram desaparecer o outro como sedução, o outro como Eros, o outro como desejo, o outro como inferno e até mesmo o outro como dor. No entanto, a vida que recusa toda a dor – preconiza Adorno (1970/2008) – é uma vida coisificada: somente o ser tocado pelo outro mantém a vida viva. Jünger (2002), outro filósofo do século XX, vai além ao considerar que a relação que mantemos com a dor diz quem somos, o que levou Han (2020) a ampliar esse postulado para a cultura quando afirma, num ensaio intitulado "Algofobia", que a nossa relação com a dor mostra em que sociedade vivemos. Ao que se assiste na pós-modernidade é o espetáculo do Eu, tão bem representado pela socióloga Paula Sibilia (2016) em seu livro *O show do eu: a intimidade como espetáculo*.

Surge, então, na contemporaneidade o outro não como outro respeitado em sua individualidade, mas o outro igualado e quantificado nas redes sociais, que pode facilmente ser perdido e substituído por uma grande oferta de muitos outros nos aplicativos de relacionamento. A proliferação do igual, promovida e sustentada pelas redes sociais, apresenta-se como crescimento, porém a partir de um determinado ponto a produção não é mais produtiva, mas destrutiva. Da mesma forma, a informação não é mais informativa, mas deformadora, e a comunicação não é mais comunicativa, mas meramente cumulativa. Tornamo-nos familiares a tudo, mas não chegamos a um conhecimento; acumulamos informações e dados sem chegar a um saber; cobiçamos vivências e estímulos, mas continuamos sempre iguais a nós mesmos; acumulamos amigos e seguidores sem nunca nos encontrar com eles (Derrida, 2003; Han, 2016/2022).

O mundo digital não nos proporciona uma experiência com o outro. Ele nos encarcera em nós mesmos e nos leva a uma autopropaganda que nos doutrina com as nossas próprias ideias. Ter uma experiência implica algo acontecer conosco, algo nos atingir, algo abater-se sobre nós e nos transformar. Sua essência é a dor. Porém, em tudo, evita-se a dor, configurado na atualidade uma verdadeira "sociedade paliativa" (Han, 2020/2021). O eu pós-moderno emprega grande parte da libido para si mesmo. O restante é distribuído em contatos em número sempre crescente e relações superficiais e passageiras. Esse frágil elo de ligação facilita a retirada da libido de um objeto e direcioná-la a outro. O trabalho de enlutamento, demorado e sofrido pela perda do objeto, foi "cancelado". Como consequência, as relações que se estabelecem entre os indivíduos vão configurar os "amores líquidos", tão bem descritos pelo sociólogo Zygmunt Bauman (2003/2005).

Oportuniza-se perguntar: representará a depressão nos nossos dias não a morte do outro, como no tempo de Freud, mas a morte do próprio Eu pela ausência do outro para amar e ser amado? Provavelmente poderíamos relacionar essa mudança social com um quadro clínico cada vez mais frequente na atualidade, que é a síndrome de *burnout*, expressão do esgotamento, do cansaço físico e mental, fruto da pressão contínua de desempenho, caracterizando, nas palavras de Han (2010/2017), uma "sociedade do cansaço", como foi acentuado, muito diferente da "sociedade disciplinar" em que nasceu e floresceu a psicanálise. Ao mesmo tempo, essa mudança altera o processo de gratificação, pois como se gratificar com a inexistência do outro? Seria essa positividade um fator gerador do mal-estar na cultura atual, que não é mais fruto da negatividade da repressão do tempo de Freud, mas do vazio pela falta do outro, o qual o indivíduo busca compensar com o desempenho? Aparentemente, em prol da quantidade, sem sucesso, tenta-se compensar a qualidade. Por conta disso, essa cultura do desempenho e da otimização não permite nenhum trabalho sobre o conflito, pois esse trabalho, como se sabe, demanda tempo. De certa forma, o sujeito da sociedade do desempenho liberta-se para um projeto, mas a mudança de sujeito para projeto não elimina as coações. No lugar da coação da sociedade disciplinar, surge a autocoação sob a forma de uma autoexploração, que é enganosa porque se apresenta como liberdade.

Além disso, fragmenta-se o tempo para o aumento da eficiência e da produtividade e suprimem-se estruturas temporais estáveis, as quais levaram Freud a conceber o desenvolvimento do Eu passando pelas fases oral, anal e fálica, mas também evoluindo de uma etapa que chamou de Eu ideal para uma segunda etapa que chamou de ideal do Eu, possibilitada pela diferenciação sujeito-objeto e pela inclusão do terceiro, metaforizado no complexo de Édipo. Dessa forma, configurou um funcionamento egoico narcísico inicial seguido de um funcionamento egoico edípico, marcado pela castração. Na passagem da sociedade disciplinar para a sociedade de desempenho, parecemos ter regredido do ideal do Eu para o Eu ideal: já ser agora o que deveria vir a ser no futuro mediante a identificação com o pai, conforme enfatiza Chasseguet-Smirgel (1975/1992) em seu consistente estudo sobre o ideal do Eu. Hoje, os filhos olham para os pais e não conseguem mais ver diferenças, porque estes se tornaram iguais àqueles. O ideal não é o pai maduro, a mãe madura, mas o filho, a filha adolescentes. A histeria, típica doença da sociedade disciplinar freudiana, a qual implica a negatividade da repressão, teria dado lugar às patologias narcísicas da atualidade, marcadas por um excesso de positividade: a tudo eu tenho direito, tudo eu posso, não existem mais limites nem final, conclusão, pois tudo pode vir a ser maior ou melhor.

A questão que se coloca para nós, psicanalistas, é se essa mudança social traz em si ou não uma reestruturação intrapsíquica, diferenciando o aparelho mental dos sujeitos da sociedade da disciplina, com a valorização do outro, da sociedade pós-moderna de desempenho, na qual o que importa é o Eu poderoso em todas as dimensões. Será que o aparato psíquico de Freud, repressivo e impositivo, dotado de mandamentos e proibições, dominado pela angústia e pelo medo diante da transgressão, aplica-se ao sujeito de afirmação da pós-modernidade, empreendedor de si mesmo, inserido numa sociedade de liberdade e desregulamentação? Se a resposta for não, devemos considerar que o inconsciente freudiano não é uma estrutura atemporal. Encontra-se sujeito a mudanças impostas pela sociedade e, sendo assim, uma nova tópica se apresenta, visando a uma mudança de paradigma para as relações Eu, Id e Supereu, tendo em vista dar conta de uma clínica em que nenhum desejo pelo outro é evidenciado. Somente o Eu é enfocado, e o sujeito se mostra sozinho, perdido, entediado, desiludido e desorientado em uma sociedade esvaziada de sentido, monótona, planificada, voltada para o desempenho e o consumo (Han, 2016/2022).

De fato, parte expressiva dos pacientes que hoje chega até nós demonstra um constante aumento de expectativas, ao mesmo tempo que o sentimento de ter alcançado uma meta definitiva jamais se instaura. A coação de desempenho força o indivíduo a produzir cada vez mais e ele jamais encontra um ponto de repouso e gratificação. Vive um constante sentimento de carência e de culpa e, tendo em vista que seu oponente é ele mesmo, procura superar a si mesmo até sucumbir. Teríamos de considerar que na sociedade de desempenho realizar-se e autodestruir-se coincidem, como adverte Han (2010/2017)? Diz o filósofo:

> *O sujeito de desempenho esgotado, depressivo, está, de certo modo, desgastado consigo mesmo. Está cansado,*

> *esgotado de si mesmo, de lutar consigo mesmo. Totalmente incapaz de sair de si, estar lá fora, de confiar no outro, no mundo, fica se remoendo, o que paradoxalmente acaba levando à autoerosão e ao esvaziamento. Desgasta-se correndo numa roda de hamster que gira cada vez mais rápida ao redor de si mesma. (p. 91)*

Portanto, não são mais os neuróticos freudianos que em maior número na atualidade nos procuram, mas indivíduos carentes de um sentimento de identidade, o qual, segundo Grinberg e Grinberg (1971), resulta de um processo de interação contínua de três vínculos de integração: espacial (entenda-se esquema corporal), temporal (a história do indivíduo, em particular as crises evolutivas) e social (correspondendo às relações objetais e às identificações ao longo da vida). Diante disso, outra pergunta que somos levados a formular é: em que medida estamos preparados teórica, técnica e emocionalmente para dar conta desses pacientes reféns de uma sociedade de produção e de crescimento, cuja vitalidade pode ocultar a proximidade de uma catástrofe mortal? Poderíamos dizer que *A morte ronda o espetáculo*, aproveitando o título de um importante filme dos anos 1950, considerando tratar-se, também, de uma "sociedade do espetáculo" (Debord, 1995/2007), em que os autorretratos, as *selfies*, converteram-se no tipo de imagem mais produzido e exibido em todo o planeta? Narciso se afogando no reflexo da própria imagem?

Certamente seria ir longe demais nesta exposição alcançar a extensão e a profundidade que implica a relação do indivíduo com a sua intimidade na sociedade do espetáculo. Porém, faz-se indispensável registrar sua flagrante discrepância com as personalidades introdirigidas do tempo em que Freud desenvolveu a psicanálise, cuja subjetividade respondia ao modelo do chamado *homo psychologicus*, configurando um sujeito que buscava desvendar seus próprios segredos nas recônditas experiências do passado. No mundo atual, não existem mais segredos nem passado. As experiências são exibidas em tempo real para o maior número possível de pessoas, que as autenticam com um *like*. A felicidade, entre aspas, tornou-se possível pelo número de *likes*. Não interessa quem, interessa quantos!

Vargas Llosa (2012), em seu livro *A civilização de espetáculo*, pergunta-se:

> *O que é privado em nossos dias? Uma das consequências da revolução da informática foi a volatização das fronteiras que o separavam do público, confundindo-se ambos num* happening *em que todos somos ao mesmo tempo espectadores e atores, em que nos exibimos reciprocamente, ostentamos nossa vida privada e nos divertimos observando a alheia, num* strip tease *generalizado no qual nada ficou a salvo da mórbida curiosidade de um público depravado pela necedade. (p. 140)*

A liberdade, a liberdade sexual em particular, sem sombra de dúvida representou um grande avanço civilizatório, mas o sexo dessacralizado, despido dos véus, do pudor e dos rituais que o acompanham há séculos, abolida de sua prática toda e qualquer forma simbólica de transgressão, destaca o escritor, não estaria representando, na verdade, um retrocesso? Para onde estaria caminhado o mundo da desanimalização da espécie, da cultura e da invenção que Popper (1975/2022) chamou de "mundo terceiro", resultante de um lento processo que fez surgir o indivíduo emancipado da tribo, com tendências, disposições, desígnios, anseios e desejos que o diferenciavam dos outros e o constituíam como ser único e intransferível? Em outras palavras, o indivíduo da intimidade que permitiu a Freud criar a psicanálise, embasada na palavra e na escuta sustentadas pela confidencialidade, hoje substituída por imagens abertas ao público, sedentas de "curtidas". Vive-se, como apontam Bandeira e Ronchi (2019), a doce tirania das vidas expostas, a servidão da visibilidade, um mundo performático em que se procura encenar, representar, simular e editar o real, um mundo em que tudo precisa ser libertador, espetacular, atraente e desejável, no qual a imagem escondeu a palavra e o íntimo se tornou vulgar. Mostrar-se diferente pode resultar no "cancelamento" pelas redes sociais, pois elas só admitem os iguais, e, em função disso, o indivíduo age de acordo com a reação do outro. Como vamos analisar esse Eu sem a privacidade essencial do enquadre analítico, cujo temor não é mais a punição do Supereu, mas o "cancelamento" das redes sociais?

Ainda não se dispõe dessa resposta, mas como ponto final não será demais deixar registrada a preocupação de Freud (1930/1974) com o futuro da humanidade expressa em "O mal-estar na civilização", um sombrio escrito testamentário do "pai da psicanálise", no qual revela seu temor do fracasso do ser humano diante de sua pulsão de morte, finalizando o artigo com as seguintes palavras:

> *Os homens de hoje levaram tão longe o domínio das forças da natureza que ficou fácil recorrerem a elas para se terminarem até o último ser humano. Eles sabem muito bem disso, o que explica uma boa parte de sua inquietação, sua infelicidade e sua crescente ansiedade. Agora só nos resta esperar que a outra das duas "potências celestiais", o eterno Eros, empreenda um esforço para afirmar-se na luta contra este adversário igualmente imortal. Mas quem pode prever com que sucesso e com que resultado? (Freud, pp. 170-171)*

Referências

Adorno, T. W. (1970). *Teoria estética*. Edições 70, 2008.

Bandeira, N., & Ronchi, C. C. (2019). *Redes sociais: a doce tirania das vidas expostas*. Juruá.

Bauman, Z. (2003). *Amor líquido: acerca de la fragilidad de los vínculos humanos*. Fondo de Cultura Econômica, 2005.

Chasseguet-Smirgel, J. (1975). *O ideal do ego*. Artes Médicas, 1992.

Debord, G. (1995). *A sociedade do espetáculo*. Contraponto, 2007.

Derrida, J. (2003). O legado do Iluminismo em um mundo globalizado. In G. Borradori, *Filosofia em tempo de terror: diálogos com Habermas e Derrida* (pp. 25-34). Jorge Zahar.

Freud, S. (1923). O Eu e o Id. In S. Freud, *Obras completas de Sigmund Freud* (Vol. 19, Cap. I, pp. 25-31). Imago, 1976.

Freud, S. (1930). O mal-estar na civilização. In S. Freud, *Obra completas de Sigmund Freud*. (Vol. 21, Cap. VIII). Imago, 1974.

Grinberg, L., & Grinberg, R. (1971). *Identidad y cambio*. Kargieman.

Han, B.-C. (2010). *Sociedade do cansaço*. Vozes, 2017.

Han, B.-C. (2011). *Topologia da violência*. Vozes, 2017.

Han, B.-C. (2016). *A expulsão do outro*. Vozes, 2022.

Han, B.-C. (2020). *Sociedade paliativa*. Vozes, 2021

Jünger, E. (2002). Uber den Schmerz. In E. Jünger, *SämtlicheWerke* (Vol. 7). Kiett-Cotta.

Kant, I. (1797). *A metafísica dos costumes*. Edipro, 2008.

Popper, K. R. (1975). *Conhecimento objetivo: uma abordagem evolutiva*. Vozes, 2022.

Sibilia, P. (2016). *O show do eu: a intimidade como espetáculo*. Contraponto.

Vargas Llosa, M. (2012). *A civilização do espetáculo: uma radiografia do nosso tempo e da nossa cultura*. Objetiva.

6. Eu com Isso: o feminino, o masculino e a diversidade que há em nós[1,2]

Lina Schlachter Castro[3]

"Há nesta sala algum psicanalista homossexual, trans ou não binário?"

Foi assim que começou sua palestra o filósofo trans Paul Preciado, em uma Jornada Internacional da Escola da Causa Freudiana, em novembro de 2019. Como resposta, obteve um silêncio que descreveu como pesado, rompido apenas por algumas risadinhas nervosas. Sua fala provocou uma inquietude tão grande entre os presentes que ela não pôde ser concluída, o tempo estourou. Apenas muito recentemente no Brasil houve acesso ao texto completo que Preciado desejava ler, traduzido para o português em seu

---

[1] Artigo originalmente publicado em Castro, L. S. (2022). O feminino, o masculino e a diversidade que há em nós. *Revista de Psicanálise Reverie*, *15*(1), 51-61.

[2] Castro, L. S. (outubro de 2022). *O feminino, o masculino e a diversidade que há em nós* [Trabalho apresentado]. VI Jornada de Psicanálise da SPFOR: "O Ego, o Id e as Inquietações Contemporâneas", Fortaleza, Brasil.

[3] Psicóloga. Candidata em formação psicanalítica pela Sociedade Psicanalítica de Fortaleza (SPFOR), doutora em Psicologia Clínica pela University of Tennessee (EUA) e mestre em Teoria Psicanalítica pela Universidade Federal do Rio de Janeiro (UFRJ).

livro *Eu sou o monstro que vos fala: relatório para uma academia de psicanalistas* (2022).

Este texto não só questiona a teoria e a clínica psicanalíticas como também o lugar de pessoas heterocisnormativas produtoras de discurso. É desse lugar e dessa jaula que este texto parte. Aqui, sigo o exemplo e a iniciativa do filósofo que identifica que ele, por sua vez, parte de uma jaula trans ao produzir seu texto. Ao me posicionar nesse lugar, reconheço os meus limites no que compartilharei. No entanto, lanço-me ao desafio proposto por Preciado e me comprometo a questionar e a tentar sair do armário da normatização.

Paul Preciado, em seu livro, critica a servidão ao regime binário da diferença sexual e o privilégio da universalidade em um mundo patriarco-colonial. Ele questiona a universalidade em nossas narrativas psicanalíticas. A universalidade, aqui, diz respeito a simplificações teóricas ao, por exemplo, afirmar que sabemos o que é um homem e uma mulher, ou um homossexual e um heterossexual, ou um transexual e um cissexual. Afinal, por que colonizar corpos com saberes pré-concebidos?

Defendendo que a pessoa trans passa por um processo de descolonização do corpo, afirma que os códigos culturais de masculinidade e de feminilidade são restritivos diante das infinitas modalidades de existência humana. Paul Preciado defende: "viver para além da lei do patriarcado colonial, da diferença sexual, da violência sexual e de gênero é um direito que todo corpo vivo deveria ter, mesmo o de um psicanalista" (2022, p. 44).

O filósofo divide sua fala em três ideias: 1) o regime da diferença sexual com o qual a psicanálise trabalha é histórico e mutante; 2) a epistemologia binária e hierárquica está em crise desde os anos 1940; e 3) a epistemologia da diferença sexual foi abalada por mudanças profundas e dará lugar, nos próximos anos, a uma nova epistemologia.

Uma nova epistemologia é necessária quando, como explicita Thamy Ayouch (2015, p. 31), "o sistema que servia para abordar o mundo aparece adaptado apenas a uma parte desse mundo". Então, entendendo isso, Preciado ressalta que "os novos movimentos transfeministas, *queer* e antirracistas, mas também as novas práticas de filiação, de relações amorosas, de identificação de gênero, de desejo, de sexualidade, de nomeação" (2022, p. 47) justificam a necessidade de uma ruptura epistemológica.

Portanto, a pretensão de Preciado não é apenas a despatologização dos corpos trans, mas a modificação de uma epistemologia. Ele destaca que em 2010 a Organização Mundial da Saúde (OMS) reconheceu que "há culturas (por exemplo, samoanos, povos originários da América, tailandeses) que utilizam taxonomias sexuais e de gênero não binárias, mais fluidas e mais complexas do que a taxonomia ocidental moderna" (2022, p. 78) e sugere que a taxonomia binária é arbitrária e, portanto, deve ser revisada.

Por fim, Preciado afirma:

> *A epistemologia da diferença sexual está em mutação. Nos próximos anos, deveremos elaborar coletivamente uma epistemologia capaz de dar conta da multiplicidade radical dos seres vivos, que não reduza o corpo à sua força reprodutiva heterossexual, que não legitime a violência heteropatriarcal e colonial... A vida é mutação e multiplicidade. (2022, pp. 80-81)*

Objetivando fazer um entrelaçamento das ideias de Preciado com a psicanálise e defendendo que a psicanálise deve se colocar como um sistema aberto e poroso aos discursos de nossa época, inicio o meu texto com o seguinte questionamento: como podemos pensar uma psicanálise que envolva a pluralidade e as diversas manifestações da sexualidade?

1

Já em seu texto "Três ensaios sobre uma teoria da sexualidade" (1905/2016), Freud postula que a sexualidade humana é, de início, polimorfa e perversa. Assim, ele defende que há em nós uma multiplicidade de destinos possíveis.

Pensemos na pulsão. Seu objeto é variável e indeterminado. Sua fonte é somática, não limitada aos aspectos genitais. Há uma erogeneidade multizonal. Sua meta pode ir além não só da reprodução, mas também do princípio do prazer. Assim, a sexualidade humana, para Freud, não é reduzida ao biológico nem ao cultural. Há algo outro que nos move, tornando-nos heterogêneos e, portanto, diversos. Dessa forma, como realça Fernando Orduz, "o ser humano sub-verte, per-verte e di-verte-se com o código biológico. Muta, transmuta e permuta. Forma, deforma e reforma" (2020, p. 22).

Em Freud, há também uma convicção em uma bissexualidade inata, que combina em si características femininas e masculinas. Ele, inclusive, pontua: "todos os indivíduos, graças à disposição bissexual e à herança genética cruzada, reúnem em si caracteres masculinos e femininos, de modo que a masculinidade e a feminilidade puras permanecem sendo construções teóricas de conteúdo incerto" (1925/2018, p. 298), o que demarca que o masculino e o feminino se mesclam em nós, sofrendo oscilações e, portanto, há uma dificuldade de se separar o que é masculino do que é feminino.

Além desse obstáculo, acrescento outro: encontrar o significado de tais conceitos sem sermos permeados por preceitos de nossos tempos e da localidade em que vivemos. Inevitavelmente tais construtos são flexíveis e mutáveis. Portanto, há uma impossibilidade de uniformidade em seu uso ou de universalidade teórica.

Para essa discussão, também vale lembrar a ideia de identificação. Em "O Ego e o Id" (1923/2018), por exemplo, Freud discorre sobre a travessia edípica e propõe que há identificações e desejos tanto com o pai quanto com a mãe. As identificações, na psicanálise, fazem parte de um processo dinâmico e mutável, que ocorre desde o início até o fim de nossa existência, na interação com diversas pessoas significativas do nosso entorno. Essas identificações são sempre inacabadas, provisórias.

Em seu texto "Sobre a psicogênese de um caso de homossexualidade feminina" (1920/2017), Freud ressalta uma abertura para uma compreensão que vai além da lógica binária (claro, com os limites de sua época), segundo o seguinte trecho:

> *Um homem de características predominantemente masculinas, e que também apresenta o tipo masculino na vida amorosa, pode, no entanto, ser invertido no tocante ao objeto, amar apenas homens, em vez de mulheres. Um homem em cujo caráter predominam obviamente traços femininos, que no amor chega a comportar-se como uma mulher, deveria, por essa atitude feminina, tomar um homem como objeto de amor; ele pode, entretanto, ser heterossexual e não mostrar mais inversão, no que toca ao objeto, do que medianamente um indivíduo normal. O mesmo vale para as mulheres, também nelas as características sexuais psíquicas e a escolha do objeto não correspondem de maneira fixa. (p. 146)*

Aqui Freud desfaz-se da lógica binária afirmando que a sexualidade não está atrelada à estabilidade dos sexos. Há uma multiplicidade de combinações, o que convoca a ideia de polimorfismo da pulsão. A sexualidade, assim, não se desdobra ao gênero, ou seja: o gênero que sou (ou estou) não determina a sexualidade que terei.

No entanto, há de se reconhecer que na obra freudiana também há espaço para reduções binárias em relação ao gênero. Por exemplo, Freud postula que, inicialmente, há uma crença de que todos possuem um pênis (ou seja, há a universalidade do pênis), o que acaba por afirmar que há uma inferioridade ou incompletude no órgão genital feminino. Ele também levanta a ideia de que há na mulher uma transferência da excitabilidade erógena do clitóris (o pequeno pênis) para a vagina, o que é passível de inúmeras discussões. Até o final de sua obra, Freud atrela o feminino à passividade e o masculino à atividade, o que reproduz um modelo patriarcal em que o homem representa o ativo, enquanto a mulher, o passivo. Ele (1925/2018) também defende que as mulheres possuiriam um superego mais enfraquecido que o do homem, o que acaba trazendo para um gênero uma questão que é mais bem explicada por características individuais. Além disso, propõe que a maternidade seria a única saída edípica saudável para a menina (Freud, 1925/2018), o que limita a subjetividade da mulher, que é plural. Enfim, existem outros exemplos, mas não seria relevante mencioná-los aqui.

Freud, nesses momentos, provavelmente faz referência aos papéis de gênero de acordo com determinantes socioideológicos de sua época (além da influência judaica em sua formação), o que certamente afeta sua compreensão de masculino e feminino. No entanto, isso não o impede de questionar a si próprio em alguns momentos, como em seu texto "A feminilidade" (1933/2018). Aqui, ele põe em dúvida a relação do masculino com atividade e do feminino com passividade. Nesse texto, ele reconhece que a relação entre o feminino e a passividade pode ocorrer em virtude de normas sociais. Ele pontua que há normas sociais que forçam a mulher para situações passivas e ressalta as possíveis diferenças individuais.

2

Até os dias de hoje, há uma discussão sobre o que seria masculino e feminino. Cleuza Perrini (2015), por exemplo, propõe o masculino e o feminino como funções mentais presentes tanto no homem quanto na mulher. A autora parte das disposições anatômicas do pênis, ereto e potente, e da vagina, um continente que abriga o pênis. Ela ressalta que as duas funções juntas são necessárias para haver o pensar, o ligar e o conectar. Sendo assim, seria o objetivo da psicanálise conjugar a função feminina à função masculina.

Citando Sandler (1999), Perrini (2015) sugere que a capacidade de intuir e de cuidar são expressões da função feminina e que a capacidade de ser potente é uma expressão da função masculina. Conectando isso à experiência analítica, e novamente trazendo Sandler, ela lembra que o psicanalista se insemina (função feminina) com o conteúdo (função masculina) de seu analisando. O conteúdo, assim, penetra o continente ativo. O analista digere, por *rêverie*, o conteúdo e, pela interpretação, parece potente e exerce a função masculina. O analisando faz o mesmo, podendo ser alimentado e inseminado de acordo com sua função feminina. Assim, as funções vão se alternando, relacionalmente. Por fim, Perrini propõe que é necessária uma cooperação entre as funções feminina e masculina em nosso psiquismo.

Apesar de defender que essas funções independem das questões de gênero, ela claramente associa o feminino à vagina e o masculino ao pênis. Questiono: essa conexão ainda seria necessária, uma vez que o feminino e o masculino estão em todos nós, independentemente do sexo? Como poderíamos sair de uma ótica patriarcal em que o masculino ainda está ligado ao ativo, ao fazer e à potência, e o feminino ao passivo, ao receptivo e ao acolher? Será que precisaríamos, ainda, utilizar uma lógica binária, representada aqui pelo feminino e masculino, ao propor funções que podem estar em cada um de nós?

Pensando no Édipo clássico, que diz respeito à tríade mãe--pai-filho, também já foram dados alguns passos semelhantes. Por exemplo, a tradição lacaniana propõe que pensemos em funções materna e paterna e afirma que essas funções podem ser desempenhadas por outras pessoas que não sejam a mãe ou o pai reais. Há uma compreensão de que essas funções vão além dos gêneros masculino e feminino e da diferença sexual anatômica.

Leticia Glocer Fiorini (2015), indo mais além ainda, argumenta que a palavra "paterna" continua a se referir à figura do pai, ou do homem, e sugere a utilização da expressão "função terceira". Ela defende que esse termo ressaltaria a importância do reconhecimento da alteridade, de uma diferença simbólica que não se refere apenas à diferença sexual anatômica. Assim, amplia o termo para todas as diferenças, inclusive as raciais, as étnicas e as presentes nas mais variadas formas de existência. Tentando repetir o gesto de Fiorini, em recente artigo também sugiro um descolamento da palavra "materna" da mãe, ou da mulher, considerando um novo nome que seria "função de acolhimento" (Castro, 2022).

Por fim, questiono-me em relação à frase constantemente ressaltada por psicanalistas de que "anatomia é destino" (Freud, 1924/2018, p. 211), quando tantos avanços mais significativos foram feitos em relação à não normatização da sexualidade baseada em ideias como bissexualidade psíquica, polimorfismo da sexualidade e plasticidade da pulsão. A sexualidade para Freud, reafirmo, é principalmente psicossexualidade. Assim, como nos lembra Holovko (2020), a anatomia é e não é o destino. Ou seja, nem a anatomia nem a cultura são capazes de circunscrever a sexualidade inteiramente.

Laplanche coloca essa questão em perspectiva em seu texto "O gênero, o sexo e o sexual" (2003/2015), quando menciona que

> O gênero *é plural. É geralmente duplo, com o masculino-feminino, mas não o é por natureza. É muitas vezes plural, como na história das línguas e na evolução social.* O sexo *é dual. Ele o é pela reprodução sexuada e também por sua simbolização humana, que fixa e engessa em: presença/ausência, fálico/castrado.* O Sexual *é múltiplo, polimorfo. Descoberta fundamental de Freud, ele fundamenta-se no recalque, no inconsciente, na fantasia. (p. 155, grifos do original)*

O sexual, para Laplanche, é o objeto da psicanálise. Assim, na psicanálise há uma compreensão de que a sexualidade inevitavelmente fracassa em se conformar às normas pelas quais é regulada. Há sempre algo que escapa. Ou, como afirma a filósofa Judith Butler (2022), "ela emerge precisamente como possibilidade de improviso no interior de um campo de constrangimentos" (p. 35).

3

Talvez se esbarrar com gênero, masculino e feminino, de uma forma não normatizada e se deparar com a multiplicidade que há em cada um encontra resistências primitivas. O próprio Freud ressalta, em "Análise terminável e interminável" (1937/2018), que é o elemento do sexo oposto que sucumbe ao recalque. Freud descreve que a resistência em entrar em contato com esse elemento do sexo oposto é tamanha que dá a impressão a nós, psicanalistas, de que penetramos até o rochedo da castração e que chegamos, assim, ao final da análise.

Conectado a essa ideia, há também o conceito de *Unheimlich*, o estranho ou inquietante de Freud (1919/2010). Pode haver uma mistura de horror, espanto, medo, fascinação e familiaridade ao lidar com as mais diversas manifestações da sexualidade. É o que deveria ter permanecido secreto, escondido, que surge. É uma assombração. O que surge é o retorno do recalcado, que reaparece, causando estranheza, e que obriga o Eu, mais uma vez, a negar.

Hansbury (2017) sugere que um analista cis, ao atender um analisando trans, pode viver ansiedades impensáveis. Afinal, o analisando trans convoca o analista cis a repensar as determinações culturais dos papéis de gênero, assim como as ideias de binaridade sexual. Hansbury cita em seu artigo trechos de trabalhos de analistas que mencionam sensações de estar em pedaços, de se sentir ameaçado em relação à forma que percebe seu corpo, de desconexão do senso de *self*, de desorientação ao atender um analisando trans. Ele reflete que tais sensações, caso o analista não esteja em contato com o que se passa, podem restringir, em vez de ampliar, o espaço emocional no ambiente analítico. Ele também alerta para o risco de colonizar os analisandos com interpretações contaminadas de ansiedades não metabolizadas. Assim, uma contratransferência não analisada pode produzir um vínculo analítico desastroso.

A teoria que cada psicanalista carrega pode obstruir ou favorecer a escuta de seu paciente. Não há nenhuma explicação universalizante a respeito de qualquer manifestação de sexualidade e não há apenas um mecanismo que possa abarcar qualquer forma de existência humana. Freud (1933/2018) ressalta isso em sua afirmação: "corresponde à singularidade da psicanálise não querer descrever o que a mulher é – isso seria para ela uma tarefa quase impossível de resolver – mas, sim, pesquisar como ela se torna mulher, como se desenvolve a partir da criança dotada de disposição bissexual" (p. 318).

Ampliando essa afirmativa, é igualmente equivocado pretender afirmar que é a homossexualidade uma perversão, a transexualidade uma psicose e a heterossexualidade o único caminho a ser buscado. Há, portanto, distintas homossexualidades, transexualidades e heterossexualidades.

O nosso comprometimento como psicanalistas é com a singularidade e com o múltiplo, ao entendermos que há, sempre, diversos itinerários de desejos, variadas fantasias que são fundantes para a experiência do nosso próprio corpo e dos outros corpos e uma plasticidade psíquica em movimentos identificatórios provisórios. Penso que devemos acompanhar um indivíduo em suas interrogações, ajudando-o a se situar em seu próprio desejo. Ou seja, a psicanálise deve estar a serviço de uma desalienação do sujeito.

Referências

Ayouch, T. (2015). Da transexualidade às transidentidades: psicanálise e gêneros plurais. *Revista Percurso 54(1),* 23-32.

Butler, J. (2022). *Desfazendo gênero.* Unesp.

Castro, L. S. (2022). Freud, o feminino e a constituição psíquica. In G. Salgado (Org.), *Construções VII – Entrelaçados: a clínica, a formação e o mundo* (pp. 89-103). Associação Brasileira de Candidatos.

Fiorini, L. (2015). Desconstruindo o conceito de função paterna: um paradigma interpelado. *Revista de Psicanálise da SPPA, 22*(2), 479-491.

Freud, S. (1905). Três ensaios sobre a teoria da sexualidade. In S. Freud, *Obras completas de Sigmund Freud* (Vol. 6, pp. 13-172). Companhia das Letras, 2016.

Freud, S. (1919). O inquietante. In S. Freud, *Obras completas de Sigmund Freud* (Vol. 14, pp. 328-376). Companhia das Letras, 2010.

Freud, S. (1920). Sobre a psicogênese de um caso de homossexualidade feminina. In S. Freud, *Obras completas de Sigmund Freud* (Vol. 15, pp. 114-149). Companhia das Letras, 2017.

Freud, S. (1923). O Eu e o Id. In S. Freud, *Obras completas de Sigmund Freud* (Vol. 16, pp. 13-74). Companhia das Letras, 2018.

Freud, S. (1924). A dissolução do complexo de Édipo. In S. Freud, *Obras completas de Sigmund Freud* (Vol. 16, pp. 203-213). Companhia das Letras, 2018.

Freud, S. (1925). Algumas consequências psíquicas da diferença anatômica entre os sexos. In S. Freud, *Obras completas de Sigmund Freud* (Vol. 16, pp. 283-299). Companhia das Letras, 2018.

Freud, S. (1933). A feminilidade (Conferência XXXIII). In S. Freud, *Obras incompletas de Sigmund Freud: amor, sexualidade, feminilidade* (pp. 263-293). Autêntica, 2018.

Freud, S. (1937). Análise terminável e interminável. In S. Freud, *Obras completas de Sigmund Freud* (Vol. 19, pp. 274-326). Companhia das Letras, 2018.

Hansbury, G. (2017). Unthinkable Anxieties: Reading Transphobic Countertransferences in a Century of Psychoanalytic Writing. *Transgender Studies Quarterly*, *4*(3-4), 384-404.

Holovko, C. (Clínica Horizontes) (24 jul. 2020). *Além da lógica binária: abordagem psicanalítica das diversidades sexuais* [Vídeo]. YouTube. https://www.youtube.com/watch?v=0jxigkoJtWg. (Acesso em: set. 2023.)

Laplanche, J. (2003). O gênero, o sexo e o Sexual. In J. Laplanche, *Sexual* (pp. 154-189). Dublinense, 2015.

Orduz, F. (2020). Morfismos e versidades nas subjetividades contemporâneas. In C. Holovko & C. Cortezzi (orgs.), *Sexualidade e gênero: desafios da psicanálise* (pp. 19-31). Blucher.

Perrini, C. (2015). Algumas considerações sobre a masculinidade ⇔ feminilidade no interior da vida psíquica. *Revista Brasileira de Psicanálise*, *49*(4), 155-168.

Preciado, P. B. (2022). *Eu sou o monstro que vos fala: relatório para uma academia de psicanalistas*. Zahar.

7. Natureza e cultura, morte e vida: os vastos territórios humanos e seus laços inescapáveis com o diminuto ponto azul em que vivemos[1]

Maria Luiza Gastal[2]

Agradeço o convite da Sociedade Psicanalítica de Fortaleza (SPFOR) para participar da jornada e compartilhar inquietações que nos afligem na clínica e na vida. Agradeço, sobretudo, pela possibilidade de ouvir tanta gente, aprender e pensar – coisas que andam "em baixa" nesses tempos estranhos. Agradeço especialmente ao Petrônio, que entrou em contato para fazer o convite, e a ele e Valeska, que me proporcionaram uma recepção carinhosa ontem, já iniciando esta prosa de hoje. Como disse a eles, minhas inquietações atuais buscam "costurar" um percurso pessoal, que começa como bióloga, passa por uma experiência nas políticas públicas e na docência, caminhando par e passo com a psicanálise, para chegar aqui (não sei bem onde...).

---

[1] Trabalho apresentado em outubro de 2022 na VI Jornada de Psicanálise da SPFOR e Evento preparatório para o 29º Congresso de Psicanálise da FEBRAPSI.

[2] Psicanalista da Sociedade de Psicanálise de Brasília (SPBsb), membro do Comitê de Clima e Psicanálise da IPA, professora assistente do Instituto de Psicanálise Virgínia Leone Bicudo.

Primeiro, discutirei a separação entre natureza e cultura e a ideia de cultura centrada no masculino presentes em Freud e no pensamento de sua época. No segundo momento, busco ver como Winnicott concebe a natureza. No terceiro, tento escutar culturas com concepções radicalmente distintas das nossas sobre estar no mundo. Finalmente, volto à psicanálise para pensar seu papel e o dos psicanalistas diante da grave crise climática que vivemos.

Começo com Freud, que rompe com ideais de razão e individualismo da modernidade ao afirmar a primazia do inconsciente e a importância da intersubjetividade, mas mantém intacta na noção moderna de natureza, hostil e separada da cultura (Freud, 1930/2010d). A natureza nos ameaça e a cultura busca mitigar esse sofrimento, mesmo nos impondo outros, pela repressão e sublimação das forças instintuais. Além do mundo externo, pulsões invadem e atacam a cultura, e o indivíduo moderno, mesmo descontente com a civilização, teme a natureza (interna e externa). Freud também se apoiou na biologia recapitulacionista de seu tempo (Ritvo, 1992) ao conceber um inconsciente biológica e culturalmente histórico, com o desenvolvimento do inconsciente individual reproduzindo parcialmente a filogenia da espécie. Esse recapitulacionismo se estende para a cultura, de modo que não só a evolução biológica, mas também a cultural poderia se repetir ao longo da vida do indivíduo humano (Gould, 1977). Nesse modelo teleológico, outros primatas e povos "primitivos" não teriam atingido ainda nosso grau de desenvolvimento cultural e os sinais da marcha da cultura existiriam como restos, conservados nos mitos, na história da civilização e em culturas "primitivas". Apoia-se numa antropologia à moda do mito do Éden trocado pelo conhecimento para domínio da natureza e numa história da civilização em que deixamos um modo de vida como caçadores-coletores, fixando-nos num território possuído, desmatado, dominado. A narrativa dominante nas ciências humanas do século XIX defende que a humanidade abandonou a natureza (e a inocência, para Rousseau, ou a ferocidade, para Hobbes) em troca da cultura (Graeber e Wengrow, 2022).

A humanidade de Freud é ainda marcada pela ameaça de castração que, com a renúncia instintual, é sublimada e espiritualizada, transformando-se em expressões "superiores" da cultura.[3] O Supereu, assinala Freud, "É o monumento que recorda a anterior fraqueza e dependência do Eu..." (1923/2010b, p. 60), sinal de que nossa impotência diante da natureza e nossa dependência dos que detêm a lei nos mantêm sob ameaça. A primazia da cultura sobre a natureza e a angústia de castração resultam numa ética baseada na lei como correlato do medo e na dominação humana sobre a natureza, e é uma ética masculina. Naturalmente castradas, às mulheres seria impossível o exercício de uma ética avançada (Freud, 1933/2010e).

Segundo momento: Winnicott. Sua concepção de desenvolvimento natural reflete uma crença na potência biológica dos instintos e permite pensar outra relação com a natureza, baseada na contribuição feminina e em uma ética do cuidado. Ao contrário do macho castrado de Freud, para Winnicott (1956/2000) o desenvolvimento da mulher ocorre "a partir da identificação e da rivalidade com a mãe e da elaboração imaginativa da função do órgão genital especificamente feminino" (p. 67), num caminho diferente daquele seguido pelo sexo masculino, não marcado pela ausência. Sobre os instintos, enquanto para Freud (1915/2010b) a pulsão é uma *representação* psíquica de uma fonte psicossomática, Winnicott (1988/1990) vê os instintos humanos como instintos animais – o que nos distingue é o sentido que damos, pela elaboração imaginativa, às vivências instintuais. Os fenômenos transicionais também representam outra relação com o mundo natural. Na profunda

[3] "O ser superior, que se tornou ideal do Eu, ameaçou uma vez com castração, e esse medo de castração é provavelmente o núcleo em volta do qual se armazena a posterior a angústia de consciência" (Freud, 1923/2010c, p. 79).

identificação entre mãe e bebê cria-se uma área de ilusão, na qual o bebê acredita que o seio da mãe tenha sido por ele criado, e enquanto perdura essa ilusão não existe discriminação entre interno e externo. Esse objeto que é ao mesmo tempo apresentado concretamente pela mãe/ambiente para saciar a fome é fruto da "criatividade primária" do bebê, mas sustentado pela mãe/ambiente. Essa capacidade criativa ingênua vai sendo modelada pela realidade material, mas persiste em várias manifestações adultas: a criatividade artística, o brincar e o devanear – expressões da cultura que emergem do desenvolvimento e dessa capacidade instintiva de imaginar, assim como do ambiente. Do lado de fora a natureza é também um ambiente que cuida e atende nossas necessidades (uma mãe suficientemente boa). Do lado de dentro, é uma constituição inata para a vida. Finalmente, a metapsicologia de Winnicott enfatiza o cuidado. Primeiro, o cuidado representado pela provisão ambiental oferecida pela mãe, mas, com seu desenvolvimento, o bebê passa a assumir um cuidado em relação à mãe/ambiente, ao atingir a posição depressiva, base de nossa capacidade de cuidar e de reparar. Existimos como humanos imersos *na* e produtores *da* cultura que não nasce somente do enfrentamento da natureza, mas sobretudo de nossa fundamental dependência e coexistência com ela. Natureza e cultura coexistem na natureza humana e se desenvolvem e sustentam apoiadas numa ética do cuidado aprendida da experiência vivida com nossas mães.

E aqui volto a Freud, mais especificamente a "O Eu e o Id" (1923/2010b), em que ele não só propõe um novo modelo para o aparelho psíquico, mas traz um Eu que, originado do Id (da natureza, portanto), instaura-se com base na relação com o mundo externo, nas percepções que nos chegam dele e nas relações que com ele estabelecemos. Ainda que, como diz Freud, represente "O que se pode chamar de razão e circunspecção, em oposição ao Id" (p. 31), "o Eu é sobretudo corporal" (p. 32), emerge do herdado, da natureza e vai sendo formado de acordo com o mundo externo, que é natureza e é cultura. Ao final da vida, Freud parece, implicitamente, reconhecer que natureza e cultura, afinal, não podem ser radicalmente separadas, e que a cultura não é exclusivamente a forma de enfrentamento de uma natureza hostil, mas também uma extensão de nossa natureza interna.[4]

Começo o terceiro momento trazendo a antropologia pela mão do movimento ecológico, um porta-voz dos "descontentes com a civilização" que atribui o sofrimento humano ao nosso distanciamento da natureza, e prescrevendo como cura uma reaproximação a ela. O movimento também nasce do conhecimento de que outras culturas possuem visões diversas de natureza, como aquelas que tratam de uma mãe/irmã Terra, que não é "naturalmente" castrada, mas referida como cuidado, receptividade e acolhimento e fertilidade[5]. Essa imagem, presente em Winnicott, talvez nos ajude a pensar psicanaliticamente a crise que vivemos – e sua cura. Freud teve um diálogo intenso com a antropologia de seu tempo, e estudos posteriores nesse campo resultaram em novas interpretações da história humana. Aqui vou dialogar, na qualidade de leiga curiosa, com duas obras: *A inconstância da alma selvagem e outros ensaios de antropologia*, de Viveiros de Castro (2017), e *O despertar de tudo*, de David Graeber e David Wengrow (2022).

Discutindo o papel da guerra e do canibalismo nas sociedades tupinambás, Viveiros de Castro (2017) assinala como essas

---

[4] Embora mantenha a ideia de que o original, ou seja, aquilo que é natural (Id) precisa ser controlado pelo cultural (Eu e Supereu) em virtude da angústia de castração. A natureza, afinal, continua nos ameaçando de dentro e de fora...

[5] Um exemplo é a deidade feminina Pachamama, vinculada à agricultura e à reprodução, na região dos Andes. "Pacha é uma palavra quechumara composta de "pa" ou "paya" – dois, dualidade – e "cha" ou "chama" – energia, força – o todo do que existe em forma inter-relacionada, o universo ordenado mediante uma complexa rede de relações, tanto em perspectiva espacial como temporal (Freitas, 2022).

sociedades se assentavam profundamente na relação com o outro, humano ou não, como, nelas, o exterior estava em processo constante de interiorização (inclusive com o canibalismo), e o exterior era um movimento de dentro para fora. Ele as denomina "culturas de murta", distinguindo-as das "culturas de mármore" europeias.

> *Nossa ideia corrente de cultura projeta uma paisagem antropológica povoada de estátuas de mármore, não de murta: museu clássico antes que jardim barroco. Entendemos que toda sociedade tende a perseverar no seu próprio ser, e que a cultura é a forma reflexiva deste ser; pensamos que é necessária uma pressão violenta, maciça, para que ela se deforme e transforme. Mas, sobretudo, cremos que o ser de uma sociedade é seu perseverar: a memória e a tradição são o mármore identitário de que é feita a cultura. Estimamos . . . que, uma vez convertidas em outras que si mesmas, as sociedades que perderam sua tradição não têm volta. Não há retroceder, a forma anterior foi ferida de morte. . . Talvez, porém, para sociedades cujo (in)fundamento é a relação aos outros, não a coincidência consigo mesmas, nada disso faça o menor sentido. (p. 178)*

Nesse modo de estar no mundo, coisas vivas e não vivas são, simultaneamente, da cultura e da natureza. A alma selvagem, inconstante e essencialmente ligada ao outro, produz uma subjetividade que se fundamenta na abertura e que graças a ela se mantém. Algumas cosmogonias, como as dos Yawalapiti, sequer reconhecem uma divisão entre natureza e cultura – não existe nenhum conceito para "animal" (não humano) (Viveiros de Castro, 2017). Certas cosmogonias ameríndias creem na existência de uma humanidade anterior ao mundo, que se transforma e dá origem a espécies biológicas, acidentes naturais e corpos celestes: a cultura produz a natureza (Danowski & Viveiros de Castro, 2014).

Fui muito impactada pela leitura de *O despertar de tudo* (2022), resultado de anos de diálogos entre os amigos britânicos David Graeber, antropólogo e ativista falecido em 2020, e David Wengrow, arqueólogo. Os dois recontam a história da humanidade, desconstruindo a versão do século XIX (que prevalece no senso comum) de que os humanos do paleolítico seriam caçadores coletores de sociedades simples e igualitárias, que se complexificaram a partir da "invenção" da agricultura. Mostrando os equívocos dessa visão à luz de descobertas de novos sítios arqueológicos, os autores também desmontam a ideia de que as populações das Américas "descobertas" pelos europeus consistiriam em selvagens cuja organização social espelharia e seria um resquício da "humanidade" (europeia...) em seus primórdios. Graeber e Wengrow salientam que não houve um desenvolvimento gradual da humanidade em relação ao que é hoje a civilização ocidental. Sempre fomos diversos.

As formas de organização social das populações ameríndias no século XVI eram variadas, com muitos e complexos regimes econômicos, políticos e sociais – muito distante de "primitivas e selvagens", segundo relatos de viajantes europeus sobre indígenas da costa do Canadá daquele período. Os relatos mencionam a enorme capacidade de raciocínio e argumentação dos "selvagens" e virtudes de liberdade, solidariedade, cuidado com os seus e hospitalidade com forasteiros, diferentes do que os viajantes encontravam nos ambientes europeus, ao voltar para casa.

Outro aspecto notável de algumas dessas sociedades era um sistema legal não punitivista, no qual a responsabilidade de manter os seus sob controle recaía sobre todos, e os culpados não eram punidos – era o clã que devia uma indenização à vítima. Os chefes wendats, por exemplo, insistiam que os súditos fornecessem o necessário para a indenização, mas ninguém era obrigado a fazê-lo, e os que se dispunham o faziam publicamente, rivalizando sobre sua riqueza, usada nos momentos de crise como demonstração de poder. Ninguém era obrigado a obedecer aos chefes eleitos - eram sua capacidade de oratória e argumentação que lhes garantiam autoridade. Em algumas sociedades sequer as crianças eram obrigadas a obedecer os adultos. Entretanto, a criminalidade era muito baixa. Uma lei que não se apoia no medo e que, em vez de castrar, repara. O que Freud pensaria disso? O que podemos pensar sobre isso?

Tais relatos, publicados, foram discutidos em espaços públicos europeus, inclusive em salões parisienses frequentados por pensadores iluministas, que afirmaram ter retirado algumas de suas ideias diretamente de fontes nativas americanas. Graeber e Wengrow sugerem que intelectuais americanos originários tiveram papel central na revolução conceitual que resultou no Iluminismo e, mais tarde, nas políticas de bem-estar social, com luzes partindo das Américas para a Europa.

Apesar de toda essa riqueza, a invasão europeia das Américas resultou no quase extermínio de populações originárias e no esmagamento de suas culturas de murta pelo peso do mármore. Mas a antropologia contemporânea mostra que aqui, no sul do mundo, resquícios de murta podem nos ajudar a (re)aprender formas mais maleáveis de existir. Tais modos de vida dialogam com a psicanálise de autores como Winnicott, que descrevem uma relação mais próxima e menos antagônica entre natureza e cultura. Mas penso que também dialogam com Freud de "O Eu e o Isso" (1923/2010c) quando ele, em alguma medida, reconhece que a razão também é extensão de nossa natureza, de nossa história filogenética e de nossa relação com o mundo. Se o Supereu nasce de uma identificação com o pai e parece ser "um local de reunião dos instintos de morte" (p. 68), sociedades diferentes daquela descrita por Freud resultam em moralidades que não são produto desse bando cruel, mas de uma ligação entre cultura e natureza (entre Eu e Id) que reconhece, nas profundidades do Id, possibilidades de relação mais amistosa com o mundo externo. Culturas cuja ética não se baseia num ataque desse bando mortífero àquilo que recebemos como herança de nossa natureza interna e do resto do mundo natural; em que as origens do Eu e da cultura são vistas como imersas no mundo natural.

E aqui voltamos, em nosso último momento, à psicanálise atual: ela pode ajudar a compreender o comportamento humano diante da crise climática e a pensar saídas? Desde seu início, ela buscou entender a dinâmica de crises sociais e políticas. Em 1918, o 5º Congresso Internacional de Psicanálise teve como tema os traumas de guerra. As mudanças climáticas produzem efeitos traumáticos. Pesquisa realizada com 10 mil jovens com idades entre 16 e 25 anos, em dez países, mostrou que para 48% dos brasileiros as mudanças climáticas afetam negativamente a intenção de ter filhos – maior proporção da lista e acima da média de 39% entre as nacionalidades pesquisadas (Hanna, 2021). Também a vida política tem sido examinada pela psicanálise desde Freud, que, em 1915 (2010a), em "Considerações atuais sobre a guerra e a morte", analisou o Segundo Reich Alemão. Hanna Segal (1987) interpretou a Guerra Fria como sustentada por ansiedades esquizoparanoides e desejos inconscientes de destruição e morte projetados no adversário em ambos os lados da disputa. Em 1995, voltou ao tema, ao descrever a Guerra do Golfo em termos semelhantes. Pensando na crise do capitalismo, Rustin (2013) dialoga com Segal sugerindo que as elites capitalistas, ao ignorar os riscos do descaso com o mundo natural, não querem simplesmente consumir mais, mas garantir seu poder sobre rivais imediatos e futuros. Marca de sucesso competitivo, o consumo desmedido e a crise ambiental refletem a dinâmica de destrutividade do conflito descrito por Segal. Rustin vê o risco de extermínio do que a natureza gerou durante milênios como um ataque inconsciente às gerações futuras de uma cultura em que a exacerbação do narcisismo enfraquece o sentido de comprometimento com os que nos seguirão e nega a herança recebida daqueles que nos antecederam.

As mudanças climáticas são assunto em nossa clínica? Cada vez mais, seja como conteúdo consciente ou inconsciente, e o trabalho terapêutico, no campo da transferência, pode esclarecer o que corresponde ao mundo interno de nossos pacientes e o que diz respeito ao mundo que queima. No Brasil, os pacientes se referem ao mundo social e natural com questões antigas, mas que se relacionam crescentemente às mudanças climáticas: pobreza, falta de condições de moradia e de saúde, violência e outras mazelas conhecidas de nossa sociedade, que tendem a se agravar e a comparecer com mais frequência em nossos consultórios. Ainda restrita a uma parcela economicamente privilegiada da população brasileira, a psicanálise é conclamada a refletir sobre as mudanças climáticas considerando o impacto desses antigos dilemas brasileiros sobre a saúde mental da população mais necessitada. Populações mais pobres sofrem impactos (inclusive no que diz respeito à saúde mental) mais graves da crise climática, que agravam ainda mais sua condição historicamente desfavorável (Hallegate *et al.*, 2014; Palinkas e Wong, 2020).

Pensamos além de Freud para com ele pensar o que a psicanálise tem a dizer sobre a gravíssima crise que vivemos, especular o que pode nossa clínica diante da ameaça concreta de extinção e qual nosso papel conceitual e político para evitar o fim do mundo. No espaço da clínica, isso acontece analisando os mecanismos inconscientes que se entrelaçam ao mundo externo e produzem novas formas de sofrimentos psíquico. No plano teórico, empurrando o pensamento freudiano para além dos limites de sua vida e seu tempo, quando o patriarcado, o colonialismo e o racismo marcavam ainda mais a cultura europeia, mantendo o diálogo com a antropologia e abrindo um diálogo honesto e horizontal com outras culturas. No plano político e social, atuando em espaços públicos. Enquanto o trabalho com os pacientes acontece exclusivamente na sala de análise, a passagem da compreensão para a ação se dá nos âmbitos político e social. Não é mais possível dizer que uma crise que afeta tão profundamente a existência de nossa e de outras espécies não seja assunto para os psicanalistas. Essa crise de um modo de existir, que resulta numa recusa do reconhecimento de nossa dependência do planeta que recebemos como herança, cobra-nos uma escuta ampliada, coragem, pensamento e ação.

Referências

Freitas, V.S. Direitos da Pachamama e decolonialidade da natureza. In: Freitas, R.X. (org.). *Decolonização de conceitos sociojuríticos*. Mucuripe, 2022.

Freud, S. (1915). Considerações atuais sobre a guerra e a morte. In S. Freud, *Obras completas* (P. C. Souza, Trad., Vol. 12, pp. 209-246). Companhia das Letras, 2010a.

Freud, S. (1915). Os instintos e seus destinos. In S. Freud, *Obras completas* (P. C. Souza, Trad., Vol. 12, pp. 38-60). Companhia das Letras, 2010b.

Freud, S. (1923). O Eu e o Id. In S. Freud, *Obras completas* (P. C. Souza, Trad., Vol. 16, pp. 13-74). Companhia das Letras, 2010c.

Freud, S. (1930). O mal-estar na civilização. In S. Freud, *Obras completas* (P. C. Souza, Trad., Vol. 18, pp. 13-121). Companhia das Letras, 2010d.

Freud, S. (1933). A feminilidade (Conferência 33). In *Obras completas*, Vol. 18, pp. 263-293 (1930-1936). São Paulo: Companhia das Letras, 2010e.

Gould, S. J. (1977). *Ontogeny and phylogeny*. Belknap; Harvard.

Graeber, D., & Wengrow, D. (2022). *O despertar de tudo: uma nova história da humanidade*. Companhia das Letras.

Hallegatte, S., Bangalore, M., Bonzanigo, L., Fay, M., Narloch, U., Rozenberg, J., & Vogt-Schilb, A. (2014). Climate change and poverty–an analytical framework. *World Bank Policy Research Working Paper*, (7126).

Hanna, N. (17 de outubro de 2021). *Por "ansiedade climática", os jovens estão optando por não ter filhos*. Veja. https://veja.abril.com.br/saude/por-ansiedade-climatica-os-jovens-estao-optando-por-nao-ter-filhos/. (Acesso em: set. 2023.)

Palinkas, L.A. & Wong, M. Global climate change and mental health. *Current Opinion in Psychology*, 32, 17-26, 2020.

Ritvo, L. (1992). *A influência de Darwin sobre Freud* (J. C. C. Guimarães, Trad.). Imago.

Rustin, M. (2013). How is climate change an issue for psychoanalysis? In S. Weintrobe (Ed.), *Engaging with climate change: psychoanalytic and interdisciplinary perspectives* (pp. 170-185). Routledge.

Segal, H. (1987). Silence is the real crime. *International Review of Psychoanalysis, 14*(3), 3-11.

Viveiros de Castro, E. (2017). *A inconstância da alma selvagem e outros ensaios de antropologia*. Ubu.

Winnicott, D. W. (1956). *Da pediatria à psicanálise: obras escolhidas*. Imago, 2000.

Winnicott, D. W. (1988). *Natureza humana* (D. L. Bogomoletz, Trad.). Imago, 1990.

8. A emergência de afetos advindos de conflitos precoces[1]

Tânia Oliveira de Almeida Grassano[2]

O bebê, ao nascer, traz consigo uma história pregressa, história essa que começou a ser escrita antes mesmo da sua concepção. Ele nasce inserido em uma cultura, em uma família com a própria história transgeracional. Nasce no pensamento dos pais, em seu desejo ou no seu não desejo. Há uma história no que se refere à concepção de um filho. De que forma esse bebê foi gerado? Foi gerado espontaneamente por um casal que queria ter filhos? É fruto de um relacionamento entre adolescentes? Nasce de uma violência? É concebido por intermédio de práticas de reprodução assistida, doação de gametas, barriga solidária? É o primeiro filho? Chega após abortos naturais ou provocados? Toda essa história é geradora de significados que são comunicados ao futuro bebê. A forma de o bebê nascer também terá importância: foi um parto difícil, houve sofrimento do bebê e da mãe? O bebê ficou internado? Nasceu prematuro? Precisou ser separado da mãe após o nascimento?

---

[1] Trabalho apresentado na 28ª Jornada Científica da Sociedade Brasileira de Psicanálise de Minas Gerais (SBPMG). Evento preparatório para o 29º Congresso Brasileiro de Psicanálise em 19 de novembro de 2022.

[2] Psicóloga e psicanalista. Membro efetivo, analista didata e docente na SBPMG.

Por meio de estudos da psicologia pré e perinatal (Wilheim, 2000), sabemos que todas as experiências vividas no período intraútero ficam inscritas por meio da memória celular. Essas inscrições ficam armazenadas de forma inconsciente e poderão influenciar a estruturação da personalidade, a conduta e o comportamento. Estudos da Dra. Alessandra Piontelli (1995) mostram que há uma continuidade comportamental e psicológica se estendendo do feto ao bebê e do bebê à criança.

Toda a história pregressa será importante na constituição do psiquismo e seus processos de subjetivação. A sensorialidade do feto e do recém-nascido é o assoalho para o desenvolvimento dos processos de subjetivação. Já nos dizia Freud que o ego é, antes de tudo, um ego corporal. A forma como cada bebê irá experienciar e elaborar a própria história é totalmente única.

Segundo Busnel (2011), "informações sensoriais, memorizadas durante a vida fetal, têm papel determinante no estabelecimento da relação do bebê ao nascer com seu entorno físico e psíquico" (p. 23). Dentro do ventre materno, o bebê tem contato íntimo com a mãe. Escuta os barulhos do corpo da mãe, as batidas do coração dela, a voz dela, além de sentir o gosto e o cheiro do líquido amniótico, os quais serão parecidos com os do leite materno, facilitando a amamentação. O feto, assim como o recém-nascido, percebe o mundo por intermédio das próprias sensorialidades, as quais têm três papéis fundamentais: "1) permitir ao feto um pré-conhecimento de seu futuro meio; 2) modular o desenvolvimento de seu sistema nervoso; 3) dar pistas que favorecem a relação com os outros ao seu entorno" (Busnel, 2011, p. 32).

Para Busnel (2008), os efeitos do estresse durante a gestação podem ser percebidos de forma imediata em relação ao feto, influenciando sua respiração, paralisando movimentos, endurecimento da artéria umbilical, causando redução da irrigação da placenta. A médio prazo, também foram constatados os efeitos na redução de movimentos e de peso, na redução do Apgar ao nascer e nos riscos de parto prematuro. A longo prazo, observou-se a diminuição da resistência ao estresse. Os bebês ficam "mais hiperativos, assustam-se mais, choram mais, têm mais distúrbios digestivos, maiores problemas de sono e, de modo geral, apresentam comportamento considerado difícil pelas mães" (pp. 69-70).

Busnel (2011) nos conta que o recém-nascido é capaz de perceber a expressão de emoções como medo, felicidade e tristeza. Busnel pensa que ele "associa o tom da voz e a emoção graças às flutuações de entonação que acompanham as modificações da fisiologia materna ligadas a essas emoções (ritmos, fluxos hormonais, tônus muscular)" (p. 30).

Estamos nos referindo a uma fase muito primária da vida humana, que é marcada pelas sensações. Thomas Ogden (1996) propõe a ideia de uma posição ainda mais antiga que as posições esquizoparanoide e depressiva, propostas por M. Klein e que se mantêm em uma relação dialética com elas. Essa posição foi denominada por Ogden (1996) como autista-contígua. O termo *autista* significa a mais primitiva organização psicológica, e *contígua* se refere a partes que se tocam, uma vez que, nessa posição, o contato de pele é o meio mais importante para produzir sentido e gerar os rudimentos da experiência de *self*. A posição autista-contígua é pré-simbólica e marcada pelas sensações. Em situações normais, ela é o pano de fundo, delimitador sensorial para as experiências posteriores da vida psíquica. Victor Guerra (2018) postula que a sensorialidade compartilhada forma um fundo sobre o qual se vai estabelecer a possibilidade de um compartilhar emocional. Para isso, será necessária a instauração da lei materna do encontro, que permite uma adaptação aos ritmos próprios do bebê e a construção de uma ritmicidade conjunta mãe e bebê.

Desde a vida intrauterina, o bebê está imerso numa experiência rítmica que implica o outro. Para Vitor Guerra (2018),

> *toda a vida do bebê está fundada na existência de ritmos que, como uma dança, pulsam os momentos de união-separação, presença-ausência, continuidade-descontinuidade, como forma de aliviar as angústias provenientes da descontinuidade, marcar o prazer do encontro com o objeto, tolerar sua eventual ausência e antecipar seu retorno. (p. 178)*

Para Guerra (2018), o ritmo é uma das primeiras formas de inscrição da continuidade psíquica, configura-se como uma das primeiras vivências de identidade do bebê, de identidade rítmica. É uma experiência organizadora que, em conjunto com todas as experiências sensoriais, forneceria os primeiros sentimentos de ser uma unidade no *self*. Quando essa identidade rítmica que se formou é respeitada, traz a capacidade de estar tranquilo e o prazer de pensar.

Vitor Guerra (2018) nos ensina que

> *uma das tarefas fundamentais do bebê é organizar e coordenar seus diferentes fluxos sensoriais e para isso o encontro rítmico, atencional e narrativo com o outro é fundamental. Ou seja, seria a ritmicidade do encontro com o outro (intersubjetividade) um dos fatores que possibilitaria, junto com os recursos próprios, a vivência de integração do* self *(subjetivação). (p. 179)*

Diante de todo o exposto, vivências conflituosas e traumáticas vivenciadas nessa primeira fase da vida ficam inscritas no corpo, sem nome, em nível das sensações, e precisarão de auxílio em seu processo de elaboração. Nós, analistas, precisaremos estar atentos para dar voz a essas experiências tão primitivas: elementos transgeracionais, projeções maternas/paternas, o que é vivenciado na concepção, na vida intrauterina, no período perinatal e que pode estar causando sintomas que precisam ser elaborados.

Irei trazer alguns fragmentos de casos clínicos para demonstrar a emergência de afetos que advêm de conflitos iniciais na história de vida de alguns pacientes.

Primeira vinheta clínica:

> Paulo era um bebê de 3 meses que não ganhava peso, estava bem abaixo da curva de peso e crescimento que era referência para a sua idade. Paulo mamava no peito e, devido ao baixo peso, passou a complementar a sua alimentação com fórmula. Mesmo assim, o peso não aumentava. Nada orgânico foi encontrado pela pediatra, que estava preocupada com seu estado de saúde. Recebo Paulo e sua mãe, Anne, para psicoterapia mãe-bebê. Anne era mãe solo, sem uma rede de apoio que pudesse realmente ajudá-la. Anne estava muito preocupada com o filho, sem saber mais o que fazer, pois ele estava mamando bem, mas não ganhava peso. Paulo tem um olhar atento, mas que transmitia, contratransferencialmente, um terror, um desamparo muito forte. Anne começa a contar o quanto foi difícil aceitar que estava grávida, pois não dava conta nem da própria vida. Ela mesma não sabia, ao certo, se queria estar viva e estava colocando uma pessoinha nesse mundo horrível. Conta-me muitas histórias de sua vida para justificar esse pensamento. Conta que havia sofrido um acidente com Paulo quando ele tinha 2 meses. Estava passeando com Paulo dentro do *sling*, atravessou a rua distraída e não viu que vinha um carro, que os

atropelou. Disse que, como Paulo estava amarrado no *sling*, não foi arremessado de seu colo. Mãe e filho não se machucaram, mas levaram um susto muito grande, e Paulo chorou muito. Entendi esse episódio como uma grande atuação diante desse conflito entre viver e morrer que estava sendo expresso tanto pela mãe quanto por Paulo, que não sabia se podia viver, crescer, se desenvolver ou se tinha de sumir... Fomos trabalhando esses conteúdos com mãe e filho, para que pudessem elaborar os conflitos para decidirem colocar os dois pés na vida. Minha sensação era que ficavam no meio do caminho entre viver e morrer. Após um mês de trabalho, Paulo começou a ganhar peso aos poucos. O conflito entre a vida e a morte permeava a relação de mãe e filho. Paulo captava a ambivalência materna e reagia, escancarava o conflito com a criação do sintoma.

A autora Joanna Wilheim (2000), no artigo "Psiquismo pré e perinatal", destaca algumas contribuições da autora Myriam Szejer (1999) para a clínica de bebês dizendo que o "bebê usa a linguagem do corpo para se expressar e recorre a sintomas" (p. 163). É amplo o espectro de sintomas que o recém-nascido apresenta: ele pode vomitar, regurgitar, ter diarreias ou constipação, cólicas; recusar o seio; ficar anoréxico; apresentar bulimia; chorar sem parar; dormir em excesso ou ficar acordado por muito tempo; apresentar distúrbios respiratórios; ter problemas de pele; hipotonia; não ganhar peso. Tudo isso como forma de comunicação. "Cabe ao psicanalista estabelecer as conexões entre estes sintomas e a história do bebê e sua família" (p. 163), uma vez que o nosso trabalho é o de fazer lugar para a palavra sofrida.

O sintoma no bebê pode advir de fatores traumáticos vivenciados no período pré ou pós-natal. Podem advir também de projeções dos pais e fatores transgeracionais. Segundo Cramer e Palacio-Espasa (1993), no puerpério observa-se uma forma particular de funcionamento psíquico, denominada por eles neoformação, na qual ocorre a redistribuição dos investimentos parentais. O bebê pode se transformar em elo e armazenar investimentos antes relacionados aos objetos internos ou a aspectos do *self* dos pais. Assim, o que se examina nas psicoterapias desse período refere-se a um sistema complexo, no qual estão presentes: "os funcionamentos psíquicos particulares do pai e da mãe; as contribuições do bebê; o tensionamento desses sistemas em uma psicoterapia; e as contribuições do psicoterapeuta" (p. 26).

Os conflitos de Anne eram muito profundos e projetados em Paulo, que, como recurso para lidar com essas projeções, criou o sintoma. Com a melhora de Paulo, Anne viu a necessidade de retornar à sua análise pessoal para continuar tratando seus conflitos de forma mais profunda.

Segunda vinheta clínica:

> Alice é uma menina de 7 anos que chega com uma queixa de muito medo; não consegue ficar sozinha em nenhum cômodo da casa, especialmente à noite. Apresenta uma demanda muito grande relacionada à mãe. Não quer ficar longe dela. Está sempre procurando seu olhar, seu colo e seu amor. Percebo Alice olhando para sua mãe com um olhar triste, de compaixão e de preocupação, nas sessões em que entraram juntas.

> Um dia, Alice faz o desenho do coração da mãe em sua sessão de análise. No coração, desenha três estrelinhas, colore metade do coração de azul e metade de vermelho. Desenha a si mesma fora do coração de um lado da folha e a mãe do outro lado.

> Começamos uma conversa, a fim de entender o desenho como se estivéssemos trabalhando com a interpretação de um sonho. Os significados foram sendo construídos por nós duas em nossa dupla analista e analisanda. Em nossa conversa, ela associa as cores azul e vermelho aos sentimentos de tristeza e raiva, as estrelinhas são os irmãozinhos que viraram estrelinha antes de nascer (essa associação foi mais difícil para ela, ela sabia ainda sem palavras). A mãe teve três abortos antes do nascimento dela. Teve também depressão pós-parto. Alice fez uma leitura precisa do quanto se sentia desamparada mediante os sentimentos de tristeza, raiva e luto da mãe diante de tantas perdas, e que esses sentimentos, de certa forma, eram obstáculos para a conexão entre elas. Isso faz com que a mãe, mesmo presente fisicamente, fique ausente psiquicamente, afetando a qualidade do vínculo. Ela dizia: "eu e mamãe ficamos separadas, longe uma da outra".

A mãe fica colonizada com tantos sentimentos que ela deixa de ver o bebê real com as suas necessidades. Um sentimento muito presente nas gestações pós-perda é o medo. Muitas vezes, a mãe se sente ansiosa e com medo de uma nova perda. Na literatura (Bourrat, 1989), vemos descrita a síndrome do bebê vulnerável, que é a distorção do bebê que nasce após a morte de um filho como sendo muito frágil e, por vezes, doente. A mãe tem muito medo da perda e, mesmo após o nascimento do filho saudável, o medo não se dissipa, mas pode rondar o quarto do bebê como um fantasma, fazendo com que a mãe tenha muita dificuldade de ficar longe de seu filho, deixá-lo dormir sem o receio de ter uma morte súbita a qualquer momento. A mãe, em muitos momentos, precisará vigiar o bebê, na esperança de que assim ele continue vivo. É difícil confiar no cuidado que outras pessoas darão ao bebê. Diante disso, fico pensando: quais mensagens Alice recebeu ao longo de sua história? Como essa dupla construiu sua ritmicidade conjunta? Segundo a mãe de Alice, ela sabia apenas de uma perda. Alice desenha três estrelinhas, o número exato de perdas. Nem eu sabia que eram exatamente três. Os sintomas apresentados por Alice pareciam dizer de tudo isso que experimentou muito cedo em sua história de vida e que precisaram ser vistos e elaborados em sua análise. Precisava ser colocado em palavras o que ela sentia em seu corpo. Seu corpo sentia a falta de conexão, o desamparo, o medo e a vontade de grudar na mãe. Como já dizia Chico Buarque (1973): "quero ficar no teu corpo / feito tatuagem / que é pra me dar coragem / pra seguir viagem / quando a noite vem".

Terceira vinheta:

> Joana, atendida por mim em psicoterapia de adultos, tinha por volta de 45 anos, era viúva e não tinha filhos. Tinha como queixa a letargia da vida, a falta de ambição, de objetivos maiores e um diagnóstico de HIV positivo que descobriu quando o marido ficou gravemente enfermo. Em uma das sessões, conta despretensiosamente que era gêmea. Peço para me contar melhor essa história, pois achava que era filha única. Joana conta que a mãe engravidou de gêmeos, eram ela e seu irmão João. Conta que João era muito maior que ela, que ela nasceu pequenininha, e ele, grande. Só que, assim que nasceu, João teve uma parada cardíaca e morreu; e ela, tão pequenina, sobreviveu. Eu disse a ela: "Então o João era grande, ficou com a maior parte dos nutrientes na barriga de sua mãe e morreu. Você ficou apenas com uma pequena parte dos nutrientes, era pequenina e sobreviveu". Joana começou a chorar e disse: "Realmente, o meu sentimento sempre foi de muito medo, de estar em peri-

go caso tivesse muitas coisas, caso aparecesse muito ou tivesse muito sucesso. Sempre me senti mais protegida quietinha no meu canto, apenas com o suficiente".

O sentimento era de que o irmão havia morrido por ter sido muito "ganancioso", pegava tudo para si e a deixava, "tadinha", com muito pouco. Esse sentimento era muito forte, e é claro que havia também uma mistura muito grande de sentimentos, como a dor da perda do irmão, a culpa por ter sobrevivido e ele não, ter de lidar com a família em luto pela morte do irmão. Há um conflito em poder estar feliz por estar viva, mas carregar a sensação de morte junto. A morte do irmão, que ficou nove meses junto com ela na barriga da mãe, a morte do marido que passara HIV para ela e a ameaça de morte proveniente da doença. O marido também se mostrou "ganancioso", querendo várias mulheres, e não só morreu por isso, mas deixou marcas em Joana para o resto da vida. A forma como Joana vivenciou e interpretou toda a situação pré e perinatal a trouxe para um padrão de funcionamento mental aprisionante, no qual ela não podia quase nada. A emergência desse conteúdo em análise trouxe uma série de elaborações que, aos poucos, foi auxiliando seu desabrochar.

Trouxe, neste trabalho, propositalmente três exemplos clínicos de diferentes fases do desenvolvimento: uma bebê, uma criança e uma adulta, para mostrar que os conflitos precoces podem aparecer em todas as fases de nossa vida e poderão ser elaborados ao longo do caminho, numa análise em qualquer idade. Sempre poderemos ver o bebê que existe dentro de cada paciente, mesmo não sendo mais um bebê. Os conflitos irão emergir, e nós precisamos estar prontos para escutá-los e auxiliar nossos pacientes em sua elaboração.

Referências

Bourrat, M. (1989). *Identificação do filho de substituição no discurso dos pais* [Trabalho apresentado]. 4º Congresso Mundial de Psiquiatria do Bebê, Lugano.

Buarque, C. (1973). *Tatuagem*. Universal Music.

Busnel, M.-C. (2008). Os efeitos do estresse materno sobre o feto e o recém-nascido. In ABREP, *Relação mãe-feto: visão atual das neurociências e humanização do nascimento* (pp. 59-70). Casa do Psicólogo.

Busnel, M.-C. (2011). O desenvolvimento da sensorialidade fetal. In M.-C. Laznik & D. Cohen (orgs.), *O bebê e seus intérpretes* (pp. 23-34). Instituto Langage.

Cramer, B & Palacio-Espasa, F (1993). *Técnicas psicoterápicas mãe-bebê: estudos clínicos e técnicos.* Artes médicas.

Guerra, V. (2018). Formas de (de)subjetivação infantil em tempos de aceleração: os transtornos da subjetivação arcaica. In R. Aragão & S. Zornig (orgs.), *Continuidade e descontinuidade no processo de subjetivação do bebê* (pp. 165-191). Escuta.

Ogden, T. (1996). Sobre o conceito de uma posição autista-contígua. *Revista Brasileira de Psicanálise, XXX(2)*, 341-364.

Piontelli, A. (1995). *De feto a criança: um estudo observacional e psicanalítico.* Imago.

Szejer, M. (1999). *Palavras para nascer: a escuta psicanalítica na maternidade.* Casa do Psicólogo.

Wilheim, J. (2000). Psiquismo pré e perinatal. In N. Caron (org.), *A relação pais-bebê da observação à clínica.* Casa do Psicólogo. pp. 135-177.

9. Pode o eu conhecer o Eu?[1]

Osvaldo Luís Barison[2]

Eu sou trezentos, sou trezentos-e-cincoenta.

Mário de Andrade (1929)

Sujeito e objeto

O Eu se configura para nós como um objeto subjetivo. Apesar de podermos explanar sobre ele, é sempre uma representação, pois é construção subjetiva do território das imagens, narrativas e símbolos.

Desde a concepção clássica forjada na Grécia Antiga, sabemos que toda a forma de conhecimento parte de um sujeito que quer conhecer e um objeto a ser conhecido. Assim, a noção de sujeito e objeto é intrínseca ao ato de pesquisar e conhecer.

[1] Trabalho apresentado no pré-congresso: Desafios do Eu: os afetos na clínica atual, em São José do Rio Preto, em abril de 2023, atividade preparatória para o 29º Congresso Brasileiro de Psicanálise.

[2] Membro efetivo e analista didata da Sociedade Brasileira de Psicanálise de São Paulo (SBPSP). Membro efetivo com funções didáticas do Grupo de Estudos de Psicanálise de São José do Rio Preto e Região. Presidente do Grupo de Estudos de Psicanálise de São José do Rio Preto e Região. Mestre em Letras pela UNESP-Rio Preto.

O caso do Eu é interessante. Ele é normalmente o sujeito que conhece, mas também se oferece como objeto a ser conhecido. É o que nós, psicanalistas, tentamos fazer diuturnamente. Apoiados em nosso próprio Eu, contando com o Eu do paciente – ora como parceiro, ora nem tanto –, buscamos entender o que está acontecendo no processo de conhecer, ou seja, na relação afetiva e intelectiva que estabelecemos com o paciente.

Entretanto, não temos a pretensão de apreensão fechada e definitiva sobre a pessoa que nos procura para se conhecer e minorar seus sofrimentos e estranhezas. Fazemos nosso ofício por sabermos que o objetivo não é conhecer o objeto, mas o processo que desenvolvemos para fazê-lo. Ou seja, o importante é o relacionamento afetivo que estabelecemos para que os sujeitos possam vir a saber algo sobre si mesmos, o que nós chamamos de *método psicanalítico*. No caso de tentar conhecer o Eu, constatamos que ao se aproximar do objeto lhe é agregada a nova concepção que se criou sobre ele. Portanto, ele mudou, sendo um outro. Assim, é como se disséssemos que o sujeito do conhecimento está sempre atrasado em relação ao objeto a ser conhecido.

Entretanto, não é só o Eu que se apresenta como objeto fugidio, de modo que só poderíamos nos aproximar daquilo que emana dele. Em verdade, a essência de qualquer objeto não é dada a ser conhecida.

Essas são ideias que partem das constatações de Immanuel Kant e que foram trazidas para a psicanálise por W. Bion, ao afirmar que o objeto é incognoscível e que só podemos conhecer suas transformações ou aquilo que emana dele.

A psicanálise é assim também. Um objeto subjetivo que espera e necessita constantemente de representação. Tal qual ao Eu que se mostra impossível de ser circunscrito em definições, a própria psicanálise também é objeto fugidio e incognoscível, pois a cada nova compreensão, ela se torna diferente de até então. E é por isso que constantemente ouvimos, estudamos e escrevemos sobre ela, alimentando a ilusão de sabermos, quando só estamos nos aproximando.

Voltando ao trabalho de conhecimento do Eu, Freud discute essa questão no início da "Dissecção da personalidade psíquica" (1933) nos seguintes termos:

> *Queremos fazer do Eu, o nosso próprio Eu, o objeto de nossa pesquisa. Mas pode-se fazer isso? Afinal, o Eu é o sujeito por excelência, como pode tornar-se objeto? Ora, não há dúvida de que isso é possível. O Eu pode tomar a si mesmo por objeto, tratar a si mesmo como a outros objetos, observar-se, criticar-se e fazer sabe Deus mais o que consigo mesmo. Nisso, uma parte do Eu contrapõe-se ao resto. Portanto, o Eu é divisível, ele se divide durante várias de suas funções, ao menos provisoriamente. (p. 194)*

Freud e a metapsicologia

Quando Freud se propôs a escrever os artigos da chamada metapsicologia, penso que ele acreditava ter construído um sistema que explicaria o funcionamento geral da mente em seus aspectos dinâmico, topográfico e econômico. Com a posse dessa teoria, ele poderia embasar a terapêutica que havia criado e que se mostrava capaz de fazer modificações no funcionamento mental e aliviar certas formas de sofrimento neurótico.

Mesmo tendo publicado "Sobre o narcisismo: uma introdução" (1914/1996) e "Luto e melancolia" (escrito em 1915, mas que só veio a lume em 1917), textos fundamentais, acredito que Freud estava convencido de que ainda não havia inserido o Eu e toda a sua importância na metapsicologia.

Ter notado essa falha o fez desistir de apresentar a programada "teoria geral da mente", legando-nos apenas sete dos doze artigos previstos. Contudo, mais uma vez a genialidade de Freud levou-o a diversas novas constatações, bordeando o assunto até culminar com o que consagramos chamar de "a virada dos anos 1920". Para chegar a isso, implicou uma nova teoria das pulsões, expressa em "Além do princípio do prazer" (1920/1966); uma teoria que focou as divisões do Eu expressa no magistral texto de 1923, o "Ego e o Id", a introdução do masoquismo primário, no "O problema econômico do masoquismo" em 1924 e uma nova concepção de angústia em "Inibição, sintomas e ansiedade", de 1926. Textos que embasam a chamada "segunda tópica" e que permitiram, em conjunto com outros textos, a extensão da psicanálise para o estudo da psicose e outras formas de adoecimento psíquico, lançando luz mais acurada sobre o funcionamento do psiquismo.

Na segunda tópica ou teoria estrutural da mente, Freud considera assimilada a teoria anterior da divisão da mente entre inconsciente, consciente e pré-consciente. O que ele acrescenta em 1923 é a hipótese teórica de uma divisão no Eu em três partes: o Eu, o Id e o Superego, as quais estabelecem relação de sujeito e objeto entre si.

Tanto inconscientemente quanto conscientemente, vivenciamos em nosso mundo mental diálogos e formas de relacionamento que lembram a maneira com a qual nos relacionamos com os objetos externos. Assim, *grosso modo*, o Superego é a representação das identificações que restaram das relações que estabelecemos com nossos pais e demais objetos que ajudaram na constituição da nossa mente, mas que, em certos aspectos, não puderam ainda ser assimiladas na estrutura autônoma do Eu. Funcionam, com o perdão da imagem, como se fossem externas ao Eu.

O mesmo acontece com nossos aspectos primitivos, no sentido do animal que somos e do pertencimento a certa história familiar, social e cultural. Freud, acatando a sugestão de Georg W. Groddeck, nomeia esta instância do Eu com o sugestivo nome de Id, ou o Isso, ou a Coisa, aquilo que é independente e anterior às simbolizações, ou seja, o representante do pulsional na vida mental.

Freud, então, nos comunica a difícil tarefa que o Eu tem ao servir a três senhores simultaneamente: a pressão das pulsões do animal que somos; as aspirações de perfeição que nosso Superego exige que tenhamos; e a realidade externa com suas demandas, necessidades, cuidados e oportunidades.

Acompanhando o pensamento de F. W. Nietzsche, vemos que esse animal chamado humano é mesmo um experimento genético e cultural fadado a não dar certo. Se por um lado temos vísceras que demandam necessidades e exigências, por outro, temos a aspiração de sermos perfeitos como os deuses, os heróis, os santos, os modelos, os milionários, os *influencers* ou qualquer outro objeto oferecido pela cultura e que colocamos no campo da idealização. Ou seja, é realmente inviável que algo assim funcione, o que nos empurra para que possamos superar logo essa espécie da qual fazemos parte.

Concordo com Freud nessa divisão básica do Eu em três instâncias. Vejo em mim e na minha clínica a adequação de me valer desse modelo para entender o que se passa na minha relação com os pacientes e nas demandas que eles trazem para o trabalho.

Contudo, podemos perceber no desenvolvimento da teoria psicanalítica alusões a um outro tipo de divisão que não nega o que expus aqui sumariamente. É como se a teoria consagrada expressa em "O Ego e o Id" apresentasse um modelo de divisão "horizontal" do Eu, muito afeito ao funcionamento neurótico. Contudo, passo agora a considerar uma divisão "vertical" no Eu.

Desde o período pré-psicanalítico, Freud se vale da palavra alemã *Spaltung* em sentido descritivo para nomear o processo psicológico percebido como a divisão da consciência. Com o surgimento da psicanálise, ele passou a usar o termo *recalque* como conceito responsável pela divisão psíquica, dando ao inconsciente o estatuto de instância psíquica separada da consciência.

Em 1927, quando Freud retoma o uso do termo *Spaltung*, designa-o como conceito para embasar a metapsicologia do fetichismo. Diz ele que para sustentar tanto a aceitação da castração quanto a fruição do prazer do Id, o sujeito faz uma cisão em seu Eu, na qual uma parte nega a castração e outra aceita a realidade castradora. Ele retoma essa discussão ao final de sua vida e explicita melhor, em 1938, tanto em "A divisão do ego no processo de defesa" (1940/1996a) quanto em "Esboço de psicanálise" (1940b/1966). O conceito ganhou diversas ampliações e ajudou a lançar luz sobre o funcionamento primitivo e as patologias não neuróticas.

Sándor Ferenczi

Somos todos retalhos de uma textura tão disforme e diversa que cada pedaço, a cada momento, faz o seu jogo. Existem tantas diferenças entre nós e nós próprios como entre nós e os outros.

Monteigne (1580)

Mediante a observação clínica com pacientes traumatizados, psicóticos ou *borderlines*, frutos de traumas ou não, Ferenczi faz importante esclarecimento e acréscimo na compreensão metapsicológica e no manejo clínico desses pacientes.

Ferenczi reintroduz a noção de trauma como fator importante na etiologia do desenvolvimento psíquico e nas suas patologias. Ele não nega a existência do mundo interno e o enlaçamento que a libido faz nos objetos. Contudo, reinstala a importância do mundo externo na metapsicologia. Nessa nova utilização dos acontecimentos da realidade, ele propõe o trauma como fator desencadeante da patologia entendida em dois momentos e de dupla dependência da realidade. O primeiro momento é aquele que Freud, em um período pré-psicanalítico, acreditou ser o causador da histeria, ou seja, a agressão sofrida pela criança e que, por ser excessiva ao psiquismo, não encontra forças em uma contracatexia que seja protetora. Contudo, Ferenczi acredita que esse tipo de trauma tem a potencialidade de gerar sofrimento existencial, mas não necessariamente uma patologia psíquica. O segundo momento se dá quando novamente a criança investe na realidade externa, representada por um adulto em que ela confia; porém, quando este nega a ocorrência do ato traumático, aí, sim, passa a ter a condição de gerar patologias.

Esse segundo momento é chamado de *desmentido*, mas prefiro me referir a ele como *não validação* do sofrimento e da percepção. Assim, o que chamamos de traumático, baseado na concepção de Ferenczi, é o processo que necessita da dupla participação da realidade sobre o psiquismo do infante. O primeiro momento com o ato excessivo, e o segundo com a não validação do ocorrido pelo adulto.

Viver uma experiência importante e não a inserir na teia psíquica de representações obriga a pessoa a repetir vivencialmente tanto os elementos desencadeantes quanto as formas de se lidar e sofrer com ele. É o campo do que chamamos de *compulsão à repetição*, algo que funciona como se estivesse alheio ao Eu e que o submete em um feitiço do tempo que rouba do Eu a liberdade de escolha.

Apesar de sabermos que abusos violentos acontecem, temos a tendência de acreditar que os traumas se referem a situações extremas, geralmente relacionadas à agressão sexual. Ferenczi propõe também que existem *microtraumas*. Eles têm o caráter tanto evolutivo quanto de paralização. É isso que define o papel que a experiência terá no desenvolvimento da psicossexualidade. Caso seja inserido no sistema simbólico, a partir da validação de um adulto, terá características estruturantes. Caso ocorra a não validação, será gerada a "autoclivagem narcísica" (1931/2011). O autor destaca também os "traumas que se repetem", em que a constância da repetição da situação agressiva, mesmo não tendo um caráter agudo, cria fendas significativas no Eu. Também existem situações em que a criança é ignorada pelos objetos que deveriam ser os cuidadores, gerando sentimentos de não pertencimento e de ser insignificante. São esses processos que geram um tipo particular de cisão e que referimos como *divisões verticais da personalidade* (Kahtumi & Sanches, 2009, p. 128).

A compreensão da divisão da mente na forma vertical lança luz sobre certas relações analíticas em que, apesar de as interpretações atribuírem sentido simbólico aos sintomas, parece haver apenas pequeno aproveitamento terapêutico.

O que espero ilustrar com os casos clínicos seguintes é o acréscimo da compreensão sobre a divisão vertical da personalidade e a utilização de modelo técnico distinto do comumente utilizado para com as neuroses. O ganho vem do fato de tornar mais claro ao paciente os aspectos cindidos e que, em diálogo afetivo e respeitador, possamos, em comunhão com o paciente, integrar ao Eu às partes separadas.

Soraya, a mulher congelada

Era uma vez Soraya, que, estando em seu terceiro ano de análise, a qual eu entendia como ocorrendo bem, chega um dia depois de sair do trabalho e diz com muita calma: "Fui despedida". Aquilo causou-me forte impressão, pois ela falava muito sobre o trabalho e parecia que o realizava de maneira excelente. Ela inicia outros assuntos, e eu não consigo me conter e peço a ela para me contar mais sobre o que havia ocorrido. Ela diz que foi assim, simples: o diretor chegou e falou que estavam encerrando a colaboração e que ela não precisaria mais retornar. Que aguardasse que o departamento pessoal entraria em contato, e que no outro dia levariam os pertences pessoais dela até sua casa.

Eu estava impactado e surpreso. Ela parecia não se importar, não fazia nenhum comentário e nada denotava algum tipo de sentimento. Perguntei novamente: "Mas assim, sem nenhuma explicação?". Ela respondeu de forma mecânica o que havia me dito, palavra por palavra. Foi quando me apercebi que ela estava sob o efeito de um choque, afinal, a situação havia acontecido há pouco.

Minha surpresa tornou-se maior quando nos demais horários da semana ela chegava completamente robótica, sem o brilho, o entusiasmo e a graça habituais. Fomos conversando e fui mostrando essas observações para ela. Transferencialmente, eu sentia uma desconexão, uma frieza que contrastava com minha história com ela. Depois de um tempo, ela começou a me dizer que o que eu estava referindo deveria ser tal qual os rapazes falavam para ela durante o ato sexual. Aí havia uma novidade: dei-me conta de que a vida sexual dela e a própria relação dela com o corpo não eram sabidas por mim. Ela nunca havia se referido a esses assuntos, apenas menções aos "rolinhos" que tinha, aos "ficantes", possíveis namorados, mas sem certeza se era pessoa para namorar ou só se divertir.

No decorrer das sessões, e com algumas dificuldades de vazios nos relatos, o que era incomum até então, contou-me que ficava excitada e curiosa por ir para a cama com os rapazes. Contudo, quando a situação não deixava dúvidas de que o ato aconteceria, ela congelava. Sentia seu corpo e sua alegria sumirem em uma paralisia que irritava os parceiros, sendo que alguns abandonavam o ato. Um mais acolhedor disse a ela que era impressionante, ele sentiu o corpo dela congelar e acreditava que ela deveria investigar isso. No entanto, mesmo estando em análise, ela não havia questionado comigo nada dessa característica da sua vida sexual.

Eu sentia que desde a demissão ela estava congelada assim. Ela me contou essa característica de forma desafetada, parecendo que falava de outra pessoa. Em verdade, eu sentia que estava com outra pessoa. Tratamos do assunto de várias maneiras e em várias ocasiões. Um dia, ela se referiu a um verso do Djavan que fala de um "frio que vem lá do sul". Disse-lhe que ela também veio do sul; o que mais ela trouxe de lá?

Ela se lembra, no começo com frieza, mas depois com muito sofrimento, de que quando criança ficava na casa dos avós paternos. O avô pedia para ela ficar de costas para ele e esfregava os dedos na vagina e no ânus dela. Às vezes por cima da roupa, às vezes sem a calcinha. Ela só conseguia se lembrar do frio que sentia e da crença de que se ficasse quieta, logo terminaria. Essas eram lembranças que estavam soterradas e que desde os acontecimentos não faziam parte de suas memórias. Ela ficou surpresa por ter se lembrado e não sabia o que isso queria dizer.

Levamos várias sessões para que ela pudesse acessar os detalhes da experiência. Eu percebia na minha forma de sentir que cada vez mais ela se descongelava e se aproximava da pessoa que eu havia conhecido nos anos anteriores; agora sem o entusiasmo que lhe era característico, mas em uma dor sinceramente sentida. Entre as memórias, uma que vale destacar é o dia da morte do avô. Ela disse que não sentiu nada, congelou, ficando absolutamente indiferente e contrastando com os demais membros da família. Disse a ela que parecia a reação dela quando foi despedida. Ela completou dizendo que era tal qual no sexo.

Precisamos de meses para darmos sentido à complexidade entre estes fatores. Para nós, ficou claro que muito mais que algo reprimido na mente dela, as experiências sexuais ou as fortes emoções cindiam sua mente e era como se uma outra pessoa assumisse o controle de seus afetos e ações.

Depois de um tempo que já havíamos discutido isso, ela foi até a antiga empresa e questionou o diretor, dizendo que tinha o direito de saber o motivo da demissão. Ele lhe disse que a esposa, em um acesso de ciúmes, havia exigido a demissão dela para a continuidade do casamento, algo agravado pelo fato de a empresa ser do pai dela, e ele, apenas o executivo. Ele perguntou se ela não percebia que ele estava sinceramente apaixonado por ela e que a demitiu como forma de evitar assumir o que sentia. Entretanto, ela jamais percebeu algum interesse sexual nela ou nele.

João Alfredo, o Guloso

Os exemplos das cisões verticais do Eu são variados. Os mais gritantes são os das personalidades *borderline*, drogadição, alcoolismo, compulsão por compras etc. Escolho um em que a compulsão alimentar indica um alerta para situações mais corriqueiras e comuns na clínica. Viso destacar a necessidade de mudança da compreensão da teoria e nova postura na técnica.

Digamos que João Alfredo fala que não entende o que acontece consigo, pois vez ou outra se vê com o carro cheio de embalagens de "tranqueiras". Como ele trabalha como representante comercial e viaja de carro entre as cidades, precisa se policiar para que, quando do retorno à casa, fique atento para fazer uma faxina no carro. Ele se impressiona com a quantidade de pacotes de chocolate, amendoim, bala, batatinha e alimentos que são vendidos em lojas de conveniências de postos de gasolina; ele vê as embalagens e não se lembra direito de as ter comprado ou comido seu conteúdo.

Somente quando passa em um posto de gasolina perto de sua casa, nos retornos para os finais de semana, é que ele parece sair de um transe e se dá conta do que fez consigo mesmo, pois tem notado e se incomodado com o aumento do peso e da indisposição física.

Interpretar possíveis carências em função da solidão e da ausência da esposa, dos filhos, do cachorro e da casa, colocando o ato compulsivo no registro neurótico de uma compensação afetiva, tem um certo efeito, traz compreensão e algum alívio. Entretanto, não tem potência terapêutica para estancar a fúria compulsiva. Ele se irrita por ser assim, se ataca e se humilha de forma violenta e desmesurada.

Com o passar do tempo, fui propondo que aquele compulsivo era um outro dentro e junto a ele. Como ele tem o nome composto, comecei a tratá-lo ora por um nome, ora por outro. Mas logo ele mesmo sugeriu um nome para o outro: Guloso.

Disse a ele que, em vez de atacá-lo, poderíamos conversar com ele, ouvir o que ele desejava. Essa proposta fez sentido para João Alfredo, e, de forma jocosa, as sessões começaram a ser compostas por três personagens: eu, João Alfredo e o Guloso. Percebemos que quando ele não tinha sucesso nas vendas, quando o gerente o pressionava, quando a estrada estava entediante ou perigosa, os hotéis ou as noites mal dormidas o frustravam, ele se invadia de um ódio incontrolável. O objeto que mais atacava era a si mesmo, suas escolhas do passado, o não ter conseguido se formar em faculdades, como os irmãos, e o uso abusivo e incapacitante de drogas em sua juventude. Atacava também em sua mente todos os membros da família de origem e os chefes atuais. Dizia ser uma fúria desmedida e completamente fora de controle e que ele não reconhecia em seu jeito de ser.

Fui juntando material para lhe dizer que ele não comia por prazer ou por compensação, mas por ódio, num ato agressivo dirigido a si mesmo em busca de acabar com todos os personagens que faziam parte de sua mente, mas que eram ele mesmo. O Guloso era, em verdade, um ser extremamente agressivo, estúpido, violento no trânsito, catastrófico em relação ao futuro e até com outra posição política. Ele era, assim, muito diferente daquele que estava comigo nas sessões ou com a família atual, quando se portava de maneira amorosa, calma, interessada e interessante.

O que fomos desenvolvendo nas sessões ajudou o paciente a reconhecer em si esse ser apartado, ao qual ele tinha pouco acesso e que o tomava de assalto. Isso lhe permitiu lidar com esses aspectos de forma amorosa, dando ouvido em diálogo afetuoso e inclusivo. Com o passar do tempo, conseguiu propor trocas de objetos, desde comidas saudáveis até músicas que ele gostava e que lhe eram especiais.

Acreditamos que pudemos integrar esses aspectos cindidos no interior de seu psiquismo, dando acolhimento, escuta e fruição de satisfação para o bebê birrento, irascível e destrutivo que habitava seu ser e que se expressava, agora na vida adulta, como o sujeito fracassado e culpado por seu passado.

Da forma como ele se lembra de sua história, nunca pôde expressar descontentamentos e conflitos em casa. Caso demonstrasse dificuldades ou irritação, a mãe adoecia e ia para a cama, alegando que ele a estava matando. Como exemplo máximo da incapacidade da família de lidar com características conflitivas dele, conta que na sua adolescência, quando surgiu o uso de drogas, a mãe foi para a Europa, permanecendo lá por seis meses, punindo não só a ele como também o pai e os irmãos mais novos.

Considerações finais

Sabemos que todos os objetos são incognoscíveis, mas o Eu apresenta dificuldades particulares. Quanto maior é o Eu, maior é nossa capacidade para conhecer; no entanto, o universo a ser conhecido também será maior.

Vamos nos aproximando, construindo narrativas, teias simbólicas que configuram maneiras de se acalmar diante da pressão pulsional e das impressões sensoriais. O que nos resta é desenvolver cada vez mais nossa capacidade de observação e aceitação das características intrínsecas a cada um de nós, para daí poder dar acolhimento e integração. É o que conhecemos, a partir das contribuições de Bion, como expandir o continente para que mais e novos conteúdos psíquicos possam ser integrados ao Eu, ficando disponíveis para as conjecturas e possível utilização.

Assim, chegamos ao ponto de realizar a dimensão infinita do Eu, do conhecimento e da própria psicanálise. Tanto pela constatação de que nenhum objeto pode ser conhecido em sua essência intrínseca quanto pela duplicidade de funções, pois é sujeito e objeto ao mesmo tempo, quanto pela constatação que podem existir vários Eus simultaneamente em uma pessoa.

Se está certo que não podemos conhecê-lo, também é certo que podemos sê-lo. E isso parece ser a tônica da psicanálise atual. Mas isso é outra conversa.

Referências

Andrade, M. (1929). Eu Sou Trezentos, Sou Trezentos-e-Cincoenta. In *Enciclopédia Itaú Cultural de Arte e Cultura Brasileira*. Itaú Cultural, 2023. Disponível em: http://enciclopedia.itaucultural.org.br/evento514100/eu-sou-trezentos-sou-trezentos-e-cincoenta. (Acesso em: set. 2023.)

Ferenczi, S. (1931). *Psicanálise IV: análise de crianças com adultos* (A. Cabral, Trad., C. Berliner, Rev. Técnica e Rev. da Trad., 2a ed.). WMF Martins Fontes, 2011.

Freud, S. (1914). Sobre o narcisismo: uma introdução. In S. Freud, *Edição standard brasileira das obras psicológicas completas de Sigmund Freud* (J. Salomão, Trad., Vol. 14, pp. 75-110). Imago, 1996.

Freud, S. (1915[1917]). Luto e melancolia. In S. Freud, *Edição standard brasileira das obras psicológicas completas de Sigmund Freud* (J. Salomão, Trad., Vol. 14, pp. 243-266). Imago, 1996.

Freud, S. (1920). Além do princípio do prazer. In S. Freud, *Edição standard brasileira das obras psicológicas completas de Sigmund Freud* (J. Salomão, Trad., Vol. 18, pp. 11-75). Imago, 1996.

Freud, S. (1923). O Ego e o Id. In S. Freud, *Edição standard brasileira das obras psicológicas completas de Sigmund Freud* (J. Salomão, Trad., Vol. 14, pp. 243-266). Imago, 1996.

Freud, S. (1924). O problema econômico do masoquismo. In S. Freud, *Edição standard brasileira das obras psicológicas completas de Sigmund Freud* (J. Salomão, Trad., Vol. 14, pp. 175-191). Imago, 1996.

Freud, S. (1926). Inibição, sintomas e ansiedade. In S. Freud, *Edição standard brasileira das obras psicológicas completas de Sigmund Freud* (J. Salomão, Trad., Vol. 20, pp. 79-172). Imago, 1996.

Freud, S. (1927). Fetichismo. In S. Freud, *Edição standard brasileira das obras psicológicas completas de Sigmund Freud* (J. Salomão, Trad., Vol. 21, pp. 151-155). Imago, 1996.

Freud, S. (1933). O mal-estar na civilização, novas conferências introdutórias à psicanálise e outros textos. In S. Freud, *Obras completas* (P. C. Souza, Trad., Vol. 18, pp. 194-223). Companhia das Letras, 2010.

Freud, S. (1940a [1938]). A divisão do ego no processo de defesa. In S. Freud, *Edição standard brasileira das obras psicológicas completas de Sigmund Freud* (J. Salomão, Trad., Vol. 23, pp. 291-2913). Imago, 1996.

Freud, S. (1940b [1938]). Esboço de psicanálise. In S. Freud, *Edição standard brasileira das obras psicológicas completas de Sigmund Freud* (J. Salomão, Trad., Vol. 23, pp. 151-221). Imago, 1996.

Kahtumi, H. C., & Sanches, G. P. (2009). *Dicionário sobre o pensamento de Sándor Ferenczi: uma contribuição à clínica psicanalítica contemporânea*. Elsevier; Fapesp.

Montaigne, M. (1580). Os *Ensaios* (R. C. Abílio, Trad.). Martins Fontes, 2001.

10. "Somos feitos de paixão, silêncio, som e fúria, da matéria-prima dos sonhos e de uma pitada variável de realidade"[1]

Andreas Zschoerper Linhares[2]

Introdução

As emoções podem simplesmente afetar, evocando impulsos à ação. As emoções podem ser mais bem elaboradas, constituindo-se em sentimentos que despertam afetos que aí podem construir um sonho, uma história, uma trajetória, a possibilidade de viver uma experiência emocional, formar um vínculo, um casal fértil.

---

[1] Texto apresentado na Jornada de Psicanálise (Pré-Congresso de Psicanálise: O Eu com Isso: afetos em emergência, promovida pelo Grupo Psicanalítico de Curitiba (atual Sociedade Provisória de Psicanálise de Curitiba) e pela Federação Brasileira de Psicanálise (FEBRAPSI) em 6 de maio de 2023.

[2] Psicanalista, membro efetivo da Sociedade Brasileira de Psicanálise de Ribeirão Preto (SBPRP) e membro efetivo e fundador da Sociedade Provisória de Psicanálise de Curitiba.

Um casal vivencia sentimentos e a vivência conjunta de sentimentos forma um casal.

O sentimento nos nutre, a experiência do sentimento constrói uma realidade vivida e vívida.

A emoção bruta pode devastar.

A vivência de uma realidade é um ato da qualidade da paixão modulada.

William Shakespeare

William Shakespeare (1564-1616) se notabilizou por construir peças teatrais que retratam dramas humanos, os desdobramentos de determinadas circunstâncias e posturas. Suas peças, com seus personagens e seus enredos, se constituem em um espelho em que o ser humano pode se observar. Sua genialidade está na acurácia com que constrói seus personagens no vivenciar as situações que descreve. Cenário, cena e personagens se entretecem em um palco de experiências de emoção.

Curiosamente, neste ano de 2023, quando comemoramos os cem anos de publicação de *"Das Ich und das Es"*, de Sigmund Freud, comemoramos também os quatrocentos anos de publicação do *Primeiro fólio* com as peças de William Shakespeare.

Vou retratar aspectos de duas peças de Shakespeare, *Macbeth* e a *A tempestade.*

Em *Macbeth* (1606[1623]/1996), Shakespeare traz a história de um homem e de um casal movidos pela ambição – conquistar "o trono", ser rei e rainha, destruindo quem ou o que se interpuser no caminho. Evidentemente, tal condição não se sustenta em termos de ser rei, pois o que se realiza é a destruição, independente do motivo que a justifique. Macbeth é movido por algo que o ultrapassa, que se impõe sobre ele, gerando uma realidade que também se impõe sobre ele e que se repete até as últimas consequências. Em um momento de autorreflexão, ao tomar conhecimento da morte de sua esposa, em sofrimento pelos crimes perpetrados e com as tragédias que o casal construiu para si, ele diz:

> *Macbeth: "É morta, não devia ser agora. Sempre seria o tempo para ouvir-se estas palavras. Amanhã, volvendo atrás amanhã, e traz amanhã de novo. Vai, a pequenos passos, dia a dia, até a última sílaba do tempo inscrito. E todos nossos ontens têm alumiado aos tontos que nós somos o nosso caminhar para o pó da morte. Breve candeia, apaga-te! Que a vida é uma sombra ambulante: um pobre ator que gesticula em cena uma hora ou duas, depois não se ouve mais; um conto cheio de bulha e fúria, dito por um louco, significando nada." (V Ato, V Cena, p. 117)*

Em *A tempestade* (1611[1623]/1999), aparece o personagem Próspero, o duque de Milão que esqueceu de seu ducado e migrou para os livros, sendo desterrado pelo irmão, que passa a ocupar a função de duque e exila Próspero. Próspero se estabelece em uma ilha, onde, por meio de poderes mágicos, exerce o seu domínio e educa a sua filha Miranda. Constatando o seu isolamento na impossibilidade de sua filha realizar-se como mulher, como esposa e como mãe, Próspero se dá conta de que precisa reconciliar-se com seu passado, com o que abandonou e foi abandonado. A partir de uma tempestade "criada" por Próspero, o rei de Nápoles, Alonso, seu filho Ferdinand, parte de sua corte e o irmão de Próspero, Antônio, aportam na ilha.

Por meio de tramas parcialmente favorecidas por Próspero e outra parte pelo acaso, ocorre a restauração do curso natural e, ao fim, Próspero decide abandonar seus poderes mágicos. E Miranda, com Ferdinand, retorna a Milão.

Quando a situação caminha para essa possibilidade de restauração, Próspero, conflituado pelo presente e pelo presente de seu passado, diz:

> *Próspero: "Você parece, filho algo afetado, talvez desapontado. Mas alegre-se. Nossa festa acabou. Nossos atores, que eu avisei não serem mais que espíritos, derreteram-se no ar, em puro ar; e como a trama vã desta visão, as torres e os palácios encantados, templos solenes, como o globo inteiro. Sim, tudo o que ela envolve vai sumir, sem deixar rastro. Nós somos do estofo de que se fazem os sonhos; e esta vida encerra-se num sono. 'Stou aflito, sou fraco e tenho a mente perturbada; não se incomode com minha doença; por fineza, retirem-se pra cela, pra descansar; eu vou andar um pouco para acalmar a mente." (IV Ato, I Cena, pp. 102-103)*

Diferentemente de Macbeth, que chegou a um ponto de não poder mais retornar, consumando-se a tragédia, Próspero, em *A tempestade*, retorna a uma situação de maior integração com seu contexto e seus pares, libertando-se de seu isolamento. É significativo destacar a importância da via do afeto por sua filha nessa transformação.

Ambos os personagens são atravessados por algo que lhes escapa: "sons e fúrias" e os "sonhos". Um deles, apenas para constatar o seu destino, sua tragédia; o outro, para modificá-lo, transcendê-lo.

Sigmund Freud

Freud descobriu que as doenças mentais são frutos de dores mentais. Dores decorrentes de conflito entre diferentes instâncias da mente: a que deseja e a que percebe, a memória e o presente, a fantasia e a realidade. Agrupou, inicialmente, todas essas manifestações como um conflito entre um consciente e um inconsciente interpostos pela barreira da repressão (Freud, 1900/1996). A restauração se faria pela ampliação da consciência por meio da interpretação.

Utilizando a linguagem de Bion (1965/2004), a evolução, para Freud, seria proporcionada por transformações em conhecimento – transformações em K.

> *O inconsciente é a verdadeira realidade psíquica; em sua natureza mais íntima, ele nos é tão desconhecido quanto a realidade do mundo externo, e é tão incompletamente apresentado pelos dados da consciência quanto o é o mundo externo pelas comunicações de nossos órgãos sensoriais. (Freud, 1900/1996, p. 637)*

Em 1923, com a publicação de *"Das Ich und das Es"*, Freud justapõe ao Eu uma entidade presente, porém indeterminada, indiferenciada: *"das Es"*, que é o pronome que não é masculino nem feminino na língua alemã. Assim, o Eu tem de se haver não com algo que ele vai dominar, mas com algo com o qual ele vai se relacionar: *"Wo Es war soll Ich werden"*. Onde era Id (ou Isso) *deve* tornar-se Ego. Ou seja, o Eu precisa se apropriar de uma dimensão além da representação, que pode assumir múltiplas representações. Um tipo de gerenciamento sobre os afetos. Pois o que se contrapõe ao Isso, inicialmente, é o Superego, que procura gerenciar o Isso a partir das identificações e dos padrões, gerando culpa ou repetição, e não realizações ou elaborações. O Ego tem de se haver tanto com o Isso como com o Superego, o conjunto de padrões assimilados com as primeiras identificações.

> *Assim, o ego, pressionado pelo id, confinado pelo superego, repelido pela realidade, luta por exercer eficientemente sua incumbência econômica de instituir a harmonia entre as forças e as influências que atuam nele e sobre ele; e podemos compreender como é que com tanta frequência não podemos reprimir uma exclamação: "A vida não é fácil!" Se o ego é obrigado a admitir sua fraqueza, ele irrompe em ansiedade – ansiedade realística referente ao mundo externo, ansiedade moral referente ao superego e ansiedade neurótica referente à força das paixões do id. (Freud, 1933/1996, p. 82)*

Donald Winnicott

Winnicott considera o ser humano uma unidade psicossoma, que é preservada se o ambiente se revela favorável ao cuidado e à evolução da unidade psicossoma. A possibilidade de desajustes entre a unidade psicossoma e o ambiente é muito frequente, levando ao despertar de uma mente que apenas cataloga e reage a esses desajustes. A unidade psicossoma pode ser perdida e o ser passa a ser habitado pelos produtos de sua mente.

A unidade psicossoma pode ser restaurada pela reelaboração dessas experiências que despertaram a mente e ofuscaram a unidade psicossoma.

> *O estudo do conceito de mente deve ser sempre realizado em relação a um indivíduo, um indivíduo total, aí incluído o desenvolvimento desse indivíduo desde o início de sua existência psicossomática. Aquele que aceita esta disciplina poderá então estudar a mente de um indivíduo enquanto especialização da parte psíquica de seu psicossoma.*

A mente não existe enquanto entidade no esquema individual das coisas sempre que o esquema corporal ou psicossoma desse indivíduo tenha evoluído satisfatoriamente desde os estágios mais primitivos. A mente, então, será apenas um caso especial do funcionamento do psicossoma.

No estudo do desenvolvimento do indivíduo, a mente será frequentemente percebida como desenvolvendo uma "falsa entidade", e uma falsa localização. O estudo dessas tendências anormais deve preceder ao exame mais direto da mente enquanto especialização da psique saudável ou normal (Winnicott, 1949/2000, p. 333).

Winnicott, com o artigo "A Mente e sua Relação com o Psicossoma", leva a psicanálise além da dimensão do intrapsíquico e retorna à condição de observação do ambiente formado pelo convívio e suas repercussões. O "atravessamento", o assédio de ideias e pensamentos decorre de desajustes na sua integração.

Wilfred Bion

O psicanalista Wilfred Bion, com a noção de "O", denota a condição de que estamos expostos a uma realidade que nos transcende e que nos é incognoscível, apesar de estarmos em contato com ela todo o tempo. Captamos emanações que podemos transformar em conhecimentos, mas que são recortes que podemos transformar em narrativa ou sistema, que são substitutos para uma realidade que de fato desconhecemos.

> *Vou usar o símbolo "O" para denotar aquilo que é a realidade última, representada por termos como realidade última, verdade absoluta, a divindade, o infinito, a coisa-em-si. "O" não incide no âmbito do conhecimento ou aprendizado, a não ser incidentalmente. Pode "tornar-se", mas não pode ser "conhecido". "O" é escuridão e ausência de forma, mas entra no âmbito de K quando evolui a ponto de poder ser conhecido, por intermédio de um conhecimento obtido por experiência, e formulado em termos derivados de experiência sensorial; sua existência é conjecturada fenomenologicamente. (Bion, 1970/2006, p. 41)*

A abordagem de Bion à condição do "tornar-se" no contato com essa realidade última, uma vez que não é possível conhecê-la, guarda correlação com a possibilidade da integração psicossoma proposta por Winnicott.

Conclusão

A sessão de psicanálise pode ser considerada um campo de observação da realidade que cria uma intimidade analítica do contato de duas mentes/pessoas (*at-one-ment*) justamente por essa observação compartilhada. Conquista-se uma simetria. Em dois, estar uno a uma experiência emocional.

Freud, ao criar a psicanálise, criou também a sessão de análise, um *setting* analítico, um campo de observação, um campo da experiência psicanalítica vivida e vívida. Freud criou um campo de observação, de escuta e de experiência da realidade humana ao criar o *setting* analítico.

Esse ponto de observação também vai se revelar como um lugar de experiência: a experiência de estar na sala de análise, em análise, da relação analítica, a qual, por sua vez, também pode ser observada, percebida. A consciência consciente de si mesma em tempo real.

A psicanálise não é apenas conhecimento, não é apenas discernimento e delimitação, não é apenas restauração; é também contato com a realidade última e das transformações decorrentes, transformações em "O" (Bion, 1970/2004). Uma qualidade ampliada da experiência humana.

Referências

Bion, W. R. (1965). *Transformações: do aprendizado ao crescimento.* Imago, 2004.

Bion, W. R. (1970). Realidade sensorial e psíquica. In W. R. Bion, *Atenção e interpretação* (p. 41). Imago, 2006.

Freud, S. (1900). A psicologia dos processos oníricos. In S. Freud, *A interpretação dos sonhos. Edição standard brasileira das obras psicológicas completas de Sigmund Freud* (Vol. 5, p. 637). Imago, 1996.

Freud, S. (1923). O Ego e o Id. In S. Freud, *Edição standard brasileira das obras psicológicas completas de Sigmund Freud* (Vol. 19). Imago, 1996.

Freud, S. (1933). A dissecção da personalidade psíquica. In S Freud, *Novas conferências introdutórias sobre psicanálise.*

Edição Standard Brasileira das Obras Psicológicas Completas de Sigmund Freud (Vol. 22, p. 82). Imago, 1996.

Shakespeare, W. (1606[1623]). *Macbeth* (M. Bandeira, Trad.). Paz e Terra, 1996.

Shakespeare, W. (1611[1623]). *A tempestade* (B. Heliodora, Trad.). Lacerda, 1999.

Winnicott, D. (1949). A mente e sua relação com o psicossoma. In D. Winnicott, *Da pediatria à psicanálise* (p. 333). Imago, 2000.

11. A não emergência dos afetos no desvalimento do Ego[1]

Denise Zimpek[2]

Na clínica contemporânea, deparamo-nos frequentemente com funcionamentos psíquicos cujo conflito não corresponde ao conflito neurótico ou às neuroses de transferência trabalhadas ao longo da obra freudiana. Encontramo-nos, em verdade, com patologias de fronteira, do "vazio", como muitos denominam, correspondentes às patologias do desamparo psíquico, segundo David Maldavsky (1995), autor argentino que acrescentou fecundos postulados teóricos, junto a outros importantes autores pós-freudianos visando a compreensão dessas psicopatologias.

Trata-se de patologias que se caracterizam por um estado econômico no qual predomina uma dor que não cessa, portanto sem consciência. São quadros em que prevalece a angústia automática pela incapacidade do ego de processar as exigências pulsionais

---

[1] Trabalho apresentado na Jornada preparatória para o 29º Congresso Brasileiro de Psicanálise da FEBRAPSI, realizada pela Sociedade Provisória de Psicanálise de Curitiba em 06 de maio de 2023.

[2] Psicanalista individual, de casais e famílias, membro titular da Sociedade Brasileira de Psicanálise de Porto Alegre (SBPdePA). Secretária geral da Federação Brasileira de Psicanálise (FEBRAPSI, 2022-2023).

junto com as demandas externas. É componente desses quadros o estancamento da vida pulsional, sendo frequente a busca de auto-estimulação sensorial e motora que, em lugar da satisfação, busca a monotonia – no caso de Ângela, o comer compulsivo, o se coçar e o fumar. Essa autoestimulação abrange as dependências químicas, a psicossomática, os transtornos alimentares e do pânico e tendências ao *acting* e a algumas compulsões. São derivações de, sobretudo, processos tóxicos e traumáticos cujas defesas muito primitivas denunciam o predomínio do repúdio do afeto e o desvalimento do ego.

Maldavisky seguiu Freud e David Liberman, dando ênfase às linguagens do erotismo nas expressões do pré-consciente. Desenvolveu o método de pesquisa ADL (Algoritmo David Liberman) em que analisa os relatos e os atos de fala, procurando as correntes psíquicas a partir da organização das defesas predominantes.

Nas patologias do desvalimento (1995), identificou a predominância de três tipos de discursos: o catártico, no qual o pensamento é operatório e a palavra não expressa os estados afetivos ou demonstra uma incapacidade para distinguir um afeto de outro; aqui a palavra é usada para descarregar estados afetivos; o discurso cínico ou mentiroso, para o qual a palavra tem o sentido de introduzir uma realidade daquilo que não é perceptível no mundo cotidiano, um jargão que leva à existência de uma realidade presumivelmente existente, muito presente no toxicômano; e o discurso numérico ou especulador, em que predomina um vínculo mercenário com o próximo, em que importa mais o cálculo dos interesses em jogo do que o significado de um intercâmbio afetivo e identificatório.

Em geral, é o quantitativo que não sofreu a transformação em qualitativo pulsional, ou seja, a sensorialidade capta os ritmos e as frequências alheias. Pela incapacidade do ego de tramitar a pulsão, a própria inermidade é projetada num outro, com quem estabelece um vínculo aditivo e disfarça sua própria indefensão mediante um esforço especulativo com um pensar operatório. São discursos que denunciam um vazio identificatório, um precário sentimento de si pela falta de um verdadeiro investimento parental. Ou, ao contrário, manifesta uma adaptação submissa à palavra de um ser despótico para o qual o ego fica condenado à abolição identificatória.

Desde *Três ensaios sobre a teoria da sexualidade* (Freud, 1905/2020), sabemos que as fixações libidinais no desenvolvimento vão se dar a partir das sensações e percepções de prazer-desprazer, cujos registros serão significados paulatinamente a partir da ação específica do semelhante (Freud, 1896). Essa ação foi denominada pelos pós-freudianos de vínculo primordial mãe-ambiente-bebê, e Maldavsky (1996) enfatiza como a empatia materna será fundamental no papel de filtro para os estímulos vindos do exterior e do interior do corpo, possibilitando que o bebê possa estruturar uma barreira antiestímulos. O mundo externo é desinvestido, enquanto o interior do corpo é investido, permitindo que se estabeleçam ritmos internos e ao mesmo tempo nos encontros com o seio. É paulatino o reconhecimento entre mundo interno e mundo externo.

Mas há um longo caminho a percorrer, e os 40 primeiros dias de vida serão nomeados por Maldavsky (1992) como "o reinado do ego real primitivo", um ego corporal. É quando predomina a autoconservação e o princípio de constância, sendo função do eu real primitivo investir na homeostase dos órgãos internos responsáveis pelo aparelho respiratório, cardiovascular e digestivo. A alternância entre tensão e descarga vai estabelecer um ritmo, e os órgãos ficam sobreinvestidos até que seja descarregada a tensão. Esse processo deixará uma memória, um registro no corpo. Sendo assim, o predomínio do funcionamento de um órgão aparecerá como um sinal de excesso em momentos posteriores; para isso, deve ter funcionado bem a diferença entre aumento-diminuição da tensão.

Nesse período, predominam as pulsões que não são como as pulsões clássicas, não exigem ação específica, são pulsões orgânicas como as de dormir, respirar e curar. Para dormir, por exemplo, é necessário desinvestir no mundo externo para investir no mundo interno. Esse processo de investimento é tão forte que fica a serviço da pulsão de morte, e o dormir é sentido como um deslizamento para a morte. Nesse caso, a insônia tem a função de controlar a pulsão de morte. É necessário que o ambiente familiar transforme a excitação em ternura, a satisfação da zona erógena para o carinho, ou seja, é necessária a mudança da meta da pulsão. O *holding* materno, as práticas de embalar o bebê vão estabelecendo um ritmo que produz a calma com a diminuição das tensões.

Observamos, por outro lado, que práticas autocalmantes, quando patológicas, como o balanceio dos autistas, provêm de uma exacerbação das práticas de embalar e estão mais a serviço de uma descarga-prazer do que da ternura. Já a insônia expressa uma desvitalização pulsional, como herança da subtração da energia por alguém ou pelo ambiente, portanto, uma falha nas funções de *rêverie* e *holding* materno, funções que filtram os excessos pulsionais tóxicos, devolvendo-os transformados ao bebê. Para Costa et al. (2015), Maldavsky entende que é a empatia materna que impede que a pulsão de morte seja descarregada, pois essa função placentária externa se transforma numa barreira antiestímulo interna, na medida em que a mãe empática é introjetada. A atenção reflexa e passiva de início, gerada desde o objeto, costuma ser uma antecipação da atenção psíquica, ativa, derivada de uma migração do investimento pulsional para o órgão sensorial e logo para um objeto determinado, ou seja, a percepção que está investida "dentro" vai requerer um tempo para que migre para os órgãos dos sentidos, o que se dará em torno dos 3 meses, gerando uma conexão com o mundo.

É nesse período, ainda anterior à inscrição psíquica, que a consciência inicial começa a se desenvolver, ao mesmo tempo que o sentimento de si, que será viabilizado por sentir-se sentido pelo outro. A satisfação das pulsões de autoconservação se dá via descarga, e a percepção prazer-desprazer permitirá o início da matiz afetiva, ou seja, o desenvolvimento da tonalidade dos afetos. Estes como conteúdo da consciência, como representantes das pulsões, são possibilitados pela empatia materna.

Dessa forma, é fundamental que nos primeiros 40 dias não haja transbordamento dos estímulos, pois isso causaria uma alteração na motricidade interna, podendo atacar o ritmo da respiração, da ingestão e da defecção. Ambientes tóxicos e a falha na função materna promovem situações de muita exigência ao bebê e que se expressarão em somatizações. Nesses casos, a pulsão toma o lugar do próprio corpo como suplente, como substituto do objeto externo que não fez o papel de *holding*, além de promover uma fixação interna, uma alteração no funcionamento do órgão. E a dor, como um raio, atravessa o aparelho psíquico.

Sabemos, por outro lado, que as funções de *holding* e *rêverie* materno estão matizadas pelo significado que o bebê tem para sua mãe, e a introjeção dessas funções é concomitante ao vínculo que está sendo construído. Quando Ângela desconfia que está sem a lente que esconde a prótese ocular, penso no olhar de sua mãe ao vê-la com o olho exposto logo após ter tido um natimorto.

Piera Aulagnier (2001) batiza de originário o período inicial, antes do primário, em que a indefensão do bebê permite que fique sujeito às projeções maternas, dos pais e do contexto social ao qual pertence. Piera postula que, mesmo antes de nascer, já existe um discurso a respeito do bebê, um discurso que tem a ver com os significados desse filho para os pais, para a família e para a comunidade à qual pertence – um verdadeiro "contrato narcísico", uma vez que nomeia o sujeito, – confere-lhe um lugar em nome do qual ele servirá a esse entorno.

Esse discurso se soma ao que o bebê representa para o inconsciente da mãe e se apresentará na sua voz como uma espécie de sombra falada que será projetada sobre ele, sobre seu corpo, passando a ocupar um lugar para o qual são dirigidos os enunciados identificantes do discurso materno. Piera denomina violência primária essa condição em que a mãe opera como desejante do desejo do infans, desempenhando as funções de porta-voz e de prótese do psiquismo do bebê, que, por sua vez, vai se servir dessas funções devido à sua imaturidade.

À medida que surgem as primeiras fantasias e os pictogramas vão sendo metabilizados em representações ideativas com significado, vai se organizando o processo primário em marcas mnêmicas e representações que o Eu armazenará e que, junto com as palavras, irão constituir sua capacidade de pensar sobre as origens de seus primeiros enunciados identificantes e perceber que houve um desejo e um discurso que pertenceram a um outro que o antecipou. Piera entende que o processo secundário modulará os processos originário e primário a partir da representação da palavra, o que dará partida ao pensamento. Onde estava o discurso antecipatório da mãe que marcou o seu destino haverá um pensar alcançando a condição de sujeito desejante. Aqui estará em jogo a capacidade do bebê de se opor ao discurso materno, seja por sua anatomia, seja por sua saúde ou por seu funcionamento fisiológico. É o corpo que possibilita a diferença entre o objeto e a sombra. A resistência corporal do bebê remete a mãe a um não poder de seu discurso e à ilusão de ter o conhecimento das necessidades das coisas de que ele precisa.

Piera (1989) denomina violência secundária o que vem do outro, excedendo a capacidade do bebê de se tornar o historiador de sua própria história. Esse excesso, quando encontra um eu-corpo sem recursos para diferenciar o interior do exterior, anterior ao estabelecimento do narcisismo primário, terá o corpo e os órgãos como únicos depositários dessas marcas que serão impossíveis de serem tramitadas psiquicamente. As grandes quantidades pulsionais não encontrarão na palavra a possibilidade de se transformar em qualidade, predominando o masoquismo primário à serviço da pulsão de morte. Será necessário que o analista esteja disponível para dar forma e continência, estabelecendo primeiramente uma conexão, conforme Moreno (2016), disponível para a construção de um vínculo com seu paciente.

Referências

Aulagnier, P. (1989). *O aprendiz de historiador e o mestre-feiticeiro: do discurso delirante ao discurso identificante*. Escuta.

Aulagnier, P. (2001). *La violencia de la interpretación*. Amorrortu.

Costa, P. G. et al. (2015). *A clínica psicanalítica das psicopatologias contemporâneas*. Artmed.

Freud S. (1896). Projeto para uma psicologia científica. In S. Freud, *Obras Completas* (Vol. 1). Imago, 1969.

Freud, S. (1905). Três ensaios sobre a teoria da sexualidade. In S Freud, *Obras completas* (Vol. 6, pp. 107-120). Companhia das Letras, 2020.

Maldavsky, D. (1992). *Estruturas Narcisistas*. Imago.

Maldavsky, D. (1995). *Pesadilla em vigilia: sobre neurosis toxicas y traumáticas*. Amorrortu.

Maldavsky, D. (1996). *Linajes abúlicas*. Paidós.

Moreno, J. (2016). *El Psicoanálisis Interrogado*. Lugar.

12. O Ego e o Id: limites da representação?[1]

Géo Marques Filho[2]

Meu primeiro contato com a proposta deste encontro – Mente primitiva: afetos em emergência antes do Ego e do Id – mobilizou em mim muitas – e turbulentas – reflexões. Ego e Id atendem a uma conjectura imaginativa sobre nossa mente proposta por Freud no início dos anos 1920. Mente primitiva, embora também abordada por Freud, teve diferente expansão com Ferenczi, Klein, Bion, Green – apenas para citar alguns –, porém com novas e diferentes conjecturas imaginativas. O afeto, por outro lado, tem uma longa e variável concepção na obra de Freud, bem esplanada no livro *O discurso vivo*, de A. Green (1982). O tema percorre a complexa área das teorias das representações. A meu ver, há dificuldade em juntar essas diferentes conjecturas por talvez forçar um conflito sem saída e uma intelectualização. Vou partilhar com vocês alguns aspectos que me ocorreram a partir do tema proposto em diferentes partes.

---

[1] Trabalho apresentado em Curitiba no Pré-Congresso alusivo ao XIX Congresso Brasileiro de Psicanálise, Mente primitiva: afetos em emergência antes do Eu com o Isso, em 6 de maio de 2023.

[2] Médico psiquiatra, membro efetivo da Sociedade Brasileira de Psicanálise de São Paulo (SBPSP), membro fundador e efetivo com função didática no Grupo Psicanalítico de Curitiba (GPC).

Certamente são todas conhecidas por vocês, e o que posso apresentar pode ser mais uma recordação e uma forma de abordar a questão.

Sobre a mente primitiva

Em alguns trabalhos (não publicados) que apresentei em São Paulo, na SBPSP, e aqui no Grupo Psicanalítico de Curitiba, abordei a questão dos estados mentais primitivos. Eu os considerava áreas de muito difícil acesso e de quase impossível conhecimento. Hoje, percebo em mim um desconforto quando me parece que falar de estados mentais primitivos tornou-se quase um lugar comum, de muito fácil alcance. Isso passou a mobilizar em mim dúvidas sobre o que estamos falando. A fascinação pelo arcaico e pelas profundezas insondáveis da mente se assemelha às fascinações que nos produzem os mitos.

Para mim, o irrepresentável não permitirá acesso. O não representável, talvez. Retomo mais adiante essa questão, mas – para mim – não há estados primitivos antes do Id e do Ego.

Cito, como já o fiz em outro trabalho, Money-Kyrle (1977):

> *Se a mente da criança é totalmente desintegrada ao nascimento, ou se o choque do nascimento a faz desintegrar, não resta dúvida de que o recém-nascido está em um estado de caos e o caos se converte facilmente em perseguição. A sanidade, então, não é algo com que nascemos, mas que adquirimos em vários graus e dolorosamente. (p. 451)*

De um olhar para os sintomas histéricos e para a busca de um método que pudesse acessar a mente das pacientes reduzindo seus sintomas para um mergulho em áreas insondáveis e à procura de método de acesso a tais áreas. Estaríamos procurando os mistérios de Elêusis? Lógico que a mente deve ficar marcada pelo período arcaico de vida. Freud afirmou por várias vezes que nada desaparece das primeiras experiências da vida psíquica, e que o inconsciente conserva seus traços e os reatualiza quando tem oportunidade. Porém, para ele, a meu ver, o recalque primário oculta para sempre os tempos originários, e o que nos chega não testemunha a pré-história, pois carrega junto as camadas do período da vida que o recobriram, mostrando outras civilizações e culturas bem elaboradas. Diferente do mundo caótico suposto por Money Kyrle (1977)? As ruínas de Troia descobertas por Schliemann são um exemplo da ocultação de civilizações mais antigas. O arcaico está sempre aí, sem que tenhamos clareza da sua natureza. Green (2001, p. 37) diz, e concordo com ele, que a prática psicanalítica não mostra a base arcaica a olho nu, e a teoria que derivamos da prática não comprova sua validade (sabemos que um material clínico qualquer pode ser explicado pelas diferentes correntes e teorias analíticas que nos cercam).

O analista selvagem[3]

Georg Groddeck, filho de família de médicos nascido em Baden-Baden, dirigiu uma clínica em Baden que alcançou renome por seus métodos terapêuticos pouco ortodoxos, mas bem-sucedidos. Massagens, banhos, conversas com os pacientes. Empregava conceitos afins à psicanálise por considerar a doença como uma reação física do corpo ao trauma e também como uma criação simbólica,

[3] Groddeck assim se intitula no Congresso de Haia em 1920. (Cf. Rodrigué, Emílio. Sigmund Freud. *O Século da Psicanálise: 1895-1995*. (Vol. 3, cap. 1). Escuta, 1995).

fruto das forças desconhecidas do Id, forças que nos governam. Tomou o termo *das Es* (traduzido por Id) de Nietzsche. O sistema de Groddeck tinha uma base metafísica referida ao insolúvel problema da alma e do corpo, como nos aponta Mannoni (conforme citação de Emílio Rodrigué, 1995, p. 44). Em 1921, publicou sua novela *Seelensucher* (*O buscador de almas*). Ela retrata um solteirão aposentado que, após perder a guerra contra os percevejos que infestaram sua casa, sai pela terra em busca do sentido da vida. Nenhum editor queria publicar o livro, mas Freud gostou e ofereceu-se para publicá-lo pela Psychoanalytic Publishing House. Groddeck aproxima-se de Freud, que, em carta a ele em 1917, respondendo sua dúvida se teria o direito de chamar-se analista e ser aceito pela Sociedade Psicanalítica de Berlim; diz: "O senhor é um analista de primeira ordem, que captou definitivamente a essência da questão. O homem que reconhece que transferência e resistência são os eixos do tratamento analítico pertence irreversivelmente à Horda Selvagem" (Carta de Freud a Groddeck, de 5 de junho de 1917, citada por Emilio Rodrigué (1995), p. 44). Freud teve de lutar contra a opinião de alguns membros do famoso Círculo Secreto, já em turbulências, como Jones, que não o aceitavam. Disse a Eitington, em 1920: "Ele é um pouco estravagante, mas um sujeito original que tem o raro dom do bom humor. Eu não gostaria de passar sem ele" (Carta de Freud a Eitingon, de 27 de maio de 1920, citada por Emilio Rodrigué,1995, vol. 3, p. 45).

Groddeck escreveu 33 cartas, sob o pseudônimo de Patrick Troll, a uma amiga para contribuição à medicina psicossomática. Compartilhava tais cartas com Freud, que muito as apreciava. Escreve a Freud em sua segunda carta: "Sou da opinião que o homem é dominado pelo Desconhecido. Há um 'Isso' nele, algo maravilhoso que regula tudo o que faz e lhe acontece. A frase 'eu vivo' está apenas condicionalmente correta, ela expressa um pequeno fenômeno parcial da verdade fundamental: o homem é vivido pelo 'Isso'" (Groddeck, 1917, p. 9).

Em 1921, em carta a Groddeck, Freud diz: "O ego, em suas profundezas, também é profundamente inconsciente e ainda flui junto com o núcleo do recalcado" (Carta de Freud a Groddeck, 17 de abril de 1921, p. 66, citada por Emilio Rodrigué, 1995, vol. 3, p. 45).

O livro disso, de Groddeck, foi publicado semanas antes de "O Ego e o Id" de Freud.

O mistério de Elêusis

Vou apenas recapitular o que é conhecido por vocês para tentar alinhavar minhas ideias.

"Ditoso aquele que na terra viu esses mistérios... no entanto aquele que não foi iniciado e aquele que não tomou parte nos ritos não gozarão, depois da morte das venturas do iniciado, nas sombrias e hórridas moradas" (Hino a Deméter).

Perséfone (filha de Deméter) é raptada por Plutão (Hades) enquanto colhia flores na planície de Nisa. Por nove dias, Deméter a procurou. Hélio a cientificou da verdade: Zeus decidira casá-la com seu irmão. Deméter ficou furiosa e não mais voltou ao Olimpo. Disfarçada de velha, foi para Elêusis e sentou-se perto do Poço das Virgens. Interrogada pelas filhas do rei Celeu, declarou que se chamava Doso e que acabara de escapar dos piratas que a levaram, à força, de Creta. Aceitou o convite para cuidar do filho recém-nascido da rainha Metanira, chamado Demofonte. Não deu leite a Demofonte, mas esfregou-o com ambrosia e, durante a noite, escondeu-o como a um tição no fogo. Cada vez mais ele se parecia com um deus. Deméter queria torná-lo imortal e eternamente jovem. Metanira viu seu filho em meio às brasas e a ofendeu. Deméter mostrou-se, então, como a deusa, e disse que Demofonte não mais poderia fugir da morte. Exige que seja construído um santuário em sua homenagem, um grande templo, e, sob ele, um altar onde, em pessoa, ensinará seus ritos aos seres humanos. Construído o santuário, recolhe-se a seu interior, consumida pelo desejo de ver Perséfone. Provocou uma terrível seca sobre a terra. Não aceitou o pedido de Zeus para que voltasse ao Olimpo e disse que nada mais cresceria na terra enquanto não voltasse a ver a filha. Zeus pediu a Plutão que devolvesse Perséfone. Este deu a Perséfone uma semente de romã, que garantia que ela ficasse com ele por quatro meses no ano. Antes de retornar ao Olimpo, ensinou seus mistérios[4] a Triptólemo, Diocles, Eumolpo e Celeu. Píndaro e Sófocles referem-se aos mistérios como "Feliz aquele que assistiu a esse espetáculo antes de baixar à sepultura. Ele conhece o fim da vida e também o começo" (Mircea Eliade, 1978, tomo 1, vol. 2, p. 128).

Os mistérios tinham diversos graus: os pequenos mistérios, os grandes mistérios (teletai) e a experiência final (epopteia). Tais segredos (teletai e epopteia) nunca foram revelados, embora estudiosos apontem que a iniciação revelava ao mesmo tempo a proximidade com o mundo divino e a continuidade entre a vida e a morte. Os segredos de Elêusis continuam a desafiar a imaginação dos pesquisadores. O grande segredo foi sepultado no silêncio e nas trevas de cada iniciado.[5]

---

[4] O significado de mistério vem de *Myen*, que significa literalmente calar a boca e fechar os olhos.

[5] Ver Eliade (1978).

O Ego e o Id

1922: Devido à sua crescente rouquidão, Freud não queria fazer uma conferência no Congresso Internacional de Psicanálise de Berlim. Apenas Rank, do comitê, sabia de seu mal-estar. Quando o comitê se reuniu em Seefeld, Freud foi a Berchtesgaden, onde estava trabalhando no artigo "O Ego e o Id", inspirado na obra de Groddeck (1921). Em agosto, a filha de sua irmã Rosa suicidou-se com uma dose excessiva de veronal quando passava uma temporada com a família Freud. Freud não estava bem. Mas não teve jeito e o convenceram a participar daquele que foi o seu último congresso, apesar de argumentar que "Já é tempo de estar preparado para ouvir a sua voz (a Jones) ou de Abraham ou de Ferenczi, pois estou ficando velho, cansado e amigo do isolamento" (Grosskurth, 1992, p. 151). O congresso foi um sucesso. Freud falou sobre o tema do Ego e o Id, resumo, e sua presença deu a ilusão de um forte núcleo central do comitê secreto, mas de fato o grupo estava se dividindo (Jones e Abraham *em conflito com* Rank e Ferenczi etc.). Tais cisões e queixas internas no comitê refletiam um mundo externo em turbulência: pós-guerra com intenso sofrimento; crise da moeda alemã; situação na Áustria mais precária. Pensavam transferir a editora Verlag para Berlim. Veio 1923 e, em primeiro de maio, a primeira notificação oficial da doença, feita numa carta de Viena em que Rank mencionou que Freud fora submetido a uma pequena operação por excesso de fumo e tivera dificuldades para falar e comer durante alguns dias.

Freud estava muito contente com a presença de seu neto Heinerle, segundo filho de Sofie, que estava passando uma temporada com sua tia Mathilde. Achava esse neto a criança mais inteligente e encantadora, e quando Heinerle morreu de tuberculose alguns meses depois, com 4 anos, Freud chorou muito e confessou ter sido a primeira depressão de verdade de sua vida.

Freud não gostou do seu texto sobre o Ego e o Id e nem seus companheiros o apreciaram (Ferenczi, principalmente, criticava o fato de o título não ressaltar a importância do Superego). Em agosto desse ano, o comitê reuniu-se sem Freud pela primeira vez. Freud estava próximo e recebeu Felix Deutsch, o qual, assustado com o estado de Freud, recomendou outra cirurgia mais radical. Anna Freud encontrou-se com o comitê e revelou a gravidade da doença do pai.

Não penso que a obra teórico-clínica de um autor tenha como motivação apenas as questões pessoais (morte da sobrinha e do neto, filhos na frente de batalha, angústia com a sorte deles etc.), mas entendo ser interessante situarmos o momento e as vivências dolorosas que Freud vivia quando, há cem anos, publicou "O Ego e o Id". O longo período durante a Primeira Guerra Mundial permitiu questionamentos que o levaram a rever o aparelho psíquico desde *Introdução ao Narcisismo* (1914) até *Além do princípio do prazer* (1920) quando, por fruto de reflexão, viu que faltava à sua teoria algo capital, a pulsão de morte.

Como sabem, o inconsciente sistêmico da primeira tópica não é igual ao Id. Entre as várias diferenças, na primeira tópica, as pulsões – tão caras a Freud – não estão no inconsciente. São conceituadas no limite entre o somático e o psíquico. O Id, por outro lado, acolhe as pulsões de vida e de morte em seu interior. Em carta a Groddeck, Freud (1921) aponta que "há um núcleo do recalcado banhado pelas profundezas do ego" (citado por Rodrigué, 1995, p. 45). As fronteiras na segunda tópica não estão tão definidas. Freud nos diz: "O ego não está nitidamente separado do Id, eles se misturam em sua parte inferior. O recalcado, porém, também se mistura com o Id, do qual é só uma parte. O recalcado apenas se separa com nitidez do ego pelas resistências do recalque e pode se comunicar com ele através do Id" (1923, p. 38). O grande reservatório da libido se move do Ego (em *Além do princípio do prazer* e já no texto de 1914 Sobre o Narcisismo) para o Id. No

Esboço de Psicanálise (1940/1938), Freud afirma que a libido está presente no Ego-Id indiferenciado e diz que "o miolo de nosso ser é formado pelo escuro do Id". Também a demarcação na fronteira do Id com o Superego não é nítida, pois grande parte do Superego está submersa no Id. Em "O Ego e o Id", o ideal de Ego e o Superego são sinônimos, sendo o ideal de Ego uma subestrutura particular existente dentro do Superego; nas "Conferências Introdutórias" (1915), Freud diferencia sentimentos de culpa próprios do Superego e de inferioridade próprios do ideal de Ego.

Apesar de o Superego ser o herdeiro do complexo de Édipo (na ontogenia, porque Freud também o apresenta nas primeiras identificações da fase oral primitiva quando as catexias de objeto e as identificações são indistinguíveis uma da outra), sabemos que vários autores postulam sua ação anteriores ao declínio do Édipo.

Diz Freud: "Vemos o Ego como uma pobre coisa que está numa tripla servidão e, em consequência, sofre sob a ameaça dos triplos perigos do mundo externo, da libido, do Id e da severidade do Superego" (1923, p. 72). Ao mesmo tempo, o Ego é corporal. Não é só uma entidade superficial, mas a projeção dessa superfície. Grande parte de sua forma configura-se a partir de seu intercâmbio com o mundo exterior (como o eu-pele de Anzieu, ou a "Casca e o Núcleo", de N. Abraham e M. Torok).

Para Freud, as pulsões, inclusive a de morte e as representações, são fundamentais.

É possível alguma conclusão? Uma proposta talvez pessoal

Há um acordo entre o par analítico, posto que tem um objetivo: o inconsciente do analisando sonhado pelo aparelho psíquico do analista. Fazendo um exercício, vou recorrer a algumas ideias desse outro grande pensador da teoria e prática analítica que foi Bion. No modelo de Bion, o problema essencial consiste em transformar uma impressão dos sentidos em experiência emocional. Bion parece relativizar o lugar da representação, se comparado com Freud, fazendo uma equivalência entre "eu sinto que" e "eu penso que", com o afeto elevado a um princípio de conhecimento, enquanto para Freud o pensamento é fundamentalmente da ordem da representação (Green, 2001, p. 160).

No final de *Construções em Análise* (1937), Freud pensa que certos eventos estariam situados antes da instauração da linguagem; assim, os sujeitos só teriam a seu dispor lembranças de lugares, sem poder – por falta de inscrição mnésica devido à fixação pré-verbal – associar a eles rememoração de acontecimentos. Em certos casos, é preciso renunciar à suspensão da amnésia infantil, sem que por essa razão a análise fracasse, pois o poder de convicção da interpretação pode ser adquirido por representações de coisas erráticas, desprovidas da conotação de linguagem que lhe dera coerência e forma. Não esqueçamos que, se a linguagem nos recusa sua ajuda na rememoração, é ainda por meio dela que o pré-verbal é apreendido.

Não penso que possa haver no referencial teórico de Freud emoções sem representação possíveis de auxiliar na análise. Ao falar de representação psíquica, não estamos nos referindo unicamente às palavras. Na mente primitiva, os afetos não ocorrem antes do Ego e do Id – talvez nem do Superego. Pode, sim, como ele aponta nas vivências pré-verbais, não haver representação de linguagem.

Freud faz uma distinção clara entre a representação da coisa (que está no inconsciente) e da palavra (associada às da coisa pelos aspectos de som e imagem, no Pré Consciente). Isso é da primeira tópica. Na segunda tópica, com as pulsões incluídas no Id, as forças emocionais e os processos mentais nunca poderão ser totalmente expressos ou apreendidos em palavras, como a mente nunca se livrará de elementos-beta (Bion, 1970, p. 26) que não são representáveis. O fracasso da palavra como um representante confiável mostra que a pulsão é muitas vezes incontrolável e que encontra mais de um caminho em busca da descarga: não só o da representação, mas também o do ato e de uma tentativa de fazer a ligação (como no modelo da compulsão à repetição). Em ação da pulsão de morte, a própria capacidade de representar fica aniquilada, e a figurabilidade, diminuída em suas possibilidades. O que não foi inscrito não pode ser relembrado, pois nunca foi representado. Só o que, por ação da pulsão de vida, foi ligado. O irrepresentável é o não ligado. Talvez o *nothing*. O não representável, ligado ao traumático, dependerá da intensidade do trauma (buracos psíquicos). (No Thing) Enquanto escrevia, pensei se não poderíamos articular a teoria baseada nas pulsões, representações, Ego, Id e Superego de Freud com ideias expandidas por Green e as de Bion.

Particularmente, pensei na teoria do continente contido. Como proposto no Capítulo 10 de *Atenção e interpretação* (Bion, 1970/2006, p. 104), quando menciona o uso dos mitos de Édipo em Freud junto com o de Babel, Eden etc., e no Capítulo 12, quando aborda o continente-contido (p. 116).

Não poderíamos pensar, em uma tentativa de articular algumas ideias que surgiram pós-Freud, em um continente que pode abrigar o conteúdo em busca de representações? Se predominando pulsões de vida, ou de ligação, ou de predomínio de função-alfa, tal continente será criativo e teremos representações possíveis ao analisando e/ou ao analista, pela rememoração, intuição etc. Se predominar a pulsão de morte, de desligamento, talvez o que Bion chamou em *Cogitações* (1992/2000, p. 364) de um continente maligno, as emoções não pensadas e não representadas – os elementos-beta – não alcançariam a condição de representação e ficariam no desconhecido. As experiências emocionais e os afetos surgem com o Ego e o Id em seus embriões. De qualquer modo, teremos de abrir mão de sermos introduzidos nos mistérios de Elêusis, tolerando nossos limites do que podemos conhecer.

Referências

Abraham, N.; Torok, M. *A Casca e o Núcleo*. Escuta, 1995.

Bion, W. R. (1970). *Atenção e interpretação* (P. C. Sandler, Trad.). Imago, 2006.

Bion, W. R. (1992). *Cogitações* (E. Sandler & P. C. Sandler, Trad.). Imago, 2000.

Eliade, M. (1978). *História das crenças e das ideias religiosas*. (Tradução de Roberto Cortes de Lacerda). Zahar Editores S.A.

Freud, S. (1914). *Sobre o narcisismo: uma introdução*. Imago, 1976.

Freud, S. (1915). *Conferências Introdutórias*. Imago, 1976.

Freud, S. (1920). *Além do Princípio do Prazer*. Imago, 1976.

Freud, S. (1923). *O Ego e Id*. Imago, 1976.

Freud, S. (1937). *Construções em Análise*. Imago, 1976.

Freud, S. (1940/1938). *Esboço de Psicanálise*. Imago, 1976.

Green, A. (1982). O discurso vivo. *A concepção psicanalítica do afeto*. (p. 25). Francisco Alves Editora.

Green, A. *La nueva clinica psicoanalítica y la teoria de Freud*. Amorrortu, 2001.

Groddeck, G. (1917). *O Livro Disso*. Tradução José Teixeira Coelho Netto. Perspectiva, 1984.

Grosskurth, P. *O círculo secreto*. Imago, 1992.

Money-Kyrle, R. (1977). Sobre o Temor à insanidade. In *Obras Selecionadas*. Casa do Psicólogo, 1996.

Rodrigué, E. Sigmund Freud. *O século da psicanálise: 1895-1995*. (Vol. 3). Escuta, 1995.

13. O que é Isso? Ou sobre trabalhar na fronteira do desconhecido

Luiz C. Toledo[1]

O paciente chega apressado. Cumprimenta-me, entra na sala e se deita no divã. Mal me olha, passa voando. Sento-me na poltrona e ele começa a falar num tom que soa como um jorro, um vômito. Percebo-me tenso antes de sua primeira palavra na sessão.

— Aconteceu uma coisa muito séria, não entendi nada. Não via a hora de vir pra cá. Foi com uma colega. A gente estava trabalhando juntos lá na usina. A área de que ela estava cuidando é próxima de um lugar onde fica uma caldeira enorme. Quando cheguei pra dar um "bom dia", ela me olhou e disse pra ter cuidado, não chegar muito perto, que eu poderia me queimar. Eu fui fazer uma piada com o que ela tinha dito – pra quê eu fui fazer uma piada? – e respondi que, se fosse uns anos atrás, seria ela quem estaria correndo o risco de se queimar pilotando um fogão.

---

[1] Psicanalista, membro associado da Sociedade Brasileira de Psicanálise de Ribeirão Preto (SBPRP). Atualmente, é diretor de publicações e divulgação da Federação Brasileira de Psicanálise (FEBRAPSI).

Ele silenciou por algum tempo – parecia prestes a explodir –, então retomou a fala, num tom exaltado.

— Ela é mulher! Imagina, mulher! Ficou furiosa. Aí me dei conta de que eu tinha feito uma piada completamente machista. O que eu fui falar? Como assim, queimar pilotando um fogão? Eu não sou machista, nunca fui. Um segundo depois, eu já estava arrependido. De onde saiu isso? Como eu fui dizer uma coisa dessas?

Então prosseguiu, num tom autocondenatório.

O aspecto mais aparente do que se passava dizia respeito ao paciente lidando com aspectos cindidos, que já haviam surgido de forma projetada anteriormente (a psicanálise e eu é que éramos considerados machistas, não ele), mas agora vinham à tona com uma tonalidade mais eloquente. Por outro lado, também me ocorreu pensar: estaria sendo convidado a ocupar o lugar do juiz moralista que decretaria a sua pena, aliviando uma sensação dolorosa de vergonha? Ele estaria contando sobre o calor do seu desejo ao encontrar a colega e o risco de pegar fogo pela proximidade física com ela/comigo? Que riscos de incêndio estaríamos vivendo juntos?

Enquanto o paciente prosseguia, ocorreu-me a lembrança de uma situação pessoal. Há alguns anos, durante uma festa, vi chegar alguém com quem havia me desentendido dias antes. A pessoa se aproximou sorrindo e estendeu a mão. Após um cumprimento formal, ouvi-me dizendo algo inusitado, como se outra pessoa estivesse falando em meu lugar. Em vez do previsível "Oi, fulano, não esperava te encontrar por aqui", eu o cumprimentei com um desconcertante: "Oi, fulano, *não queria te ver por aqui*". Por pior que tivesse sido a nossa discussão anterior, não planejei ser tão agressivo. Ainda assim, a frase havia saído da minha boca, e ambos éramos testemunhas. Que voz estranha e incontrolável era aquela?

Ao começar a pensar a respeito do que escreveria, lembrei-me dessa vinheta clínica e de meu sonho na sessão. Provavelmente por conta do tema que pretendo desenvolver e por outros aspectos que não são relevantes para o momento.

Enfim, retorno à questão do paciente: de onde saiu Isso?

...

"O Eu e o Id" (1923-1925/2011) ocupa um lugar destacado na obra de Freud. É um texto ambicioso e inspirador, no qual ele se debruça sobre aspectos fundamentais de teoria e aprofunda a reflexão psicanalítica em direção ao que, até então, chamara de inconsciente. O texto é tão rico que comentá-lo significa deixar de lado, inevitavelmente, vários aspectos muito importantes. Paciência. Freud ofereceu muitos caminhos, deterei-me em alguns poucos pontos para desenvolvê-los em seguida.

Freud inicia "O Eu e o Isso" debatendo e se contrapondo aos filósofos, o que não deixa de ser curioso, pois sabemos que foi justamente um filósofo que inspirou o que entraria para a história da psicanálise como *das Es*. Antes de ser psicanalítico, o isso (grafado assim mesmo, com minúsculas) foi filosófico. Nietzsche, por exemplo, referiu-se a ele em *Além do bem e do mal*, livro de 1886, da seguinte forma:

> *Quanto à superstição dos lógicos, nunca me cansarei de sublinhar um pequeno fato que esses supersticiosos não admitem de bom grado – a saber, que um pensamento vem quando 'ele' quer, e não quando 'eu' quero, de modo que é um falseamento da realidade efetiva dizer: o sujeito 'eu' é a condição do predicado 'penso'. Isso pensa: mas que esse 'isso' seja precisamente o velho e decantado 'eu' é, dito de*

> *maneira 'suave' apenas uma suposição, uma afirmação, e certamente não uma 'certeza imediata'. E mesmo com 'isso pensa' já se foi longe demais; já o 'isso' contém uma interpretação do processo, não é parte do processo mesmo". (trechos do aforismo 17, Nietzsche, 2005, pp. 21-22)*

Nietzsche questionava o lugar central do Eu na gênese do pensamento antes da virada do século. Penso que Bion e Nietzsche se aproximam aqui. Nietzsche não chega a sustentar que o pensamento pré-exista e necessite de um pensador para ser pensado, mas também não considera o "Eu" como o protagonista do ato de pensar. "Isso" pensa, "algo" pensa, e o Eu se serve desse processo, supõe ser o formulador daquilo que, de fato, o atravessa e o subjuga. Freud dirá, em 1923, que o Eu é o cavaleiro que se engana supondo estar no controle da cavalgada, enquanto é conduzido por um animal muito mais potente. Isso nos conduz, algo nos leva, trata-se da fonte da força à qual o Eu está submetido, sem perceber.

Pois bem, um contemporâneo de Freud chamado Georg Groddeck inspirou-se em Nietzsche para debruçar-se sobre o Isso, aqui já grafado com maiúsculas, como conceito. Groddeck era um médico clínico ousado, de tradição romântica[2] e amigo de Ferenczi (seu paciente). Tratando pacientes com vários tipos de patologias orgânicas em Baden-Baden, Groddeck já analisava pessoas à sua maneira, antes de ter tido qualquer contato com textos psicanalíticos. De fato, durante certo tempo, acreditou ter sido ele, e não Freud, o criador da psicanálise.

Quando descobriu que ela já existia, e após um breve período de crítica feroz e ressentida, decidiu procurar Freud, admitindo sentir inveja e admiração em relação à primazia de suas descobertas e seus escritos. Ambos passaram, então, a se corresponder,

[2] Segundo Roudinesco (2016), que o compara a Fliess.

e Groddeck foi convidado a se unir ao movimento psicanalítico. Ele seguiu trabalhando e escrevendo, estimulando seus leitores a conhecerem Freud e recomendando-o,[3] sem nunca ter se filiado formalmente ao *establishment* psicanalítico. Gostava de se apresentar como um "analista selvagem", permanecendo à margem.

É interessante que tenha sido justamente esse o colega escolhido por Freud para uma homenagem no momento da formulação da segunda tópica. Se "O Eu e o Isso" é um texto teórico denso e bem fundamentado, exemplar no que diz respeito à disciplina, ao cuidado e ao rigor, a menção a Groddeck parece representar um outro polo, não menos importante e frequente, na forma de pensar e trabalhar de Freud: a inquietude, o gosto pelo especulativo e pela ousadia.

Anos mais tarde, Michel Foucault (1996) dirá que o autor – seja ele quem for – produz discursos imerso nos limites e nas condições históricas, geográficas e institucionais disponíveis em uma certa época. Ou seja, o período no qual vivemos oferece determinadas condições para produzir[4] e – ao mesmo tempo – delimita o que é possível e aquilo que não é possível sustentar cientificamente. Freud deparou-se inúmeras vezes com esta questão: como pensar e escrever sobre algo que estava além das restrições de seu tempo?

Uma breve digressão: recordo-me de uma passagem de uma das conferências de Bion em Nova York que me parece eloquente a respeito do mesmo tema. Ao responder à crítica de um colega da audiência, Bion diz algo que exemplifica as dificuldades daqueles que

---

[3] Há uma passagem em *O livro dIsso* (Groddeck, 1921/1997) na qual ele escreve a uma interlocutora imaginária algo como: tudo o que lhe parecer sério, bem formulado e coerente em psicanálise você deve creditar a Freud e seu grupo mais próximo. Aquilo que te parecer estranho, especulativo e descabido nas minhas cartas é de minha lavra.

[4] Por exemplo: quais são as questões de fronteira do conhecimento científico de uma disciplina em uma determinada época? O que está além dessas fronteiras? O que está adiante delas?

ousam trabalhar na fronteira do desconhecido: "tenho que utilizar esse vocabulário (o psicanalítico, nesse caso) e infelizmente, como você muito corretamente assinalou, nós o entendemos. *Estou tentando assinalar algo que não entendemos*" (1992, p. 150, grifo nosso).

Em diversos momentos de sua obra, Freud optou por criar um novo vocabulário, já que a psicanálise não se adequava àquele que se encontrava à disposição. A troca com colegas como Groddeck foi fundamental nesse processo. Freud buscou manter relações com interlocutores com quem pudesse dialogar sem freios, pensando, criando hipóteses e se autoanalisando. Fliess e Jung ocuparam esse lugar em sua vida em períodos distintos.

Groddeck, assim como Fliess, era exagerado e radical, um habitante/explorador das fronteiras do saber estabelecido, alguém disposto a se aventurar além delas. Foi um dos pioneiros intuitivos que colaboraram inserindo dissonâncias entre os acordes já conhecidos e mapeados no campo harmônico psicanalítico. Enquanto a psicanálise ganhava notoriedade e caminhava rumo à institucionalização, Freud procurava manter uma correspondência assídua com esse colega original e provocador.

Groddeck considerava que há no ser humano uma "espécie de fenômeno que comanda tudo o que ele faz e tudo que lhe acontece. A frase 'eu vivo...' é verdadeira apenas em parte; ela expressa apenas uma pequena parte dessa verdade fundamental: o ser humano é vivido pelo Isso" (p. 10, 1921/1997).

Ao redigir *O livro dIsso* como um romance psicanalítico – não destinado à transmissão formal da psicanálise –, Groddeck se autorizou a escrever como se estivesse dialogando entre amigos, sem precisar se ater às regras e amarras de um texto científico. Ele optou por um gênero que daria margem ao sonho. De fato, parte dessa conversa já vinha acontecendo há tempos, na farta correspondência que trocava com Freud enquanto *O livro dIsso* era gestado.

Como sabemos, a psicanálise contava com uma primeira tópica bem construída e conhecida antes da virada dos anos 1920. Se as fronteiras entre as instâncias (consciente, pré-consciente e inconsciente) pareciam razoavelmente nítidas e definidas até então, na apresentação da segunda tópica elas se tornariam mais fluidas, e o inconsciente (como qualidade psíquica) claramente ganharia terreno.

O Eu (*Ich*), que substituiria o consciente no novo modelo do aparelho mental freudiano, seria descrito como uma parte do que Freud chamaria, dali por diante, de Isso, diferenciando-se dele a partir do contato com o mundo externo e de sucessivas identificações. O Eu estaria – por um lado – em contato com o exterior (a consciência e a percepção) e, por outro, mergulharia fundo, no inconsciente,[5] como uma tela em degradê na qual um branco imaculado transita por uma sucessão de tons de rosa-claros, mais pronunciados e escuros até, finalmente, tornar-se vermelho-vivo. O contraste entre os polos opostos da tela seria nítido, mas as fronteiras seriam borradas e incertas.

Freud nos apresentou a um Eu que abarcaria a consciência, mas não se restringiria a ela. A tenacidade das resistências do Eu o havia conduzido a inferir seus aspectos inconscientes. No mesmo texto, acompanharíamos a conceituação do Supereu, sucedâneo do ideal do Eu, como Freud batizara anteriormente a instância psíquica moral. Pensar sobre o Supereu envolveria abordar, entre outros, a culpa inconsciente, as identificações iniciais, as consequências da passagem pelo complexo de Édipo, a moralidade e a imoralidade que nos habita. Freud sustentaria, por exemplo, respondendo aos seus críticos mais ferozes, que o que há de imoral e, paradoxalmente, também de mais apegado à moralidade em cada ser humano diz respeito ao que se passa no inconsciente.

---

[5] O mesmo se daria com o Supereu.

Em ambos os casos (Eu e Supereu), seu olhar se voltava para as profundezas. Esse é um dos textos no qual Freud alertou insistentemente a respeito do quão ilusória seria a noção de um Eu coeso e apto a decidir os próprios caminhos. A metáfora do cavaleiro e do cavalo exemplifica seu ponto de vista a respeito do lugar e das atribuições do Eu e do Isso no aparelho mental.

Cabe mencionar que a escolha dos nomes para cada uma das três instâncias tinha também a função de torná-las próximas do leitor, fosse ele quem fosse: Eu, Supereu (ou Sobre o Eu) e Isso. Freud optou por tratar de temas complexos da vida mental a partir da linguagem leiga[6] e, sobretudo, íntima. Como sabemos, o aspecto coloquial se perderia na tradução britânica e, infelizmente, também na versão das *Obras completas* que prevaleceu por muitos anos entre nós.

Friso esse ponto porque, ao nos apresentar ao Isso, Freud escolheu utilizar um nome que remete a experiências e situações corriqueiras, como a do meu paciente e a minha, mencionadas no início deste texto. Frequentemente, dizemos: "isso me aconteceu", "isso me surpreendeu", "aquilo me desconcertou". Algo que é parte de mim emerge sem controle algum, causa-me estranheza e incômodo. Não é uma bela forma de evidenciar a existência daquilo que nos habita – e tão frequentemente conduz – e que, ainda assim, não parece coincidir com o que chamamos de Eu?

Descrever esse tipo de experiência pessoal de forma vaga e imprecisa (com palavras como "algo" ou "isso") é parte da forma como nos comunicamos cotidianamente. Antes de se tornar conceito, portanto, o "Isso" já ocupava um lugar discursivo. Essa forma de expressar estranheza em relação a si encontrava-se à espera apenas de quem a observasse e descrevesse. Era um fato de linguagem. Por outro lado, não conheço quem já tenha dito algo como "Id me ocorreu...".

[6] Bruno Betelheim é um dos autores que se dedicou a pensar sobre essa questão.

O curioso é perceber que nas novas traduções disponíveis, como a da Companhia das Letras, o Ego voltou a ser tratado por seu nome de batismo (Eu), e o mesmo se deu com o Supereu. O Isso, entretanto, seguiu sendo Id, essa estranha criação que não se usa de forma espontânea em nenhum contexto que não seja o dos textos psicanalíticos.

Bruno Bettelheim (1982) acreditava se tratar de um desejo inconsciente de criar uma distância emocional em relação ao impacto que os pronomes pessoais poderiam suscitar. Essa me parece uma hipótese interessante.

Na nova tópica, a tensão entre as pulsões sexuais e as do Eu cederiam em relevância para a oposição entre as pulsões de vida e de morte. O Isso seria o "caos", o caldeirão de energia pulsional sem organização, a sede das paixões. O ponto nodal para onde o Eu e o Supereu convergiriam.

Apesar das diferenças significativas, penso que ambos os textos são complementares. Enquanto Groddeck redigiu um romance no qual se dedicou a "sonhar" o Isso e suas inúmeras formas de manifestação, Freud se empenhou em nos apresentar a um constructo teórico robusto que permitisse transitar pelo caótico, seguir avançando em direção ao desconhecido.

Concluo este comentário com um adendo. Um fragmento clínico com o qual me deparei algum tempo atrás e que me surpreendeu.

...

O paciente conta um sonho no qual se dirige a um local em que uma peça de teatro é representada. Ora é ator e está no palco, ora é parte da plateia. Terminada a peça, o sonho se transforma em um desentendimento entre funcionários que se encontram em anda-

> res diferentes. A questão sobre saber quem ficaria por cima ou por baixo parece relevante nesse momento. Em seguida, o sonhador encontra-se em dificuldades para subir uma ladeira íngreme e conversa com um senhor que, então, o acompanha.
>
> O analista permanece calado, acompanhando-o (como o senhor do sonho), e, em certo momento, se recorda de um livro que parecia não ter nenhuma relação com o que estava sendo relatado até então: *Safo*, de Alphonse Daudet. Recorda-se especificamente de um personagem jovem que carregava a amante nos braços, inicialmente com relativa facilidade e depois com maior dificuldade, à medida que o tempo passa.
>
> Inicialmente hesitante, o analista decide conversar com o paciente sobre essa memória-sonho. Então se surpreende com o fato de o paciente lhe dizer que a história mencionada tinha uma grande semelhança com uma peça que ele assistira na noite anterior. A sessão continua e o analista não se detém longamente sobre o que havia acabado de ocorrer, apenas nos conta sobre seus sentimentos diante da reação do analisando em resposta à sua intervenção.

Podemos pensar nesse fragmento como algo corriqueiro em uma análise contemporânea, não? O interessante é que o analista a quem me refiro – aquele que decidiu conversar sobre a memória-sonho com o paciente – é Freud e que essa vinheta clínica está relatada no Capítulo 6 de *Die Traumdeutung*, em um trecho chamado "Um sonho bonito".

Vinte e três anos antes de "O Eu e o Isso", Freud estava atento aos seus sonhos na sessão e, eventualmente, os utilizava para conversar com os pacientes. Com que frequência será que isso acontecia? É a menção ao uso de memória-sonho mais antiga que conheço em psicanálise, mesmo que Freud nunca tenha usado esse nome para se referir ao que relatara.

Penso ser um dos muitos exemplos da intuição clínica caminhando em um ritmo diferente da teorização psicanalítica, um retrato do que significa trabalhar - na prática - nas fronteiras do desconhecido.

Referências

Bettelheim, B. (1982). *Freud e a alma humana*. Cultrix.

Bion, W. R. (1992). Conversando com Bion: quatro discussões com W. R. Bion. In W.R. Bion, *Bion em Nova Iorque e em São Paulo* (p. 150). Imago.

Foucault, M. (1996). *A ordem do discurso*. Loyola.

Freud, S. (1923-1925). *O Eu e o Id, "Autobiografia" e outros textos*. Companhia das Letras, 2011.

Groddeck, G. (1921). *O livro dIsso*. Perspectiva, 1997.

Nietzsche, F. (2005) *Além do bem e do mal: prelúdio a uma filosofia do futuro*. Companhia das Letras, 2005.

Roudinesco, E. (2016). *Sigmund Freud na sua época e em nosso tempo*. Zahar.

14. Pré-monições e pré-concepções: e o eu com isso?[1]

Sérgio S. Kaio[2]

No exercício de nossa atividade psicanalítica, somos solicitados por um sem-número de estímulos, percepções, observações de experiências emocionais a cada momento. Quais terão importância, como trazê-los à luz e utilizá-los, como se faz esse metabolismo ou de onde vem o sentido que podemos dar a qualquer uma dessas vivências, expressões ou manifestações de uma mente multidimensional? Grotstein (2007) compara isso como que havendo a necessidade de "um penetrante facho de intensa escuridão" nas iluminações até então alcançadas. Em nosso trabalho, quando estabelecemos que o vértice da nossa observação é aquilo que ainda não aconteceu, portanto é desconhecido, o vínculo que poderá se

---

[1] Trabalho apresentado em 6 de maio de 2023 na V Jornada do Grupo Psicanalítico de Curitiba (GPC)/Federação Brasileira de Psicanálise (FEBRAPSI) em Curitiba (PR), no Pré-Congresso ao de Campinas (1-4/11/23).

[2] Membro efetivo e fundador do GPC (atual SPPC – Sociedade Provisória de Psicanálise de Curitiba) com função didática, docente do Instituto de Psicanálise (IP) e diretor científico da instituição. Membro efetivo da Sociedade Brasileira de Psicanálise de São Paulo (SBPSP).

estabelecer será de natureza não sensorial, portanto somente intuitivo, não imitado, não alucinado. E, se ficamos de acordo com essas concepções, o que podemos dizer sobre o nível de comunicação que empreendemos com a pessoa com quem estamos falando, bem como em nós mesmos que produzimos a fala? Bion (1973/1974) nos alertava do enorme trabalho que é preciso realizar para atendermos pacientes e para atingirmos um estado mental que seja compatível com o exercício da psicanálise.

Tenho objetivado a atividade clínica do psicanalista com interesse especial ao trabalho mental do analista, o do "atingir o tal do estado mental". A indagação norteadora tem sido: como trabalha o analista que tenta ter como centro a experiência emocional na sala de análise? Tentarei aqui limitar, dentro do tempo e espaço possíveis, minhas apreensões de como venho concebendo essas questões.

Bion cita a necessidade de acordar pensamentos adormecidos. Entendo aqui a necessidade do uso da criatividade, fato que eleva os níveis de ansiedade. Poucos ousam cantar o caos e a noite eterna, caos íntimo do analisando, nosso próprio caos precisa ser enfrentado para resgatar a dolorosa interpretação que está disponível/adormecida nas nubladas profundezas.

A situação analítica com o seu *setting*, esse meio comunicativo, passa a existir por meio de dois atos criativos que ocorrem em combinação um com o outro, por ter sido feito por duas pessoas específicas. Quando os indivíduos compartilham dentro dele, acontece o chamado mundo da emoção, gera-se ali um campo emocional (Bion, 1976/1987). Entendo aqui que não comunicamos a verdade por sinais verbais ou não verbais, mas pela vivência interior de compartilhamento das mentes. Em uma das conferências de Bion em Nova York (1980), ele também aborda essa questão ao afirmar que não é seguro estar inconsciente do perigo e que o vértice do analista não deve ser moralista quanto a isso. Diz ele: "O paciente pode não estar completamente errado quando está com medo de um contato mais íntimo . . . Podemos nos tornar analistas adictos de pensamentos, afastando-nos da experiência que está ocorrendo" (Quarta Conferência, p. 138).

Na literatura, temos modelos a respeito dessas situações de medo e/ou seus enfrentamentos: (re)visitando o relato do cemitério real de Ur, nós nos indagamos: seria um local de terror e maldições ou o local onde se encontram os nossos tesouros escondidos, o precioso patrimônio psíquico da humanidade? Os saqueadores de Ur não temiam adentrar o mito da maldição e profanaram ou foram ao encontro do tesouro da tumba do faraó. No Mito da Caverna de Platão: em uma perspectiva revertida, em Platão há o conflito estético: o medo de os habitantes da caverna adentrarem a luz, permanecendo na escuridão das sombras. Além de outros mitos, o do Jardim do Eden, de Édipo, da torre de Babel etc. ilustram esses acontecimentos.

Diz Bion (1976) que a causa de uma tempestade emocional é equiparável ao fato selecionado, por serem situações capazes de provocar em uma experiência emocional uma síntese criativa de objetos separados e ainda não sintetizados (união da sombra com a luz). Um predomínio de forças de vida acarretaria uma contínua repetição da experiência de integração ou síntese. Por outro lado, um predomínio das forças de morte repudia a vida, idealizando e libidinizando a não síntese como no mito dos habitantes da caverna que permanecem na sombra e repudiam a luz. Isso nos remete a aspectos primordiais da mente, sejam aqueles que favorecem o desenvolvimento mental, sejam aqueles que o obstruem.

Lia Cortinas e Dimant (1999), fazendo uso de alegorias, esclarecem que a excessiva intolerância de um feto em um período mais precoce provavelmente obstrua o desenvolvimento da pré-concepção e o dar-se conta das realizações. O bebê intrauterino sensível ao desprazer é provável que se desfaça por meio de algo equivalente às identificações projetivas, da protoconsciência das sensações. Dessa forma, elas propõem estender a hipótese da identificação projetiva aos funcionamentos pré-natais. O destino dessas protoemoções é permanecer como no medo, por exemplo, em um nível fisiológico da descarga de adrenalina, com seus concomitantes físicos.

Em "Como tornar proveitoso um mau negócio", Bion (1979) dá a entender que o estado emocional, como emoção diferenciada, evolui a partir de fenômenos protomentais e os expressa. Ele alerta da importância de se desenvolver uma espécie de intuição embrionária (Bion, 1971/1973). Isso caracterizar-se-ia em podermos perceber os impulsos ou diferentes modos de agir como atos e reações sem a interposição do pensamento. Seria como transformar as ações somáticas ou musculares primeiro em emoções e, a seguir, em pensamentos. A princípio, conforme Bion (1977/2016) apregoa, seriam fenômenos que podem surgir como pensamentos selvagens, objetos bizarros, pré-elementos beta emocionais (premoções) para só depois alcançarem uma emoção que poderá se vincular como elementos-beta, propiciadores de transformações pela função-alfa do analista. Seria necessária a construção da experiência emocional, porém, previamente a isso, necessário se faz a construção da pré-emoção, que advém de uma instância ainda mais primordial, sem objetalização, para se poder projetar qualquer emoção. A resultante pode vir a ser a experiência emocional não tolerada pelo paciente, agora podendo ser vivenciada. Nesse aspecto, pode se tomar a pré-concepção como uma premonição, como empregado por Bion (1963/1991) ao considerar uma emoção como uma pré-emoção de outra que pode surgir sucessivamente a partir daí.

Caso tomemos a psicanálise e o psicanalista como objetos estéticos, sabemos que é função desse objeto "domesticar pensamentos selvagens" (Bion 1977/2016). Não basta o objeto estético ser um receptáculo, apenas ter a função de *holding*, mas deve ser também um transformador, ter uma ação continente, que dê significados que possam levar a mudanças psíquicas. Caso caminhem bem nessa proposta, uma vez explicitada e tornado evidente o conflito, só a partir desse momento é que o sujeito se encontra consigo próprio e vive a experiência emocional de ser quem se é. E pode elaborar-construir uma emoção do encontro consigo próprio como nunca antes poder-se-ia ter experimentado. Isso conduz ao conhecimento do problema de infertilidade e de crescimento mental. O paciente passa a se tornar fértil e criativo junto com seu analista.

Já o ataque à função vinculante da emoção (Bion, 1959/1972, 1976/1987) leva a severas perturbações, entre elas a falta de crescimento mental que é a base do vir-a-ser humano. Entendo que o inverso também é verdadeiro, quando ocorre grande sofrimento se o paciente passa a vincular suas emoções e vir-a-ser-capaz de viver uma experiência emocional com seu analista. Este, tolerando a princípio uma intuição sem conceito que se impõe na mente enquanto elabora uma conjectura imaginativa para a emoção intuída, abre a possibilidade de elevá-la à condição de conjectura racional e pensamento. Seria como auxiliar a pessoa a se encarnar, como a etapa da exposição ao pensamento selvagem proveniente da origem (O), sendo antes encarnado por um pensador, um analista com uma experiência de receptividade a um pensamento sem um pensador, na vigência de um meio propiciador do ato criativo dos participantes envolvidos.

A questão seria o uso da capacidade intuitiva do analista de fazer uso da experiência emocional vivenciada e por ele experimentada, e daí poder deduzir, filtrar a emoção real que o paciente não pode experimentar, mas que ele, analista, pode. Isso pode surgir como pré-emoções para o paciente, e o analista, funcionando como parturiente promotor de emoções, age sobre aquelas pré-emoções, transformando-as em emoções metabolizáveis e armazenadas para virem a se tornar pensamentos. Só após essas operações é que os pensamentos poderiam ser manejados como preconcepções em operações de continente-conteúdo, PS-D e LHK, geradoras de uma epistemologia com princípios e limites.

É necessário, portanto, algo mais proveniente da arte para que um pensamento faça a conexão com o não pensamento. Sem essa visão estética, fica difícil acompanhar o processo criativo que caracteriza a psicanálise. Freud já realizava isso muitas vezes com imagens tiradas dos mitos e da literatura. As imagens por ele utilizadas provam que existe sentido no que parece não ter, que existe algo enigmático no que parece evidente e que existe uma profundidade de pensamento no que parece ser apenas um lugar comum.

Nós, psicanalistas, mantemos a esperança de podermos evoluir a ponto de alcançarmos os estágios primitivos da mente, de chegarmos a integrar as dimensões pré e pós-natais, tolerando a coexistência e a evolução das diferentes partes. Por que da dificuldade? Isso implica tolerância à turbulência emocional advinda, só acessível a instrumentos sofisticados que o analista dispõe, aliada à maturidade emocional alcançada.

Essa descentralização do conhecer como fulcro do trabalho mental revoluciona o trabalho psicanalítico e a forma de pensarmos a vida mental, com a possibilidade de um contato potencialmente mais fértil ocorrer em níveis indiferenciados da mente, acessíveis por meio da intuição do analista. A relação finitude/infinitude está presente em todas as transformações analíticas. Essa quebra de paradigma transmite a ideia de que a psicanálise ou o trabalho do analista seja algo que não pode ser realizado simplesmente pela interpretação. Tornou-se necessário valorizar o potencial da experiência emocional e seus significados para o desenvolvimento do pensamento em si. Desse modo, o processo analítico passou a usar mais das construções e descrições, de conjecturas imaginativas para lidar com a complexidade dos processos mentais.

Por esse vértice, a psicanálise como prática é intuicionista. Se considerarmos as emoções no vínculo, a paixão, como define Bion, como algo que intuímos – uma realidade sobre a qual temos conhecimento direto ou imediato a partir de nossa capacidade receptiva ou de *rêverie* e, com um sentimento de verdade sobre o intuído, chamar nossa prática de intuicionista não seria equivocado. Da mesma forma são as pessoas criativas em arte, ciência e em religião.

A intuição, como uma espécie de equipamento-sonda, não tem formas ou técnicas que nos permitam ganhá-la ou alcançá-la, a não ser tornarmo-nos intuitivos e sermos a intuição. A realidade do inconsciente é incognoscível e, em sua essência, é aquilo em que não há equivalente em lugar nenhum, em coisa alguma ou em alguém, logo não há referência possível dentro de qualquer certeza. Assim é que o processo de "sonhar" (função-alfa), o material da sessão, tornou-se central no trabalho analítico. Já está consolidado e aceito um modelo espectral da mente baseado em suas "múltiplas funções". O desdobramento decorrente é a possibilidade de se poder utilizar os sonhos de forma ampla, menos como produção simbólica ou como seu produto final, mas do vínculo em si, ficando a finalidade do trabalho analítico muito mais concentrada na função do sonhar do que no conteúdo dos sonhos. Nesse sentido, o pensar é sonhar, uma forma fundamental de processamento psíquico, muito bem explicitado como um consenso entre os colegas que aqui se apresentaram nesta jornada.

Referências

Bion, W. R. (1959). Ataques al vinculo. In W. R. Bion, *Volviendo a pensar*, pp. 128-150. Hormé, 1972.

Bion, W. R. (1963). *Elementos em psicanálise* (P. D. Correia, Trad.). Imago, 1991.

Bion, W. R. (1971). A grade (M. R. A. Junqueira, Trad.). *Rev. Bras. Psicanal.*, *7*, 103-129, 1973.

Bion, W. R. (1973). *Conferências brasileiras 1*. Imago, 1974.

Bion, W. R. (1976). Turbulência Emocional (P. C. Sandler, Trad.). *Rev. Bras. Psicanal.*, *21*, 121-133, 1987.

Bion, W. R. (1977). *Domesticando pensamentos selvagens* (L. C. U. Junqueira Filho, Trad.). Blucher, 2016.

Bion, W. R. (1979). Como tornar proveitoso um mau negócio (O. D. Knijinik, Trad.). *Rev. Bras. Psicanal.*, *13*, 467-478.

Bion, W. R. (1980). *Bion in New York and São Paulo*, ed. F. Bion. Strath Tay: Clunie Press.

Cortinas, L. P., & Dimant, S. L. N. (1999). *El don non solicitado*. In R. A. Antar, *Bion - conocido - desconocido*, pp. 123-136. Lugar, 1999.

Grotstein, J. S. (2007). *Um facho de intensa escuridão* (M. C. Monteiro, Trad.). Artmed.

Platão. *Os pensadores*, pp. 23-27. Nova Cultural, 1999.

15. Mente primitiva: o que eu tenho a ver com isso?[1]

Sonia Regina Saborido Gazziero[2]

Apresentando minhas ideias

De imediato, o tema proposto para esse pré-congresso me remeteu a uma vida mental não nascida, sugerindo ser anterior ao que Freud propõe como um Ego corporal e a mente primitiva aludida por Melanie Klein, contendo, ainda, a ideia sobre a possibilidade de que essa vida mental possa vir a emergir em um trabalho analítico.

A primeira imagem que surgiu em minha mente a partir do tema foi a de uma nebulosa. Lembrei que as nebulosas cósmicas seriam como "berçários de estrelas", que se formam a partir de gases e poeira cósmica que se aglutinam a partir da desintegração de estrelas que chegaram ao final de sua vida.

---

[1] Trabalho apresentado em 6 de maio de 2023 no Pré-Congresso do Grupo Psicanalítico de Curitiba (GPC)/Federação Brasileira de Psicanálise (FEBRAPSI) – Mente primitiva, afetos em emergência, antes do Eu com Isso, em Curitiba (PR).

[2] Membro efetivo da Sociedade Brasileira de Psicanálise de São Paulo (SBPSP) e do Grupo Psicanalítico de Curitiba (GPC).

Perguntei-me: não estaríamos aí diante de um “berçário” da vida mental que pode emergir em um trabalho analítico? Não estaríamos também diante de um “berçário” de ideias psicanalíticas em expansão, apontando para um universo novo e infinito?

Senti-me transportada para a clínica, vindo à minha mente *flashes* de várias experiências com pacientes, do passado e atuais, com os quais eu sentia ter uma ligação diferente dos demais. Eles absorviam mais a minha atenção, levando-me algumas vezes a ter sonhos noturnos com eles, fazendo um trabalho mental extra, possivelmente porque também penetravam a minha escuridão mental, dificultando que eu pudesse elaborar as experiências vividas com eles.

Durante muito tempo, eu trabalhava com esses analisandos apoiada nos conhecimentos e teorias que desenvolvi ao longo da minha formação, análises pessoais, supervisões, mas eu não me sentia satisfeita com o meu trabalho. A meu ver, faltava “algo mais” que eu também não sabia do que se tratava.

Eu ficava sempre com a sensação de que não conseguia alcançá-los e que eles não dispunham de uma condição simbólica para trabalharmos em um nível verbal, em que as minhas condições de *rêverie* e livre associação fluíssem.

Minhas preocupações se voltavam para como alcançar a vida mental desses analisandos, ou seja, qual estado de mente eu precisaria alcançar em mim para estar disponível para receber esses elementos não elaborados da mente dos meus analisandos? Em que tempo e em qual dimensão mental o analisando se apresentava ali comigo naquele momento? Estaria conversando com uma mente simbólica, primitiva ou primordial?

Fui percebendo que eu já não me encontrava nas “águas conhecidas” de como trabalhara até então, em que a busca por significados e representações era o objetivo principal de um trabalho analítico. Passei a me interessar cada vez mais pelo que as abordagens psicanalíticas contemporâneas vêm desenvolvendo, buscando novas ferramentas que me possibilitassem alcançar mais e mais essas áreas mentais primitivas, até então incessíveis.

Prosseguindo a partir da clínica

Na noite anterior à sessão que vou relatar, recebo uma ligação de vídeo no celular, que identifico como sendo de outro país. Fico confusa, atendo o telefone sem verificar melhor a origem e sofro um impacto com as imagens que vejo: eram cenas focando órgãos genitais copulando. Assusto-me e fico tomada por um grande mal-estar. Desligo rapidamente o celular e a ligação se repete. Eu bloqueio o número e constato ser uma ligação do Paquistão, o que me deixa ainda mais assustada, uma vez que não tenho nenhuma ligação com esse país.

A sessão

Chamo a paciente e a percebo com um ar transtornado, parecendo não estar ali.

Apenas observo sem dizer nada, e a pessoa, depois de um tempo, me diz estar muito assustada com certas decisões que estava tomando e que sentia como se tudo fosse se encaminhar para um desastre.

Percebo-a realmente angustiada. Aguardo sem dizer nada, mas ela continua falando de como está preocupada (ela se refere a mudanças e movimentos que sugerem uma busca por desenvolvimento, principalmente na profissão). Essa pessoa é uma empresária que vem crescendo e tendo muito sucesso nos seus negócios.

Resolvo dizer que se ela coloca em movimento planos e projetos desejados, isso também coloca em movimento uma sequência de fatos reais. Digo isso e me vejo tentando ficar no terreno do "conhecer", do pensamento e das compreensões verbais.

Percebo-me incomodada e resolvo tentar um *zoom* na experiência que estava ocorrendo ali entre nós e sinto-a apavorada. Digo-lhe que a percebo dessa maneira e que isso não teria a ver com os fatos que ela relatou, mas me parecia apavorada com as mudanças que vinham se anunciando nela.

Não sinto que minha fala surtiu algum efeito, percebendo-me em uma outra tentativa de compreensão e decido voltar-me para o que eu estaria sentindo ali.

Nesse momento, minha mente é invadida pelo pavor que havia sentido no dia anterior, quando atendi a ligação de vídeo à qual me referi e que me deixou perseguida, com fantasias sobre roubo de dados.

Nesse instante da sessão, toca o celular, que eu havia esquecido de desligar, o que completa o meu pavor, e "alucino" que seria uma ligação do banco avisando que minha conta fora roubada e que haviam levado todo meu dinheiro.

Sinto-me bastante perturbada com o que estava ocorrendo e me lembro de um sonho que tive na noite anterior, após o telefonema, no qual eu me sentia perdida, em um lugar desconhecido e escuro, e não conseguia me localizar quanto ao caminho que deveria tomar, vivendo uma experiência caótica.

Percebendo minha desorganização mental, penso que nos encontrávamos frente a dimensões mentais primitivas e procuro tolerar, permanecendo na experiência que estava ocorrendo ali.

Estávamos em silêncio havia um bom tempo quando ela fala que estava pensando em algo. Ela diz: "Você sabe que gosto muito de arqueologia, né? Ontem estava pesquisando na internet curiosidades e li sobre a tumba do primeiro imperador da China. Essa tumba foi uma descoberta recente, em que encontraram aquele exército de terracota que tinha a finalidade de proteger a tumba do imperador. O que me chamou a atenção foi o fato de os arqueólogos não poderem se aproximar do túmulo, porque a exploração poderia trazer o risco de danificar o que está soterrado; mas o mais importante seria o risco de que, ao entrar na tumba, os pesquisadores poderiam ser mortos".

Ela prossegue, contando: "Há relatos de que a tumba estaria cheia de armadilhas, flechas que disparariam se alguém se aproximasse, e também haveria um rio de mercúrio que teria a finalidade de impedir que saqueassem a tumba. Li que os arqueólogos precisarão aguardar que técnicas mais modernas possam ajudar na investigação sem riscos".

Quando ela diz isso, percebo que uma imagem assustadora emergiu das profundezas da sua mente. Nesse momento, digo-lhe que sentia que estávamos em contato com algo assustador, carregado de medos e perigos, como nas imagens que ela trazia.

Vem-me à mente a lembrança dos tempos da "Inquisição", em que o conhecimento era proibido e tido como privilégio de poucos. Comunico a ela o que estava pensando e lembro também dos mitos de Babel, expulsão do Paraíso, do encontro de Édipo com a Esfinge, nos quais o conhecimento era tido como uma ofensa aos deuses.

Nesse momento, percebo que o clima de terror que "pairava" entre nós evoluiu para um clima onírico e mais ameno. Penso que provavelmente termos podido tolerar na mente as emoções primitivas que transitavam na sessão possibilitou que isso viesse a ocorrer nessa direção.

Algumas elaborações a partir da experiência clínica relatada

Na experiência analítica, quando nos encontramos diante de aspectos mentais primitivos do analisando, temos que um dos princípios que nos norteia é que o que o analista passa a viver estaria relacionado ao que o analisando estaria vivendo.

Esse material que apresento aponta para experiências ocorrendo nesse campo, em que a mente da analista ficaria exposta às "comunicações" que estariam ocorrendo na sessão e que pertenceriam a uma dimensão mental não representada e não acessível de forma mais elaborada.

Passo a olhar a experiência relatada como ocorrendo em dois momentos na sessão:

Em um primeiro momento, deparo-me com um clima emocional de desorganização, percebendo a analisanda visivelmente transtornada.

Diante do que estava se apresentando, faço alguns movimentos para me aproximar do que estaria se passando com ela.

Ao perceber que meu intento não foi alcançado, procuro voltar-me para o que eu estaria sentindo, em uma tentativa de captar, a partir de minhas próprias emoções, o que poderia estar sendo comunicado pelo clima da sessão.

Nesse momento, sinto-me tomada de um sobressalto, como se tivesse sido "pega pelas costas", sentindo minha mente invadida por vivências de terror que me desorganizam. Tento suportar e permanecer na experiência, fazendo um pensamento de que algo assustador estaria se passando ali entre nós e que só foi possível chegar até mim dessa maneira.

No segundo momento, há uma mudança no clima emocional da sessão e passam a surgir na analisanda e em mim modelos e imagens (arqueologia e mitos) que foram dando uma forma e organizando a experiência em curso, mostrando que o trabalho analítico teria possibilitado um movimento mais próximo a elaborações.

Descrevo, a partir desses dois momentos, o caminho vivido por mim e por minha analisanda nessa experiência, e conjecturo que minha mente esteve disponível a receber os conteúdos mentais de dimensões primitivas minhas e dela, o que teria tornado possível alcançar essas elaborações.

No campo analítico, surge principalmente com Bion uma nova visão sobre a mente que não se restringe aos domínios do consciente/inconsciente, mas se aproxima de um campo infinito. A partir da sua teoria do pensar (1962), depois em *Transformações* (1965/2004) e *Atenção e interpretação* (1970) e em seus trabalhos tardios Evidência (1976/1985) e Cesura (1977), Bion passou a considerar a existência de uma "mente multidimensional", que abarcaria uma dimensão mental simbólica, mas também uma dimensão para além do que está organizado verbalmente e que não dispõe de elaboração simbólica, configurando um funcionamento mental em várias camadas: *simbólica* (área abordada por Freud), *primitiva* (as descrições de Klein sobre os estados mentais intensos e violentos) e *primordial* (descrita por Bion para falar de uma mente não nascida).

Essas ideias, desenvolvidas a partir do que Bion nos trouxe, apontam para uma mudança no sentido do desenvolvimento da psicanálise, em que o analista poderia operar tanto em uma dimensão do "conhecer" (formar representações) como do "ser", por meio de experiências mais diretas com a realidade psíquica.

A questão que passa a se apresentar diante dessas possibilidades que vêm sendo incorporadas ao trabalho analítico é se o analista poderia tolerar transitar nesses dois níveis mentais que, se olharmos pelo vértice da "cesura", seriam vivências transitando entre esses dois mundos.

Quando nos aproximamos de dimensões primitivas não elaboradas da mente, perdemos as referências e passamos a ter de nos haver com uma mudança de perspectiva, na qual deixamos de olhar na dimensão organizada (do pensamento) e passamos a olhar em uma dimensão não mentalizada e não integrada da mente.

Freud já pensava sobre isso, como aparece em uma de suas cartas a Lou Andreas-Salomé (1916/1975), na qual ele diz "sei que ao escrever tenho de cegar-me artificialmente a fim de focalizar a luz sobre um ponto escuro, renunciando à coesão, à harmonia, à retórica e a tudo o que a senhora chama de simbólico".

Essa forma de pensar acrescenta uma mudança de paradigma dentro da psicanálise, não invalidando ou substituindo as formas anteriores de praticá-la.

A consequência é que a forma de trabalhar do analista não seria mais a mesma, passando a ter como ferramenta principal a sua "intuição analiticamente treinada", em que um inconsciente se comunicaria com outro inconsciente, demandando do analista a disponibilidade para "gestar" elementos psíquicos ainda não nascidos para a vida mental do analisando.

Referências

Bion, W. R. (1970). *Atenção e interpretação.* (Trad. Paulo Cesar Sandler). Imago, 2004.

Bion, W. R. (1976). Evidência. *Rev. Bras. Psican.*, *19(1)*, pp. 129-41, 1985.

Bion, W. R. (1975 [1977]). Cesura. *Rev. Bras. Psican.*, *XV(2)*, 1981.

Bion, W. R. (1965). *Transformações: do aprendizado ao crescimento.* Imago, 2004.

Freud, S. (1923). O Ego e o Id. In S. Freud, *Edição Standard brasileira das obras psicológicas completas de Sigmund Freud* (Vol. 19). Imago, 1996.

Freud, S., & Andreas-Salomé, L. (1916/1975). *Freud-Lou Andreas-Salomé: correspondência completa* (D. Flacksman, Trad., Col. Psicologia Psicanalítica). Imago.

16. Eu com Isso: o arcaico do caráter e a clínica contemporânea[1]

Roosevelt Cassorla[2]

A etimologia da palavra *caráter* indica marcas, sulcos que se fixam na matéria. Impõe-se a hipótese de que existe uma parte inicial do caráter, irredutível, uma camada que não sofreria transformação. Esse caráter inicial seria o núcleo constante, a terra sobre a qual crescem as diversas culturas (neurose, psicose, perversão, somatizações e os próprios distúrbios do caráter). Acrescento: de onde se desenvolve e é atacada a vida de cada um. É a célula-base de um conglomerado constituído por derivados da pulsão, o resultado das sublimações e as defesas do tipo formação reativa, como Freud (1905/1969a) nos ensina nos *Três ensaios*. Mas não só isso, como veremos adiante.

O caráter se manifesta a partir da forma como a pessoa é. Observa-se em seus comportamentos espontâneos não pensados. Esse arcaico estaria aquém das neuroses de caráter e dos

---

[1] Versão resumida de trabalho apresentado em 2 de junho de 2023 no Pré-Congresso da Federação Brasileira de Psicanálise (FEBRAPSI) em Campinas (Sociedade Brasileira de Psicanálise de Campinas – SBCamp).

[2] Membro efetivo e didata da SBPCamp.

transtornos de personalidade. Esses fatos resultariam de organizações defensivas que, inevitavelmente, se articulam com ele.

Proponho considerar que o mais antigo desse palimpsesto, o suposto irredutível do caráter, vincula fatores constitucionais com as fantasias inconscientes dos pais em relação a seu bebê. Essas fantasias são, por sua vez, transformações de marcas das gerações anteriores e incluem experiências filogenéticas, registradas e não significadas. Refiro-me a aspectos transgeracionais que são transmitidos a partir de identificações das quais é impossível escapar. Registros que determinam o destino, para aquém e além de qualquer organização neurótica, psicótica e perversa, como se fosse um correlato psíquico da impressão digital humana com seu idioma particular, na analogia proposta por Bollas (2013).

Seria possível dar significado a certos aspectos desse destino. Existiria um certo grau de liberdade, associado a experiências emocionais subsequentes, que permitem modificá-lo, dando-lhe significado retroativo por meio do sonhar. Mas persistem comportamentos que se manifestam como repetição não pensada.

A proposta metapsicológica envolve a constituição da mente supostamente "normal", ainda que saibamos que pode ocorrer uma patologia intrínseca ao caráter, como nos mostraram Freud, Abraham, Reich, Fenichel e outros, que não serão abordados neste estudo. As ideias envolvem riscos ideológicos e técnicos. Entre estes: considerar não analisável algo que poderia ser sonhado por outro analista. Temos de lidar com essa possibilidade.

Sonia

Sonia me contou, durante meses, os detalhes de uma disputa com suas irmãs em relação a uma herança deixada pelo pai. Não demonstrava raiva ou ódio e acreditava que cada irmã estava lutando pelo que achava certo. Minha impressão era que ela buscava observar os fatos a distância para evitar entrar em contato com seus sentimentos.

Sua capacidade de sonhar e pensar parecia desenvolver-se, mas não me sentia satisfeito com o trabalho analítico. Parecia que algo importante me escapava. Em determinados momentos, incomodava-me a concordância fácil de Sonia com minhas intervenções, sem que se ampliasse sua capacidade de pensar. Quando passou a insistir que estava "muito melhor", eu não conseguia imaginar como isso havia acontecido. Sabia que deveria continuar observando o campo analítico.

Certo dia, encerro a sessão anterior à de Sonia e sei que ela não chegou, porque certa luz em minha sala de atendimento – que indica a chegada de alguém – não se acendeu. Mesmo assim, fui até a sala de espera e ela não estava lá. Volto para minha sala e deixo a porta aberta. Passam-se dez minutos e me sinto incomodado. Trata-se de uma experiência emocional, ainda não-sonho tentando ser sonhado – quem não está lá está dentro de mim buscando significado. Passam-se quinze minutos e sem pensar retorno à sala de espera. Encontro Sonia, em pé, como se sem saber o que fazer. Escapa-me a frase: "Você está aí?". Não tenho certeza se ela ouviu. Pensei: "O que ela está fazendo aí? Por que não entrou na sala?".

Convido Sonia a entrar. Ela se deita e fica em silêncio. Sinto-me constrangido. Pergunto-lhe se chegou agora. Diz que chegou havia dez minutos. Viu a porta aberta, mas não sabia se podia entrar. Digo-lhe que a porta está aberta para ela. Sonia responde que não entrou porque imaginou que poderia incomodar, ser um estorvo. (Soube-se, depois, que o paciente anterior havia deixado a porta de entrada aberta, o que impediu o acionamento da luz.) Continuo ouvindo. Sonia conta que quando me viu teve certeza de que ali não era seu lugar, que eu não a estava esperando, que não era seu horário.

Nesse momento, e depois, dei-me conta de fatos que havia observado, desde a entrevista inicial, aos quais não dera importância. Sonia se apresentava como uma pessoa elegante e discreta. Sua gestualidade era cuidadosa e delicada. Suas vestes e maquiagem refletiam essas características. Seu sorriso e sua voz eram agradáveis. Uma pessoa educada e simpática. Alguém com quem a gente se sente civilizado, uma *lady*. Frente a ela, o lado cavalheiro do analista fora reforçado. Quando ele abria a porta, Sonia esperava na soleira e o olhava. O analista a convidava a entrar com um gesto acolhedor. Ela agradecia com um sorriso e entrava cuidadosamente. O analista esperava até que ela desse os cinco passos que a separavam do divã. Ela parava e se virava para o analista. Este, cavalheirescamente, a convidava a deitar-se. Ela sorria e se deitava delicadamente. Em seguida o analista se sentava atrás do divã.

Posteriormente, percebeu-se que *lady* Sonia e seu analista-cavalheiro estavam envolvidos em um conluio dual de idealização mútua. O caráter de Sonia se manifestava como simpatia, delicadeza, educação, eficiência. Essas características induziam o analista a comportar-se de forma complementar.

O episódio descrito desfez o conluio dual entre paciente e analista. Agora, Sonia se apresenta como alguém diminuído, um estorvo, incapaz de estimular admiração e amor. Uma Gata Borralheira. Estamos frente a um sofrer sem sentido, que – escondido – é repetido e repetido, mas mascarado por defesas (delicadeza, educação) que também se repetem. Sonia não pode sonhar esses aspectos. Ela mal tem consciência de seu comportamento. O analista, por sua vez, transformou seu cavalheirismo em irritação e talvez em falta de educação.

Considerei, anteriormente, *caráter* como algo tão natural que a pessoa não se dá conta de sua existência. Não temos como saber o quanto estamos próximos do irredutível do caráter proposto.

É possível que não estejamos muito longe, mas será importante continuar a observação.

Retomemos o não-sonho traumático. Caminhemos do intrapsíquico para o intersubjetivo. Podemos imaginar a *lady* caindo sobre a Gata Borralheira e a esmagando, ou o contrário? Ela caindo sobre o analista e esmagando sua capacidade de percepção? Ela, na sala de espera, esmagando sua potência? Ela, na sala de espera, sendo esmagada pela ausência do analista? Ambos esmagados em sua capacidade de sonhar durante o conluio de idealização mútua? Tudo ao mesmo tempo? Em outras palavras, o não-sonho traumático já vinha sendo colocado, ao vivo, no campo analítico, refletindo tanto os traumas como as defesas contra eles. Penso que esse não-sonho se constitui em uma tentativa fracassada de conseguir carona rumo a uma área simbólica. Essa tentativa/pesadelo também existe desde sempre?

Podemos supor que o conluio dual manifesta a impossibilidade de viver na realidade triangular. O conluio é desfeito a partir das cenas: 1) Sonia não entra na sala de análise (depois veríamos que ela queria ser buscada); 2) O analista, preocupado, vai buscá-la; 3) Surpreende-se – "Você está aí?"; 4) O analista se sente constrangido; 5) Sonia manifesta sua desvalorização. A idealização mútua termina. O conluio poderia ser facilmente retomado: bastaria que Sonia e o analista se desculpassem e o idílio continuaria.

Por outro lado, está tudo pronto para que o conluio de idealização mútua se transforme em um conluio de ressentimento mútuo, com cobranças e culpas pelos desencontros. Em outros trabalhos (Cassorla, 2008, 2012) mostrei que, em situações desse tipo, ocorre uma oscilação entre aspectos "pele fina" (idealização mútua) e "pele grossa" (cobranças mútuas). Em ambas as situações a relação dual continuaria.

É importante considerar que a percepção dos conluios duais descritos somente ocorre *a posteriori*, ou *après-coup* (*Nachträglichkeit*), isto é, depois que o conluio dual é desfeito. A continuação da transformação em sonho será fator da capacidade da dupla, em particular da arte do analista.

Retomando a questão do caráter

No material clínico, referi-me ao comportamento *lady* de Sonia como manifestação de seu caráter. Como vimos, estamos frente a uma forma de estruturação do psiquismo que determina a "forma de ser" da pessoa, para aquém de sintomas ou comportamentos que refletem transtornos do caráter ou da personalidade. Por se tratar de algo egossintônico – isto é, uma estruturação do Eu que se mantém em equilíbrio razoável com as demais instâncias –, passa despercebida tanto pelo indivíduo como pelo objeto. Ambos consideram que se manifesta o natural do indivíduo.

Quando essa estruturação é estável, utilizamos o termo "pessoa de caráter", para quem se apresenta em forma coerente e verdadeira. Usamos também o termo "pessoa íntegra", isto é, inteira, que se contrapõe ao "mau caráter", o "sem caráter". O termo "filho da puta" revela a intuição popular sobre voracidade invejosa e a falta de função estruturante paterna. Em situações de evidente falso *self*, manifesta-se a artificialidade da formação reativa.

Como veremos adiante, as primeiras identificações (que constituem o caráter inicial) seguem o modelo canibalístico – "sou aquilo que ingiro". Podemos ampliar a ideia considerando a fantasia de entrar dentro do objeto, isto é, "como e sou comido", tornando-me igual ao objeto inicial. Os primórdios da mente do bebê decorreriam desse tipo de identificação, com todas as instâncias do aparelho mental do objeto. O modelo do *imprinting*, da etologia, se torna produtivo (Andrade, 1993).

Uma definição de caráter se encontra nos *Três ensaios* (Freud, 1905/1969a):

> *O que chamamos "caráter" de um indivíduo é, em boa parte, construído com o material de excitações sexuais, e se compõe de instintos fixados desde a infância, de construções adquiridas através de sublimação e daquelas destinadas a refrear eficazmente impulsos perversos reconhecidos como inutilizáveis. (p. 246)*

A "normalidade" do caráter ou seu transtorno dependerá da percepção interna e/ou do ambiente. Freud também usa o termo "sadio": "...atividade sexual infantil (...) todos os seus detalhes deixam as impressões mais profundas (inconscientes) na memória do paciente, determinam o desenvolvimento de seu caráter no caso que ele se mantenha *sadio*, e a sintomatologia de sua neurose no caso que ele adoeça após a puberdade" (Freud, 1905/1969a, p. 194, grifo nosso).

Nos trabalhos freudianos anteriores à segunda tópica, caráter é definido a partir da transformação das pulsões em traços caracterológicos,

> *ora sem maior deformação em seu objeto e finalidade (como a gula em sequência à avidez oral do bebê), outros como sublimação por substituição de sua fonte objeto e finalidade primitivos por outros mais evoluídos (gula por fome de saber) e outros como formação reativa (como a limpeza contra o desejo de sujar). (Baranger, 1956, p. 2)*

São clássicas as descrições de traços de caráter associados às fases libidinais (Abraham, 1965) que não abordaremos neste texto.

Com o advento da segunda tópica, perde-se a primazia das pulsões para a abordagem dos mecanismos defensivos utilizados pelo Eu:

> *esses mecanismos não são abandonados após terem assistido o ego durante os anos difíceis de seu desenvolvimento... estes se fixam em seu ego. Tornam-se modalidades regulares de reação de seu caráter, as quais são repetidas durante toda a vida, sempre que ocorre uma situação semelhante à original. (Freud, 1937/1969d, p. 270)*

Em "O Eu e o Isso", Freud (1923/2011) introduz a ideia de um inconsciente não reprimido. "Uma parte do Eu – e sabe Deus quão importante é ela – pode ser ics" (p. 22). Aqui se encontra o caráter acompanhando outros fatos que "só Deus sabe". A referência divina nos abre para a ideia de infinito, um desconhecido sendo criado e impossível de ser atingido.

Nesse texto, utilizando o modelo da melancolia, Freud propõe que o caráter do Eu é um precipitado dos investimentos objetais abandonados que contêm a história dessas escolhas de objeto. Como vimos, na primitiva fase oral, o investimento objetal se confunde com identificação. Os povos primitivos adquirem as características do animal incorporado como alimento que persistem no caráter de quem o devora. Essa é a origem da refeição totêmica, especulação que indica a assunção do caráter do pai morto. Dessa forma, o caráter vai sendo formado antes do abandono do objeto, "a mudança do caráter poderia sobreviver à relação objetal e, num certo sentido, conservá-la" (Freud, 1923/2011, p. 37).

As identificações com objetos idealizados – incluindo o pai da pré-história pessoal – também serão diretas, imediatas. Entra em jogo a filogênese, a herança arcaica do indivíduo, especulada em *Totem e tabu*, resultando nas limitações éticas do complexo de Édipo e na superação da rivalidade entre os irmãos e semelhantes. As identificações com os pais complementam essa identificação primária, assim como outras identificações posteriores.

Lembremos que o Supereu não é apenas um resíduo das primeiras escolhas objetais, pois também é uma formação reativa a elas. Além de "ser igual ao pai", há proibições, aspectos que só pertencem a ele. Nesse assoalho também se assentarão as características da cultura.

Freud (1923/2011) retoma a questão da hereditariedade:

> *As vivências do Eu parecem inicialmente perdidas para a herança, mas quando se repetem com frequência e força suficientes, em muitos indivíduos que se sucedem por gerações, elas como que se transformam em vivencias do Id, experiências cujas impressões são mantidas hereditariamente. Assim o Id hereditário alberga resíduos de incontáveis existências de Eu, e, quando o Eu cria o Supereu a partir do Id, talvez faça aparecer de novo anteriores formas de Eu, proporcione-lhes uma ressurreição. (p. 48)*

Sabemos que Freud tem sido criticado por essa suposta visão lamarckiana. No entanto, as recentes descobertas sobre a epigênese (herança de caracteres adquiridos durante a vida) se coadunam com suas hipóteses. Aqui, portanto, entram em jogo características adquiridas por meio de vivências ambientais subsequentes que se insertam nos aspectos transgeracionais.

Lembremos que, ao abandonar o objeto, a libido objetal se transforma em libido narcísica, dessexualizada, que será a base das sublimações. Nesse momento, já identificamos aspectos importantes do caráter: identificações iniciais, formações reativas e sublimações, às quais agora devemos acrescentar outros mecanismos de defesa do Eu.

Green (2008) propõe que nos voltemos para o caráter como modelo clínico de base.

> *Trata-se do efeito combinado de diferentes partes do aparelho psíquico. A referência às pulsões remete ao Id, destacando a "parcialidade" das fixações pulsionais. O envolvimento do Ego está presente na tendência à unificação e na orientação em direção à sublimação. Com relação ao Superego seu impacto é duplo: num nível mais elementar pelas referências às formações reativas, num nível mais geral para o apoio sobre o papel dos mecanismos de identificação e, nesse último caso, da identificação do Superego dos pais. Assim, a partir de uma noção simples, toda a complexidade e heterogeneidade do aparelho psíquico se apresenta nesses processos, revelando aquilo que aparece como uma marca da individualidade. Evidentemente restaria ainda considerar o papel desempenhado pela ideologia de uma certa cultura – o Superego cultural – no encorajamento ou reprovação de certos traços de caráter. (pp. 181-182)*

Sonia, novamente

Retomemos a situação clínica durante o conluio dual de gentilezas entre os membros da dupla analítica. Trata-se de uma espécie de teatro mímico repetitivo e estático. Lembra rituais e sonhos traumáticos, com a diferença de que não existe ansiedade manifesta. Curioso é que o analista não se dá conta suficiente do ritual, ainda que participe dele. Têm sido nomeados *não-sonhos-a-dois* ou *enactments crônicos* (Cassorla, 2001, 2016). No entanto, enquanto estavam ocorrendo, o analista acreditava que estava sonhando. Essa estupidez (Cassorla, 2013), fruto do recrutamento massivo por identificações projetivas, não permite que o analista perceba que se trata de *falsos sonhos* (Cassorla, 2008).

A categoria não-sonho inclui o *Agieren* freudiano (Freud, 1914/1969b), quando o paciente coloca em comportamento aquilo que não consegue simbolizar por meio de palavras, porque foi registrado na mente antes que a simbolização verbal fosse possível. Remete também às ideias de Klein (1957/1991) sobre memórias em sentimento (*memory in feelings*) – que podemos ampliar para memórias em comportamento. Quando o analista é recrutado a participar desses comportamentos, sem ter consciência do fato, estamos frente aos enactments crônicos que serão percebidos *Nachträglichkeit* ou *après-coup* (*a posteriori*) de seu desfazimento (enactment agudo).

O desfazimento do *enactment* crônico – que se inicia quando Sonia não entra na sala e culmina ao sentir-se Gata Borralheira – é chamado enactment agudo. Paciente e analista são, agora, pessoas separadas. Essa discriminação – a entrada na triangularidade – é traumática e envolve descargas, não-sonhos sendo sonhados e sonhos revertendo para não-sonhos. Se a realidade triangular não for suportada, ocorrerá reversão para *enactment* crônico, isto é, sonhos se transformarão em não-sonhos. Eventualmente, o *enactment* crônico se revelará como na oscilação descrita: idealização transformando-se em violência persecutória, e vice-versa.

Após os *enactments* agudos, a capacidade analítica é retomada e os episódios são significados. Mantida a relação triangular, a dupla analítica entra em contato com outros fatos traumáticos consequentes à discriminação *self*/objeto. A transformação dessas áreas de repetição em sonho amplia a rede simbólica. A significação traz lembranças que, por sua vez, são ressignificadas. Ao mesmo tempo, construções (Freud, 1937/1969d) refazem áreas em que não existem lembranças.

Estamos diante de transformações em que as duas tópicas – sonho e ato – se interpenetram. O analista contemporâneo se sente desafiado a desenvolver teorias sobre esses fatos clínicos. Possivelmente, estamos frente a emanações do futuro.

Este trabalho utilizou o modelo do caráter como auxiliar na compreensão dos fatos estudados. Não é possível supor que tudo aquilo não representado, em sua infinitude, se reflita no caráter, mas não podemos deixar de considerar que uma parte se manifesta dessa forma. Aquilo que se imagina conhecer nos conduz para um maior desconhecido.

Quando a análise terminou, Sonia continuava uma *lady*: simpática e gentil, alguém com quem a gente se sente civilizado. Sonia se mostrava capaz de lidar com sofrimento e frustrações, podendo dar significado a perseguições e depressões. Mesmo quando o sonhar era difícil e Sonia se desesperava, os ataques ao analista mantinham um cuidado amoroso. Isto é, os fatos caracterológicos também envolviam potencialidades de reparação significativa. Se faziam parte das marcas iniciais, também se desenvolveram a partir de relações intersubjetivas íntimas. Elas estavam lá, invisíveis e inaudíveis, e passaram a estar aqui quando simbolizadas.

A validação externa das hipóteses levantadas surgiu quando Sonia reencontrou uma antiga amiga que, após várias semanas de contato íntimo, lhe disse: "Você está bem diferente, mas continua a mesma".[3]

---

[3] Por se tratar de um resumo, este texto não abordou outros aspectos da psicanálise contemporânea e da discussão clínica.

Referências

Abraham, K. (1927). *Teoria psicanalítica da libido.* Imago, 1965.

Andrade, V. M. (1993). *Psicanálise de amplo espectro*. Imago.

Baranger, W. (1956). Breve resumen acerca del concepto de carácter en la obra de Freud. *Revista Uruguaya de Psicoanálisis (in linea) 1*(3), 1-4.

Bollas, C. (2013). *O momento freudiano*. Roca.

Cassorla, R. M. S. (2001). Acute enactment as resource in disclosing a collusion between the analytical dyad. *International Journal of Psychoanalysis, 82*, 1155-1170.

Cassorla, R. M. S. (2008). The analyst's implicit alpha-function, trauma and enactment in the analysis of borderline patients. *International Journal of Psychoanalysis, 89*, 161-180.

Cassorla, R. M. S. (2012). What happens before and after acute enactment? An exercise in clinical validation and broadening of hypothesis. *International Journal of Psychoanalysis, 93*, 53-89.

Cassorla, R. M. S. (2013). When the analyst becomes stupid. An attempt to understand enactment using Bion's theory of thinking. *Psychoanalytic Quarterly, 82*, 323-360.

Cassorla, R. M. S. (2016). *O psicanalista, o teatro dos sonhos e a clínica do enactment*. Blucher.

Freud, S. (1905/1969a). Três ensaios sobre a teoria da sexualidade. In S. Freud, *Edição Standard Brasileira* (Vol. 7, pp. 123-278). Imago.

Freud, S. (1914/1969b). Recordar, repetir e elaborar. In S. Freud, *Edição Standard Brasileira* (Vol. 12, pp. 191-203). Imago.

Freud S. (1937/1969c). Análise terminável e interminável. In S. Freud, *Edição Standard Brasileira* (Vol. 23, pp. 239-287). Imago.

Freud, S. (1937/1969d). Construções em análise. In S. Freud, *Edição Standard Brasileira* (Vol. 23, pp. 289-304). Imago.

Freud, S. (1950/1969e). Extratos dos documentos dirigidos a Fliess. In S. Freud, *Edição Standard Brasileira* (Vol. 1, pp. 241-378). Imago.

Freud, S. (1923/2011). O eu e o id. In S. Freud. *Obras Completas* (Vol. 16, pp. 13-74). Companhia das Letras.

Green, A. (2008). *Orientações para uma psicanálise contemporânea.* Imago.

Klein, M. (1957/1991). Inveja e gratidão. In M. Klein, *Inveja e gratidão e outros trabalhos- Obras Completas* (pp. 205-267). Imago.

17. Entre o Eu, o Isso e a cultura

Daniel Delouya[1]

Quando retomamos o tema do Eu em Freud, desde o *Projeto de uma psicologia* (1895/1995), passando pelos seus ensaios, *Os dois princípios do funcionamento psíquico, Introdução ao narcisismo, A psicologia das massas e análise do Eu* até "O Eu e Isso"[2], a definição do Eu permanece constante: o Eu é *uma organização* para julgar e regula a ação a se tomar em relação à realidade. Porém, algo se altera quanto à origem do Eu e seu destino, ambos relacionados à concepção da cultura. O grande texto sobre o Eu que antecede "O Eu e Isso" (1923/2011) é o *Projeto*, e nele não faltam o Isso, tampouco as identificações e as pulsões de vida e morte, e mesmo uma das fontes do Supereu, embora não nomeados e conceituados como tais. Se o *Projeto* e "O Eu e Isso" são convocados para o diálogo, é porque os dois primam pelo eixo econômico, mas não só; a cultura é, também, visada nos dois, mas de modos bem diferentes, senão antagônicos. No *Projeto*, assim como em "O Eu e o Isso", o sujeito se constitui e se constrói enquanto *ser no mundo e com os outros*; entretanto, no *Projeto* a cultura colabora, é amigável; em "O Eu e o Isso", assistimos a um começo de uma reversão: a cultura ameaça

[1] Psicanalista, membro efetivo com funções didáticas pela Sociedade Brasileira de Psicanálise de São Paulo (SBPSP).

[2] Vou usar a palavra *Isso* ao invés de Id utilizada pelo tradutor da obra de Freud.

destruir esse projeto e o plano do sujeito.

Tudo começa com o *Isso,* de si e do mundo, nenhuma distinção possível nesse estágio entre os dois. O Isso gera desamparo e Freud acrescenta, em 1895, *hostilidade*, primeiro objeto. O que não fica claro, já que se há hostilidade deve haver um recinto dos bens do qual o sujeito foi deposto. Isso vai se esclarecer sobretudo em 1924[3]. Seja como for, estamos no regime da *idealidade primária*, do mau e do bom objetos, tão bem e genialmente delineados pela nossa feiticeira Melanie Klein. Para o Freud de 1895, a hostilidade é a projeção da dor e do desespero hipocondríacos – angústia automática e real, devendo-se às incitações internas e externas, identificadas como maldade do outro/mundo, identificação projetiva. Essa é a fonte biológica do Supereu de 1923. No *Projeto*, distinguem-se moções de descarga dos estímulos e uma tendência contrária de fuga e retração da dor que causam, silhuetas das respectivas e futuras pulsões de vida e de morte. A construção do Eu se inicia pelo adulto; ele é comovido pela regressão ao seu próprio desamparo da infância, e a compaixão, que é a "fonte de todos motivos morais", o faz conceder um lugar no mundo a esse ser dos inícios, o reconhece e nele se reconhece. Esse acolhimento, concessão plena de direito de existência no mundo (Bion, 1963/2005), se junta a outra função no adulto, a da condução, da provisão do tempo, de morada. O adulto, também pela via regressiva à sua própria infância, nomeia os movimentos do bebê, lhe provê imagens, *notícias de si*, diz Freud em 1895, e assim o insere entre os outros, pois esse código de nomeação transforma a excitação em contenção e configura um convite ao regime das trocas, do brincar do mundo humano. A hostilidade se transforma aos poucos em amizade (Freud, 1895/1995). Como é possível? Na linguagem de 1905 (Freud, 1905/2016), a ternura do adulto seduz, sintonizando com a via excitatória da vida no bebê, e que contém a última, graças à moção de retração, em

[3] Freud S. (1924). *O problema econômico do masoquismo*.

formas pelo código da linguagem. A transformação em corpo aqui ocorre em vários níveis: de um lado, ocorre desvio das urgências vitais para o surgir das pulsões; por outro lado, há apropriação das sementes das referências autoeróticas, assim como de precipitados delas em traços mnêmicos. A linguagem transforma *a compulsão*, entre excitação e fuga, ao conter, via ternura, o mundo humano e suas formas em tempo, em morada de prazer. É somente em 1920 que Freud percebe que o prazer é posterior, ele é cria da linguagem que se insere na compulsão entre estímulo e retração para abrigar o prazer originário da linguagem, do estar com os outros.[4]

Nesse desenho, não temos ainda um Eu, já que o trabalho do objeto se faz em uma região indiferenciada, resultando apenas no estofo do Eu, e não em sua organização e separação. No *Projeto*, a costura do tempo humano a partir de estímulos internos e sensórios se acumula, dando nascimento a um corpo com uma malha de representações e afetos que ramifica progressivamente sua rede mnêmica. Podemos dividir a criação desse universo em duas espécies: de um lado, as vivências de satisfação, e, de outro, as vivências de dor. Elas são concomitantes e contíguas, porém as de dores são proeminentes e se geram em consequência da fuga e da desconfiança primária, isto é, a moção retrativa sobrepõe-se, a *dor é o maior educador*, diz Freud, e é, portanto, *a chave* (Freud, 1895/1995) para a demarcação do Eu. Os estados de satisfação desenham desejo e as vivências de dores, os afetos como alertas. Essas, as alertas, seguram, por meio do desapontamento e frustração, a via alucinatória da atuação de realização do desejo; propiciam, assim, contenção que permite julgar se a realidade oferece as condições para apostar em uma ação. Essa função de pensar, realizada por essa *experiência emocional* entre amor e medo/ódio, permite organização do Eu e sua demarcação progressiva do outro. Já que o acúmulo da experiência cria, economicamente, uma

[4] Falta aqui um elo que vou trazer adiante.

reserva energética (em função da moção de retração) constituindo um *portador de armazenamento*, Eu, esse suspende a ação para comparar e julgar, a partir da percepção, se a realidade é propícia de uma fé, da crença em alcançar os bens do mundo, visados nos moldes das memórias de satisfação.

Em 1914, Freud acrescenta um outro eixo estruturante para a constituição do Eu. O adulto investe a criança como ideal, projeta nela a criança imaginária que o adulto fora enquanto bebê aos olhos de seus próprios pais para poupá-la das desilusões, decepções e frustrações que ele viria a sofrer no decorrer de sua vida. Esse amor narcísico dos pais, que se matiza na famosa fórmula *de um dar aquilo que não se tem* e que jamais poderia obter, constitui, no texto sobre o narcisismo, a *ação psíquica* que demarca as fronteiras do Eu. A assunção dessa projeção no bebê o faz englobar os cuidados maternos em sua onipotência como um *eu prazer purificado* (Freud, 1915a/2010), versão primeira de sua majestade, o bebê (Freud, 1914/2010).

O breve desenho da construção do Eu apresentado nos possibilita ver que a vivência junto ao objeto derivou pulsões que buscam a realização. São investimentos sexuais, e, por outro lado, a moção de retração inibe essa finalidade. Ela constitui a negativa, a defesa criada junto aos objetos, que cumpre os destinos da pulsão em recalque, inibição dos fins, a dessexualização, as formações reativas, a volta sobre si, a reversão afetiva, a identificação, a sublimação etc. São as molas ou os vetores de inserção na cultura em que operam os valores e códigos do Édipo. Não obstante, Freud preconiza, a partir da clínica, que é necessário precisar melhor a relação entre a gradação estrutural do Eu com a economia pulsional. Se a origem está no Isso, economia pura, qual seria o molde do corpo do Eu? Como ele nasce? A resposta não surpreende, mas seu raciocínio nos espanta. Sim, afirma Freud, o Isso é caldeirão em rebuliço, acrescido aos ataques vindos de fora, porém no fundo do caldeirão existe uma figura herdada, um molde do pai da história que faz o bebê identificar no adulto "o grande": é *uma identificação sem investimento*. E como se ajusta o vislumbre do "grande" com o rebuliço do caldeirão? Freud volta a precisar a fonte da hostilidade primária. Pergunta: qual é o ponto de partida da vida? Em um texto contemporâneo a "O Eu e o Isso", sobre o masoquismo, Freud (1924/2011) parte da ideia de um *estado* primário de *gozo de quietude*, nirvana, cujo caldo se entorna, ao nascer, pelas necessidades e/ou estímulos externos, revelando, *après-coup*, o enlace entre a moção excitatória e outra, de retraimento, das respectivas futuras pulsões de vida e morte. Chamo a atenção ao fato de que Freud junta aqui um estado de gozo de quietude, portanto consciente/pré-consciente/inconsciente (Freud, 1940/2018) ao arranjo dinâmico e econômico cuja deturpação pela vida efetua disjunção progressiva que se traduz em angústia hipocondríaca, automática e real. Freud se desfaz da necessidade de supor um eu nuclear ou primordial, limitando-se a um estado aberto, espécie de amorfia originária, de não integração, encontrada mais tarde em Winnicott (1971/2005). Digo aberto porque o enlace dessas moções configura, em sua disjunção basal, uma passividade originária, masoquismo primário porque disponível ao trabalho de sedução, *erotização e ligação* por parte do objeto. A passivação se deve, certamente, a um certo predomínio da moção retrativa da pulsão de morte. Não obstante, esse arranjo pulsional seria a fonte não só do masoquismo primário, mas também constituiria a base da ambivalência afetiva e da bissexualidade originárias.

Na origem do Eu teríamos, pois, *a idealidade* oriunda do desamparo, de um ser arrancado do estado mítico de nirvana, compensado pela *garantia especular* do amor narcísico dos pais, em que a identificação primária ao "grande", ao pai da história, assegura a inserção no mundo com os outros, a salvo do desamparo e com a possível restauração da paz dos inícios míticos da vida.

Essa idealidade é uma dimensão *inconsciente e não recalcada* do Eu em construção; convoca a coragem do sujeito de se embrenhar nas propostas do objeto, de se engajar no projeto de um Eu para se tornar propício às demandas da cultura e nela se integrar. Veremos que é uma odisseia, uma travessia. O novo quadro que Freud propõe mostra que o estado de nirvana configura o gozo, fonte de transformação em prazer pela linguagem oferecida pelo adulto enquanto resposta à compulsão gerada entre excitação e fuga, desesperançosa busca por reencontrar a paz dos inícios. De outro lado, o binômio pulsional de inversão vetorial entre excitação e retração seria a mola de energia narcísica, fundindo, no início, investimento e identificação, sexualização e dessexualização, constituindo o cemitério do Eu, de investimentos abandonados, sepulturas de mortos convocados à vida em cada instante da vigília. Mas, na medida que o Eu passa a se diferenciar dos outros, com a conclusão do projeto conduzido pelo ideal, a passividade originária, o masoquismo erógeno se transforma, com a separação dos corpos e o complexo de castração que o abriga, em masoquismo feminino. No começo dessa passagem, estamos ainda sob os auspícios do amor dos adultos, que nos educam; educação das pulsões pela garantia condicional do amor, com a compensação do gozo da sexualidade infantil e do brincar. Assim, atravessa-se a conversão parcial da angústia automática do desamparo em angústia de separação, e desta para a angústia da perda de amor, em função dos terceiros, que logo desemboca na angústia de castração. É onde se configura a separação dos corpos, matizada pela consolidação do masoquismo feminino. A castração assinala certo fim de caminho, pois a garantia amorosa se desloca, então, para os ideais da cultura, e o caldeirão, dessa vez, é a penosa latência das trocas horizontais, em que o passivo-ativo do masoquismo feminino tem como guia e condição amorosa os ideais da cultura. Essa seria a despedida definitiva das guardas dos adultos, o mundo fica mais difícil ainda. O sujeito seria exposto à radiação dos ditames da cultura, e surge a questão: o que estes causam ao binômio pulsional? Aqui, Freud aponta a quinta e a sexta visitas da angústia como angústia social e angústia do Supereu, e o pior está ainda por vir (Freud, 1926/2014), pois é impossível se tornar propício à cultura, com suas exigências sucessivas e infindáveis. As demandas da cultura convocam a negativa, retração, contenção e sublimação, que significam o aumento da disjunção do binômio pulsional. Este libera, portanto, uma energia não ligada, agressividade que, em parte, pode se projetar e se dispor ao sadismo do sexo, do esporte, do trabalho. *Em parte*, pois o resto não se dispõe à ligação pelo amor. Ao contrário, desde 1908, Freud aponta a moral sexual civilizada e a depreciação progressiva da vida amorosa (1912/2013), pois a disjunção das pulsões no cerne de nosso repertório de memórias e vivências, de nossa linguagem, libera energia que precisa se voltar aos projetos dos ideais para sobreviver. Ou seja, em vez dos laços amorosos e do brincar para onde nascemos, devemos nos desviar para a assunção (masoquismo moral) de uma solitária agenda de desempenhos civilizatórios, em uma aceleração vertiginosa de capacitação técnica e de sua execução que hipertrofiam nossa solidão e nosso narcisismo com suas vestes cruéis e agressivas da vida pós-moderna. O Eu encontra-se, então, cada vez mais sob a ameaça de desmantelamento, apesar das compensações da cultura com suas facilitações tecnológicas, consumo, longevidade, diversão etc., além de aceitar incluir a diversidade de sexualidades, de novas formas de família e parentalidade. Os ideais cada vez mais exigentes geram *o sentimento de culpa inconsciente*, mal-estar, masoquismo moral (Freud, 1930/2010). Como se o Eu proclamasse: "encontro-me aquém das expectativas, dos ideais... vou tentar sobreviver". A culpa inconsciente em relação aos ideais é consequência da disjunção do binômio pulsional que se exaspera, então, em inventar gambiarras: ressexualiza o masoquismo, como se dizendo "estou frágil", demando salvação e, portanto, recorre às religiões pentecostais e outras, às seculares, ao fanatismo político, assim como às da moda e do consumo, ou à depressão e ao *burnout* para segurar, evitar o desmonte do Eu que fica invadido pelas piores angústias, as das moiras, do destino. Outras formas de se tentar suturar a disjunção do binômio pulsional que sustenta as redes do tecido do Eu é, segundo Freud, a narcotização, o entorpecimento que visa restaurar o nirvana, o gozo originário da quietude. Uma derrapagem do Eu onde as superfícies do corpo e sua motricidade ameaçam se dissolver, desesperarem-se em restaurar o corpo pelo enactment, na atuação dos cortes e dos masoquismos corporais, ao mesmo tempo que estes são suscetíveis a regredir às insuficiências de suas construções originárias com os objetos de origem. Ou seja, surge a exposição às eclosões psicossomáticas e hipocondríacas, e seus espelhos, duplos na cultura, que atendem à frenética busca pelos auxílios da saúde, reformas e puxadinhos para a saúde e a beleza do corpo etc. A cultura oferece todas essas falsas e aliviantes saídas. A pior de todas é aquela ditada, em nosso programa sociopolítico de neoliberalismo global, pelo capitalismo de vigilância, cuja sede no Vale do Silício fornece cálculos de algoritmos para nos narcotizar na navegação nas redes pela busca onipotente e mágica por tudo de que procuramos, reduzindo, cada vez mais, os limites do espaço e do tempo. Enquanto o ideal não para de exigir, ele nos acalma e nos faz gozar com as representações-metas do Eu, isto é, nos torna adaptáveis, afastando-nos dos laços sociais e do amor.

Haveria uma maneira de se livrar desse ideal? Segundo Lacan, sim, em um *de-ser*, ou seja, deixar de se subjetivar de acordo com o regime do ideal e criar, em vez disso, novos investimentos, novos amores. Talvez, na análise, e/ou nas artes que recuperam a alma, como na poesia, na música, na literatura, na pintura, na escultura e, também, no engajamento político, que nos preserva das tragédias violentas dos ideais e nos insere nas lutas pelo laço social e pelo amor à humanidade.

Referências

Bion, W. R. (1963). *Elements of psychoanalysis*. Karnac, 2005.

Freud, S. (1895). *Projeto de uma psicologia*. Imago, 1995.

Freud, S. (1905). Três ensaios sobre a teoria da sexualidade In S. Freud, *Obras Completas* Vol.6, pp. 13-172. Companhia das Letras, 2016.

Freud, S. (1908). A moral sexual "cultural" e o nervosismo moderno. In S. Freud, *Obras completas* (P. C. de Souza, Trad., Vol. 8, pp. 359-389). Companhia das Letras, 2015.

Freud, S. (1912). Sobre a mais comum depreciação na vida amorosa. In S. Freud, *Obras completas* (P. C. de Souza, Trad., Vol. 9, pp. 347-363). Companhia das Letras, 2013.

Freud, S. (1914). Introdução ao narcisismo. In S. Freud, *Obras completas* (P. C. de Souza, Trad., Vol. 12, pp. 13-50). Companhia das Letras, 2010.

Freud, S. (1915a). Os instintos e seus destinos. In S. Freud, *Obras completas* (P. C. de Souza, Trad., Vol. 9, pp. 51-81). Companhia das Letras, 2010.

Freud, S. (1915b). Luto e melancolia. In S. Freud, *Obras completas* (P. C. de Souza, Trad., Vol. 12, pp. 170-194). Companhia das Letras, 2010.

Freud, S. (1920). Além do princípio do prazer. In S. Freud, *Obras completas* (Vol. 14, pp. 161-239). Companhia das Letras, 2010.

Freud, S. (1923). O Eu e o Id. In S. Freud, *Obras completas* (P. C. de Souza, Trad., Vol. 16, pp. 13-74). Companhia das Letras, 2011.

Freud, S. (1924). O problema econômico do masoquismo. In. S. Freud, *Obras completas* (Vol. 16, pp. 184-202). Companhia das Letras, 2011.

Freud, S. (1926). Inibição, sintoma e angústia. In S. Freud, *Obras completas* (Vol. 17, pp. 13-123). Companhia das Letras, 2014.

Freud, S. (1930). O mal-estar na civilização. In S. Freud, *Obras completas* (P. C. de Souza, Trad., Vol. 18, pp. 13-354). Companhia das Letras, 2010.

Freud, S. (1940). Compêndio de psicanálise. In S. Freud, *Obras completas* (Vol. 19, pp. 189-273). Companhia das Letras, 2018.

Winnicott, DW. (1971). *Playing and reality*. Routladge, 2005.

18. O Eu/não Eu em mim: o que é isso?[1]

Ana Clara Duarte Gavião[2]

É uma alegria estar aqui neste encontro preparatório para o próximo Congresso da Federação Brasileira de Psicanálise (FEBRAPSI). Agradeço a Mônica B. S. Araújo, a Luciana M. Torrano e a toda a diretoria da Sociedade Brasileira de Psicanálise de Ribeirão Preto (SBPRP), a Luiz Celso Toledo, pela parceria no Conselho Diretor da FEBRAPSI. Agradeço a Hemerson Ari Mendes, a Zelig Libermann e a todos os colegas dessa diretoria e da área administrativa da FEBRAPSI, com quem o convívio tem sido muito interessante e de contínuo aprendizado. E agradeço a Carmen Mion pelas experiências institucionais em diversos níveis, como no Centro de Aten-

[1] Trabalho apresentado no Pré-Congresso de Psicanálise realizado pela Sociedade Brasileira de Psicanálise de Ribeirão Preto (SBPRP) em 24 de junho de 2023, com o tema O que há de eu em mim, prévio ao Congresso de Psicanálise a ser realizado pela Federação Brasileira de Psicanálise (FEBRAPSI) em novembro de 2023. "O presente artigo foi originalmente publicado na revista *Berggasse* 19, Vol. XIII, n. 1, 2023."

[2] Membro efetivo da Sociedade Brasileira de Psicanálise de São Paulo (SBPSP), coordenadora do Centro de Atendimento Psicanalítico (CAP) da Diretoria de Atendimento à Comunidade (DAC) da SBPSP, secretária do Conselho Científico da Federação Brasileira de Psicanálise (FEBRAPSI). Doutora em psicologia clínica pelo Instituto de Psicologia da Universidade de São Paulo (IPUSP).

dimento Psicanalítico da Sociedade Brasileira de Psicanálise de São Paulo (CAP/SBPSP), a clínica voltada às demandas da comunidade, e na FEBRAPSI, onde o olhar ganha uma amplitude nacional.

Minha gratidão hoje é especial, pois, abordando o tema proposto de um ponto de vista mais pessoal, devo dizer a vocês que o meu "Eu psicanalítico" é originariamente ribeirão-pretano: foi na Faculdade de Filosofia, Ciências e Letras de Ribeirão Preto da Universidade de São Paulo, naquele *campus* maravilhoso, que fiz minha graduação em Psicologia e vivi minhas primeiras aproximações à psicanálise.

Uma delas foi muito significativa: por volta da metade do curso, eu estava amamentando minha primeira filha e resolvi trancar algumas disciplinas, porém estava bem interessada por uma sobre introdução à psicanálise e perguntei ao professor se ele teria flexibilidade quanto a faltas, já que com minha bebê recém-nascida alguns imprevistos eventualmente poderiam me impedir de comparecer, ao que ele respondeu que sim, "a prioridade é cuidar da sua bebê; você não precisa frequentar as aulas, desde que você se comprometa com uma tarefa: ler o texto de Freud (1912/1990) 'Recomendações aos médicos que exercem a psicanálise' e escrever alguns parágrafos a respeito".

Fiquei surpresa com a receptividade, curiosa e motivada para ler o texto, que também me surpreendeu, justamente pela flexibilidade inerente à técnica psicanalítica, em sintonia com a atitude do professor. Pouco tempo depois, iniciei minha análise com uma psicanalista indicada por ele, quando ainda nem existia a Sociedade Brasileira de Psicanálise de Ribeirão Preto (SBPRP); e, assim como ele, ela também veio a se tornar uma destacada didata da futura sociedade.

Após vinte anos, a epígrafe do meu primeiro relatório de supervisão no instituto da SBPSP proveio desse mesmo texto: "Há alguns anos dei como resposta à pergunta de como alguém se pode tornar analista: 'pela análise dos próprios sonhos'" (Freud, 1912/1990, p. 155).

Assim, minha primeira leitura de Freud foi sobre técnica, ou seja, sobre a clínica, e sobre a centralidade da mente do analista, da sua própria vida onírica, do seu inconsciente em conexão com o inconsciente do paciente, como uma conexão telefônica, uma interconexão, uma comunicação intersubjetiva profunda que depende de uma atenção desprendida de metas preestabelecidas.

Freud pressupõe que quanto menos o analista se preocupar em memorizar, anotar, compreender, curar, ou quanto menos ambição terapêutica tiver, mais ele pode se sintonizar com a dimensão não sensorial das experiências, com o que é genuíno em si na relação com o analisando. Bion (1967/1990) reiterou a recomendação da atenção flutuante, desprendida de memórias voluntárias e desejos de compreender.

Compartilho, então, com vocês, algumas indagações: por que a relevância técnica da *mente do analista* tende a ser mais associada à psicanálise contemporânea se, para Freud, a função psicanalítica é interdependente da análise dos sonhos pessoais do analista, ou seja, do seu contato com a própria mente? Por que na primeira tópica, em *A interpretação dos sonhos* (1900a/1990, 1900b/1990), Freud propõe o trabalho psíquico dos sonhos como paradigma psicopatológico, cujas formações e transformações[3] permitem apreender a lógica dos sintomas, e apresenta como "sonho-modelo" um sonho dele com

[3] Embora mais associado ao pensamento de Bion (1965/2004), o termo "transformações" foi utilizado por Freud (1900a/1990, 1900b/1990) para descrever os contínuos processos oníricos de transformação: "transformação regressiva dos pensamentos", "transformação dos pensamentos em situações" (dramatização), "transformação de representações em alucinações", "transformação direta de uma imagem em outra", "transformação mais suave por meio de símiles e metáforas, semelhantes ao discurso poético", "transformação do afeto" (recalcamento), "transformação de uma coisa em seu oposto" (inversão, um dos meios de representação mais favorecidos pelo trabalho do sonho), além das transformações do "trabalho do sonho" mais frequentemente citadas na literatura como "condensação", "deslocamento", "representabilidade visual" e "elaboração secundária".

uma paciente? Por que ele expõe conflitos pessoais e inseguranças profissionais nas associações livres despertadas pelo sonho com essa paciente? Por que o sentido principal desse sonho selecionado como "modelo" diz respeito ao medo do fracasso terapêutico, basicamente configurando o que atualmente chamamos de enactment, no qual a mente do analista fica capturada pelos traumas e resistências do analisando, devido aos próprios pontos cegos?

Uma última indagação: por que nesse mesmo livro de 1900, no sexto capítulo, intitulado "O trabalho do sonho", Freud relata o sonho que teve quando seu pai morreu, vindo a admitir que essa perda foi determinante em sua concepção do modelo de mente da psicanálise? No prefácio à segunda edição, em 1908, Freud (1900a/1990) afirma:

> *Pois este livro tem para mim, pessoalmente, outra importância subjetiva – uma importância que só aprendi após tê-lo concluído. Ele foi, como verifiquei, parte de minha própria autoanálise, minha reação à morte do meu pai – isto é, ao evento mais importante, à perda mais pungente da vida de um homem. (p. 32)*

Quando Freud abandona a hipnose, inaugura um novo método de investigação que não mais se limita à observação do plano intrapsíquico do paciente, passando a incluir a dimensão relacional, a subjetividade do paciente se manifestando *na relação* analítica, com dinâmicas afetivas que envolvem a mente do analista no aqui e agora da sessão. Como afirma Paula Heimann (1950/1995), no modelo freudiano o cuidado com a contratransferência não necessariamente significa que ela seja um obstáculo, como entendem alguns autores:

> *Em minha opinião, a exigência de Freud de que o analista deve "reconhecer e dominar" sua contratransferência não conduz à conclusão de que a contratransferência é um fator de perturbação e que o analista deve abster-se de senti-la e prescindir dela, senão que deve utilizar sua própria resposta emocional como uma chave para o inconsciente do paciente. (p. 171)*

A importância metodológica da análise pessoal do analista se deve ao fato de que sua contratransferência ou suas experiências emocionais próprias são a via de acesso ao inconsciente do analisando presentificado vivamente no campo analítico. Nesse sentido, com o reconhecimento da ineficácia da hipnose para os propósitos da psicanálise, o modelo clínico proposto é essencialmente intersubjetivo desde o início, revolucionando o referencial médico até então vigente, implicando diretamente a personalidade do analista, sua própria vida mental, seu próprio Eu.

O que há de Eu em mim?

As primeiras associações que me ocorreram em relação a essa pergunta foram no sentido de se tratar de uma formulação instigante e evocativa da atitude mental psicanalítica, uma abertura para captar a autenticidade do próprio ser, para diferenciar aspectos genuínos em meio a tantos modelos e referências introjetados do ambiente familiar, social e cultural, identificações nem sempre em sintonia com a natureza mais essencial de si mesmo.

Ocorreu-me, também, a contraposição que tem sido atualmente considerada entre psicanálise epistemológica e psicanálise ontológica, esta última apreendida como mais relacionada ao *ser* e ao *tornar-se* do que ao *conhecer* e *compreender*, como se apreende a primeira.

Ogden (2020) se refere a uma mudança de ênfase no decorrer da história da psicanálise, reconhecendo Freud e Klein como fundadores da perspectiva epistemológica e Winnicott e Bion como os autores principais da perspectiva ontológica.

Minha sugestão, entretanto, é darmos ênfase à indissociabilidade das duas dimensões (que Ogden obviamente considera), para evitarmos o risco de subestimar a perspectiva ontológica intrínseca à primeira e à segunda tópicas de Freud, bem como em seus artigos sobre técnica, todos de algum modo pressupondo a correlação entre função psicanalítica e análise pessoal do analista.

> *Ao longo deste artigo, é importante que o leitor tenha em mente que* não existe psicanálise ontológica ou psicanálise epistemológica em forma pura. *As duas coexistem e se enriquecem mutuamente. São modos de pensar e de ser – sensibilidades, não "escolas" de pensamento analítico, conjuntos de princípios ou técnicas analíticas. Portanto, há muito de natureza ontológica no trabalho de Freud e Klein, e muito de natureza epistemológica no trabalho de Winnicott e Bion. (Ogden, 2020, p. 24, grifo do original)*

Parece oportuna a observação de Ogden de que não se trata, aqui, de "escolas" psicanalíticas, uma vez que elas parecem se constituir a partir de adesões um tanto religiosas ao pensamento dos grandes autores e, por conseguinte, acabam favorecendo dinâmicas de antagonismos políticos, disputas de poder pela suposta "verdadeira psicanálise"...

Certa vez, em uma sessão da minha análise didática, falei sobre uma pergunta que sempre me faziam: "Seu analista é winnicottiano, não é?". Comentei, então, que esse rótulo me soou meio restritivo e que eu respondia que achava que não, que outros autores provavelmente também o interessavam. Depois de certa abordagem transferencial e com o habitual bom-humor, meu analista disse: "curiosas as imagens que vão sendo construídas na instituição... Quando me perguntam se sou freudiano, kleiniano, bioniano, winnicottiano e assim por diante, costumo responder: 'à moda da casa!'" – metáfora culinária que se tornou título de um trabalho (Gavião, 2013), simultaneamente ao aprendizado sobre o Eu psicanalítico em mim.

Se por um lado as escolas psicanalíticas podem promover o pluralismo e o respeito às divergências, podem, por outro, fragmentar a identidade clínica da psicanálise, desconfigurando princípios básicos para a formação psicanalítica, eventualmente podendo criar uma espécie de telefone sem fio e, consequentemente, a perda do fio da meada, em função de um provável elemento edípico que se manifesta na valorização de determinado autor em oposição a outro que fica depreciado, como um rival, ou então permanece desconhecido.

Pertencendo a uma instituição francesa não vinculada à Associação Psicanalítica Internacional (IPA), Patrick Guyomard, renomado psicanalista francês que conviveu por alguns anos com Lacan, em sua conferência na VII Jornada Lacan na IPA, realizada na SBPSP em 2014, comentou que conhece colegas lacanianos que nunca leram Freud, em razão do tempo dedicado integralmente à leitura de Lacan, e que não tiveram tempo em suas análises pessoais para analisar sonhos e questões transferenciais, devido à prática disseminada de sessões curtas. Não podemos esquecer que, no sistema capitalista selvagem como o nosso, a psicanálise é uma mercadoria e sua precificação depende de vários fatores, dentre os quais a ética do psicanalista, seja qual for a vertente teórica.

Acredito que a contraposição entre "clássico" e "contemporâneo" pode ser pensada de maneira mais produtiva se considerarmos a psicanálise contemporânea (evoluindo desde sua criação) em relação à ciência clássica (positivista), em vez da psicanálise antagonizando a si mesma. Da mesma maneira que no indivíduo o Eu pode ser sabotado pela violência emocional de instintos contrários à vida, certos princípios teóricos e metodológicos da ciência/arte chamada psicanálise podem ser sabotados no interior das próprias instituições psicanalíticas.

O "não Eu" em mim, o que é Isso?

O tema do 29º Congresso Brasileiro de Psicanálise da Federação Brasileira de Psicanálise (FEBRAPSI), inspirado pelo centenário de "O Ego e o Id" (Freud, 1923/1990), permite pensar, entre outras articulações, no movimento dinâmico dos afetos em *estado de* emergência, no sentido de sua natureza instintual primitiva sabotar o Eu em favor de um funcionamento predominantemente superegoico em clima de onipotência e urgência. Para contemplar brevemente tais questões metapsicológicas, partirei de duas formulações inter-relacionadas, derivadas das tópicas freudianas, ilustrando-as com material clínico.

1. A perspectiva epistemológica da psicanálise implica uma dimensão clínica e ontológica inerente ao *conhecer* fenômenos inconscientes e intersubjetivos, uma vez que não se pode prescindir do contato autêntico e profundo com o próprio *ser* no *setting* analítico para que tal tipo de conhecimento seja realizável e inteligível.
2. O modelo de mente concebido na primeira tópica (consciente, pré-consciente e inconsciente) inclui premissas relacionadas à clínica das psicoses e das configurações não neuróticas (somatizações, *borderlines*), além das neuroses que são mais frequentemente associadas a esse modelo

> inicial. A segunda tópica (Id, Ego e Superego, ou Isso, Eu e Supereu) se integra à primeira tópica de maneira complementar e indissociável, agregando ao modelo multidimensionalidade e complexidade.

Um estudo significativo sobre o desenvolvimento do Eu aconteceu no decorrer do processo analítico de um analisando com talentos artísticos, poéticos, com rica capacidade de simbolização, que a princípio camuflavam dor e fragilidade imensas, sutilmente vazadas via comunicação inconsciente, identificações projetivas e *actings*, ao mesmo tempo que crescia um interesse (dele e meu) por temas neurocientíficos e, posteriormente, após uma grave crise, pelos efeitos de psicofármacos.

Não havia propriamente uma demanda, uma questão ou interesse, mas alguma intuição de que ele poderia desmoronar e de que, portanto, algum cuidado fazia sentido, talvez mais para os familiares que procuraram efetivamente a análise para ele. De qualquer forma, ele estava ali, como quem caiu de paraquedas num lugar novo, indefinido, um tanto estranho, a ser explorado sem qualquer motivo mais claro, apenas se deixando levar...

Fomos construindo uma troca viva, interessante, em que sua visão crítica das pessoas, de si mesmo e de sua carreira como músico me fazia muito sentido, revelando sensibilidade e inteligência para observar seus conflitos e inseguranças, porém em contraste com um segundo plano mais obscuro, subjacente, impregnado de mistérios doloridos que ele não comunicava por meio de palavras, mas por certa tristeza que sempre me parecia implícita em nossas conversas, mesmo quando o tema era leve ou até alegre.

Faziam parte forças emocionais construtivas, a favor das elaborações, ao lado de forças antagônicas que foram se instalando aos poucos, com ataques ao vínculo da dupla, à função continente e à de simbolização. Ao postular a coexistência dos instintos de vida e de morte tendo o sadismo como representante do instinto destrutivo, Freud (1923/1990) pressupõe que as duas classes de instintos regularmente se fundem, se misturam uma com a outra a favor de Eros, mas também passam por uma desfusão, em decorrência da dessexualização e sublimação dos impulsos edipianos, liberando os instintos agressivos no Supereu, que passam a operar de maneira silenciosa.

Nos relatos das brigas violentas com um irmão ou de conflitos no trabalho em que sempre recuava, era como se ele desistisse de existir:

> *P.: Dá preguiça... Ele [irmão] parte pra baixaria, gritaria, até encaro, mas chega uma hora que não dá... Saio perdendo, não é justo, mas não estou a fim de ficar batendo boca.*
>
> *A.: Mas parece que você se esconde, desiste de sua própria maneira de ver a situação. Será que é simplesmente preguiça?*
>
> *P.: É como se a energia das pessoas fosse envolvendo, mais que a minha, não sei por quê...*

Seus altos e baixos nos projetos profissionais, com tentativas malsucedidas de parcerias que a princípio pareciam muito promissoras, serviram como um alerta de que nosso vínculo poderia se romper. O desinvestimento emocional na análise, argumentos financeiros pouco claros, faltas cada vez mais frequentes, entre outras evasões, me capturaram e me induziram a desistir um pouco também...

"Você vem se dispersando do nosso trabalho, se afastando de mim, provavelmente de si mesmo...", eu lhe disse.

Eu me sentia desanimada, era como se ele estivesse evaporando, e eu junto, um vínculo desenergizado, parecendo não adiantar nada nomear esses fenômenos. Conforme se firmou um pouco mais um relacionamento com a namorada, ele decidiu interromper a análise:

> *P.: É só por um tempo... enquanto não estou conseguindo me organizar melhor financeiramente.*
>
> *A.: Certo, mas além da questão financeira, dá a impressão de que você quer me comunicar alguma experiência profunda de descaso, consigo mesmo e comigo.*
>
> *P.: Já pensei nisso, que eu mesmo não me levo muito a sério...*

Assim, P. deixou de vir após alguns pagamentos atrasados, num clima sutilmente sádico. Frequentemente eu me lembrava dele, curiosa, às vezes preocupada; em alguns momentos quase entrei em contato, mas preferi me conter, confiante de que ele cumpriria com a palavra de que seria "por um tempo"... Ponderei que, caso a situação se prolongasse muito, eu descobriria alguns novos sentidos de nossa experiência que me elucidariam que caminho seguir: procurá-lo ou não. "Vida que segue...".

Após mais ou menos um ano, ele me procura, deixando um recado que me comoveu: "Oi, Ana, podemos nos ver? Preciso muito falar com você, não sei bem o que aconteceu comigo, perdi completamente o eixo, acho que você vai poder me ajudar".

Marcamos no dia seguinte, e ele chega acompanhado de um familiar, extremamente fragilizado, descompensado, nitidamente invadido pela parte psicótica de sua personalidade, com apenas algum vestígio de Eu em si, o Ego subjugado ao Superego violento, assassino do Ego (Bion, 1957/1994). Foi um reencontro muito triste, mas pleno de esperança.

> *P.: Foi uma experiência ligada ao cosmos, à leveza da noite, à beleza da lua... Me deixei levar pela natureza, uma vivência meio transcendental... Mas ao mesmo tempo senti muito medo, eu queria sumir, parecia que seres vampirescos estavam me criticando. [P. havia se perdido numa caminhada e fora localizado em estado de desconexão com a realidade.]*

Fui me sentindo reconectada com a experiência emocional de nossos primeiros encontros: ele se deixando levar, sem rumo próprio, um Eu ofuscado por objetos sedutores, perversos, dispersivos. Medicamentos foram de grande auxílio para seu reequilíbrio, assim como um inédito apoio de seu pai, e estabelecemos um novo compromisso com frequência alta de sessões.

Valor pré-simbólico/simbólico das alucinações e delírios paranoides: reconstruções

Com a frequência de quatro sessões por semana, pudemos estabelecer um contato direto com seus estados delirantes e alucinatórios.

> *P.: Ana, ouve isso... [referindo-se a um carro de som que passava na rua do consultório, barulhento].*
>
> *A.: Está muito alto, né?*
>
> *P.: Sim, mas ouve o que eles estão falando [em tom de angústia].*
>
> *A.: É uma propaganda.*

P.: É, mas só pra disfarçar, na verdade eles estão chegando pra me encontrar, ouve, estão mais perto! [Levanta-se, assustado, muito aflito.]

A.: Ah… Sua impressão é a de que estão vindo encontrar você? Por que estariam vindo encontrar você?

P.: Ai… Não sei explicar, mas ouve isso, só pode ser…

A.: Pode sentar ou voltar a deitar, fica à vontade… Vamos compreender essa experiência, acho que você está confundindo suas angústias com ideias de que estariam contra você nesse carro de som…

P.: Não estão? Não conheço ninguém ligado a carro de som, mas, olha só, acho que estão, sim! Nossa, é isso [Isso] que senti na crise: é como se eu estivesse sendo o tempo todo vigiado e ameaçado.

A.: Ameaçado de quê?

P.: Não sei bem… De ser sequestrado, dominado por espíritos do mal. Eu sinto, como na crise, que por trás de tudo tem espíritos ruins.

A.: Você disse bem: "eu sinto". Não quer dizer que corresponda aos fatos em si. São sentimentos assustadores, como que num pesadelo acordado, um pesadelo externalizado, vamos dizer assim…

P.: Tomara… É muito real e assustador…

A.: É muito real psiquicamente, emocionalmente, por isso fica parecendo que é externo.

> *P.: Você fala com convicção. Eu gostaria de sentir assim, mas eu não consigo, é muito real.*

Fomos evoluindo por uma abordagem compreensiva, epistemológica, em vínculo K (na terminologia bioniana), porém com uma intuição muito forte de que emocionalmente era desse tipo de entendimento que ele mais precisava, e que era o que de mais verdadeiro eu tinha a lhe oferecer, em uma perspectiva ontológica.

Em "Construções em análise", Freud (1937/1990) recomenda pesquisas com psicóticos, equiparando alucinações e delírios aos sintomas neuróticos e aos sonhos, no sentido de expressarem significados emocionais relacionados a alguma verdade histórica inconsciente. Ou seja, algum valor simbólico pode ser atribuído às evacuações psicóticas, ainda que esteja encoberto pelos escombros de traumatizações afetivas muito precoces.

A lógica do sistema de identificações projetivas foi fazendo sentido, aguçando a percepção interna e construindo um continente. Alguns sonhos noturnos começaram a surgir e esse fluxo onírico espontâneo facilitou transpor o foco da percepção desses fenômenos psicóticos paranoides para focar sonhos propriamente ditos:

> *P.: Eu estava nadando em alto-mar, voltando para a praia, mas estava muito longe, não sabia se teria fôlego. Estavam comigo um senhor e você [analista], sem poderem desistir, pois a única segurança era chegar na praia. Eu pensava: "muito difícil, só posso continuar, senão vou me afogar".*

Conversamos sobre ele estar sentindo sua vida muito árdua, perigosa, e mesmo contando comigo, que me sentia na mesma situação desprotegida e arriscada que ele, como de fato sente o casal parental.

> *A.: Expressar essas angústias terríveis pelo sonho, com metáforas, mostra que sua mente está ligando esses afetos ameaçadores a imagens criativas, simbólicas, não fica tudo tão "solto" dentro de você [há um histórico relevante de seus pais terem deixado os filhos muito "soltos"]. Ao compartilhar aqui, você conta comigo, com nosso fôlego analítico.*

Após uns dois anos, a dose de medicação foi reduzida para depois ser suspensa, e desde então (há aproximadamente cinco anos) ele se mantém razoavelmente bem, sem reações delirantes, raramente surgindo alguma vivência mais carregada, que ele reconhece e controla com admirável facilidade. O crescimento no trabalho tem sido gratificante, mas, justamente na semana em que fechou um contrato de trabalho muito desejado, ele contou que teve uma "minirrecaída":

> *P.: É um tratamento estético, não tenho nenhum problema, mas quando deitei na cadeira do dentista, voltou um pouco daquela aflição de que iam me sequestrar... Respirei fundo e pensei "calma, tá tudo certo, meus dentes vão ficar bem mais bonitos", daí foi passando.*

Seria o caso de retornar ao psiquiatra? Vai ser possível tolerar o êxito profissional?

Formação psicanalítica e democratização da psicanálise: ingerência ou prudência?

Finalizando, gostaria de acrescentar que, mediante retrocessos civilizatórios tão gritantes na atualidade, acredito que a democratização do acesso à clínica psicanalítica é um compromisso social indispensável às federadas que compõem a FEBRAPSI, o que pode se viabilizar por meio das clínicas de atendimento à comunidade com preços acessíveis, ao mesmo tempo que o analista em formação ganha experiência clínica aprofundada.

Refiro-me, aqui, ao modelo imersivo, com frequência alta de sessões, sobre o qual tive a oportunidade de me posicionar favoravelmente em artigo recentemente publicado na *Revista Brasileira de Psicanálise* (Gavião, 2022).

Em síntese, a ideia é que, dada a complexidade da função psicanalítica, a imersão em alta frequência de sessões significa *prudência* metodológica, muitas vezes confundida com *ingerência* institucional em função de equívocos provenientes de instintos autossabotadores da psicanálise. A chamada "clínica extensa", tão bem-vinda e necessária em *settings* não convencionais, como o próprio nome diz, é uma extensão de um modelo original, no caso, o da imersão.

Referências

Bion, W. R. (1957). Diferenciação entre a personalidade psicótica e a personalidade não-psicótica. In W. R. Bion, *Estudos psicanalíticos revisados (Second thoughts)* (W. M. M. Dantas, Trad., pp. 55-77). Imago, 1994.

Bion, W. R. (1965). *Transformações: do aprendizado ao crescimento* (P. C. Sandler, Trad.). Imago, 2004.

Bion, W. R. (1967). Notas sobre memória e desejo. In E. B. Spillius (Ed.), *Melanie Klein hoje: desenvolvimentos da teoria e da técnica, Vol. 2: Artigos predominantemente técnicos* (B. H. Mandelbaum, Trad., pp. 30-34). Imago, 1990.

Freud, S. (1900a). *Edição standard brasileira das obras psicológicas completas de Sigmund Freud, Vol. 4: A interpretação dos sonhos (I) (1900)* (J. Salomão, Trad.). Imago, 1990.

Freud, S. (1900b). A interpretação dos sonhos. In S. Freud, *Edição standard brasileira das obras psicológicas completas de Sigmund Freud, Vol. 5: A interpretação dos sonhos (II) e Sobre os sonhos (1900-1901)* (J. Salomão, Trad., pp. 323-566). Imago, 1990.

Freud, S. (1912). Recomendações aos médicos que exercem a psicanálise. In S. Freud, *Edição standard brasileira das obras psicológicas completas de Sigmund Freud, Vol. 12: O caso Schreber, Artigos sobre técnica e outros trabalhos (1911-1913)* (J. Salomão, Trad., pp. 149-159). Imago, 1990.

Freud, S. (1923). O Ego e o Id. In S. Freud, *Edição standard brasileira das obras psicológicas completas de Sigmund Freud, Vol. 19: O ego e o id e outros trabalhos (1923-1925)* (J. Salomão, Trad., pp. 13-83). Imago, 1990.

Freud, S. (1937). Construções em análise. In S. Freud, *Edição standard brasileira das obras psicológicas completas de Sigmund Freud, Vol. 23: Moisés e o monoteísmo, Esboço de psicanálise e outros trabalhos (1937-1939)* (J. Salomão, Trad., pp. 289-304). Imago, 1990.

Gavião, A. C. D. (2013). "À moda da casa": considerações sobre transmissão da psicanálise e clínica psicanalítica contemporânea. *Jornal de Psicanálise*, *46*(85), 35-47. Disponível em: http://pepsic.bvsalud.org/scielo.php?script=sci_arttext&pid=S0103-58352013000200005.

Gavião, A. C. D. (2022). Clínica psicanalítica e clínica da formação em psicanálise: algumas reflexões sobre prudência e ingerência. *Revista Brasileira de Psicanálise*, *56*(3), 71-89.

Guyomard, P. (10 de maio de 2014). *Plenária de encerramento* [Conferência]. VII Jornada Lacan na IPA, São Paulo, SP. Áudio da conferência disponibilizado pela biblioteca da SBPSP.

Heimann, P. (1950). Sobre a contratransferência (J. S. Dal Zot, Trad.). *Revista de Psicanálise da SPPA*, *2*(1), 171-176, 1995. Disponível em: https://revista.sppa.org.br/RPdaSPPA/article/view/1157/1186.

Ogden, T. H. (2020). Psicanálise ontológica ou "O que você quer ser quando crescer?" (F. Sofio, Trad.). *Revista Brasileira de Psicanálise*, *54*(1), 23-46. Disponível em: http://pepsic.bvsalud.org/scielo.php?script=sci_arttext&pid=S0486-641X2020000100002.

19. Múltiplas manifestações do Isso e do Eu no desenvolvimento de uma análise[1]

Maria Aparecida Sidericoudes Polacchini[2]

I

Surpreendida com o gentil e carinhoso convite de Luciana Torrano, nossa diretora científica, para apresentar um trabalho no Pré-Congresso de Psicanálise promovido pela SBPRP, percebi-me dividida entre o desejo de corresponder e a dúvida sobre como fazê-lo. Entretanto, ouvindo-a, heterônimos de Fernando Pessoa

---

[1] O presente capítulo foi originalmente publicado na *Revista Berggasse 19*, *XIII*(1-2023). Também foi apresentado no Pré-Congresso de Psicanálise realizado pela Sociedade Brasileira de Psicanálise de Ribeirão Preto (SBPRP) em 24 de junho de 2023, com o tema "O que há de eu em mim", prévio ao Congresso de Psicanálise a ser realizado pela Federação Brasileira de Psicanálise (FEBRAPSI) em novembro de 2023.

[2] Psicóloga. Membro associado da Sociedade Brasileira de Psicanálise de São Paulo (SBPSP) e membro efetivo com funções didáticas da Sociedade Brasileira de Psicanálise de Ribeirão Preto (SBPRP) e do Grupo de Estudos de Psicanálise de São José do Rio Preto e Região (GEP Rio Preto).

foram comparecendo em minha mente e, em sequência, o poema "Traduzir-se", de Ferreira Gullar (1980/2017). Nós nos despedimos, e esse poema foi em mim se avivando; nele, o eu lírico se revela cindido entre todo mundo e ninguém, o permanente e o que se sabe de repente, a vertigem e a linguagem, o que pondera e o que delira, o que é multidão e o que é estranheza e solidão, o que almoça, janta e o que se espanta.

Dos mais conhecidos heterônimos de Pessoa, desdobramentos do eu poético, recordei, suscintamente, de Alberto Caeiro, que valoriza a percepção sensível, Ricardo Reis, apreciador da cultura clássica, do equilíbrio dos sentidos e prazeres, e Álvaro de Campos, crítico da sociedade das aparências, solitário, com reconhecimento do próprio infortúnio; é dele o "Poema em linha reta" (Pessoa, 1980), no qual o eu-lírico se apresenta em tom de desabafo e também de desafio àqueles que escondem fraquezas, pedindo relações verdadeiras. Desse poema, busquei relembrar alguns versos: "Quem me dera ouvir de alguém a voz humana / ... / Quem há neste largo mundo que me confesse que uma vez foi vil? / ... / Arre, estou farto de semideuses! Onde é que há gente no mundo?" (pp. 268-269).

Essas associações levaram-me a uma antiga história clínica que, penso, pode nos dar oportunidade de reflexões sobre o desenvolvimento do Eu no processo analítico e suas simultâneas dimensões.

II

A jovem, ao iniciar a análise em alta frequência, dizia não saber se teria o que falar comigo. Nos primeiros meses, feito uma bebê inquieta, sentava-se, deitava-se, levantava-se abruptamente e, quando usava da linguagem verbal, de súbito se calava. Reconheci, então, seu corpo como importante elo de nossa relação – aliás, mediador que é na constituição da mente e na relação com o mundo. Foi a partir das manifestações do corpo histérico que Freud chegou ao psíquico e criou a psicanálise.

O discurso entrecortado da paciente tinha a característica de apresentar a fala do outro – mãe e amigos – como seus porta-vozes. Eu apenas lhe perguntava: "e você, o que pensa?". O "não Eu" e o "Eu" confluíam para a construção de muitos personagens, a partir dos quais íamos em busca de reconhecer o seu autor, o próprio e incipiente Eu. Como nos diz Ogden (2012), "sem *não Eu* não pode haver *Eu*. Sem um outro diferenciado, a pessoa é todo mundo e ninguém" (p. 196).

Mas era especialmente o corpo palco das encenações das angústias e dores da paciente. Chegava com muitos machucados nas pernas e braços esfolados. O corpo tratado aos trancos e barrancos seria seu modo de expressar os machucados da alma? Eu tentava vincular as manifestações de seu corpo a sentimentos e pensamentos, indagando, por exemplo, qual teria sido a dor que a levara a machucar-se. O que seu corpo nos comunicava?

Freud (1923/1996) desenvolveu o conceito de Eu derivado das sensações das superfícies do corpo. De outro lado, o Eu derivado do Isso, modificado pela influência do mundo externo. Então, a origem do psiquismo estaria no corpo, e o corpo seria o meio de comunicação com o mundo externo.

Um dia, ela chegou a uma sessão e, assim que se deitou, contou que estava estudando Freud em seu recém-iniciado curso de publicidade e propaganda e, de repente, saltando do divã, fitando-me, à queima roupa, perguntou: "O que é processo primário?". E eu, então, olhando para ela e em gesto apontando seu movimento, lhe disse: "É isso!".

Tomada pelo Isso, ela sobrevivia às turras, acidentando-se, com prevalência da ação no lugar do pensar. Um significado popular da palavra "turra" é bater com a cabeça, exatamente como ela se acidentou com sua moto, alcoolizada, colidindo com um caminhão. Após esse grave acidente e período de internação hospitalar, buscou a análise, carregando marcas de violência suicida, um mais além do princípio do prazer reinando irrestritamente. Também demonstrava que o contato com o mundo externo lhe causava tão forte impacto que era vivenciado como desastre.

Com a realidade ela mostrava reagir mais de modo alucinatório que perceptivo, e suas atitudes defensivas demonstravam que era como se pouco enxergasse ou mesmo se importasse com o mundo e consigo mesma; algo do tipo "e eu com isso?". Paradoxalmente, pelo vértice psicanalítico, tinha tudo a ver com o Isso. O Isso que foi sendo, então, significado no processo analítico: experiências nomeadas como trabalho de representação para que, a partir do Isso, o Eu pudesse advir (Freud, 1923/1996).

Tempo relativamente longo de análise ocorreu para que o Eu corporal concedesse mais espaço ao incipiente Eu psíquico; muitos encontros para esse Eu advir, e emergente se mostrou com características de onipotência, hipomania, um Eu enlouquecido, malconstituído.

Chegou à primeira sessão da semana gesticulando, falando aos gritos e, após uma cena que revelava um Eu alucinado, delirante, clara evidência de conflito com o Isso, pudemos conversar. Percebi que era como se algo gritasse nela, um Isso que lhe era mais forte e independente de sua vontade. Fui traduzindo sua fala evacuativa em sentimentos de terror e desamparo, e assim pudemos falar de seus medos: da análise, da vida e de si própria, especialmente da possibilidade de depressão.

Freud (1923/1996) relaciona o Eu à razão e ao senso comum, em contraste com o Id (Isso), reservatório das paixões.

Em contraponto, para acompanhá-la eu precisava estar em prontidão de pensamento, encontrar modos de significar a experiência, buscando uma linguagem que pudesse expressar um afeto emergente ou um pensamento, que promovesse ligações, como rédeas ao que nela, solto, imperava. Às vezes, eu usava de um adágio popular, outras vezes, de um verso de uma música. Essa linguagem estética, como modo de ligação e representação para o desenvolvimento do Eu, também criava uma barreira de proteção entre o Isso e o Eu. Entretanto, era barreira que facilmente se rompia.

Certa vez, chegou à sessão praguejando sobre a interferência de alguém em seu trabalho – era secretária de uma clínica médica – e sobre a incompreensão dos familiares. Em crítica à família, de modo quixotesco, chegou a bradar: "Sempre fui assim... sou louca de nascença, eu brigava até com o vento quando ele desarrumava o que eu tinha arrumado. Às vezes também dou de louca; é o jeito de me fazer respeitar".

Em seguida: "Ando nua pela minha casa e não sei por que estão tão impressionados com isso. Estão me achando louca, querem me internar".

Um Eu primitivo, narcísico e psicótico, com exigências ilimitadas de amor, empenhado em invadir e escandalizar, sinalizava ataque à realidade e aos valores de convivência familiar, levando-me a conversar com ela sobre seus sentimentos fraternos de revolta e rivalidade invejosa em relação aos irmãos, três homens mais velhos, que sentia que eram os reconhecidos pelos pais. Ao querer denunciar e propagar a falta de reconhecimento que sentia, ressentida, se atacava. Sugeria também ataques à análise, provavelmente buscando em mim mais reconhecimento empático que o que estava sendo capaz de receber e sentir ali comigo. Sua crença era de que, como sua mãe, eu também preferia estar com os homens. Em seus alucinados romances familiares, a mãe se submetia aos homens de casa, usurpadores do amor materno. A inveja da potência dos irmãos e da mente da analista compareceu abertamente.

O *setting* analítico, seu instável Eu e a minha mente eram espaços pequenos para conter o Isso, em força dionisíaca e tanática, a conduzir o insuficiente Eu a desembocar em desenfreados *acting out*.

Demonstrava dificuldade em manter equilibrados o corpo e o precário Eu, que facilmente perdiam os frágeis eixos. Passado mais um tempo de análise, contou-me: "Entrei com a moto num estacionamento e não vi uma porta de vidro na minha frente, atravessei e o vidro estilhaçou todo. Dessa vez, assustei muito, me achei um monstro".

Estaria ela retratando sua chegada ao mundo, com sensação de estilhaçamento e fantasia de ter provocado estragos? Um primeiro e catastrófico encontro com a realidade externa? Compreendi esse espanto como o momento do nascimento da consciência da própria impulsividade e violência, mas voltada ao externo, ao que era até então tragicamente cega; violência que a desumanizava, desamparava, fragilizava e a expunha a sofrimentos sadomasoquistas. Evidentemente que o Superego, advindo desse Isso, não poderia ser menos monstruoso. O Eu, passível de fragmentação, pôde ganhar alguma unidade com essa consciência. Uma unidade frágil.

III

Com o tempo de análise, seus desequilíbrios evoluíram para algo além das sensações, e de reações afetivas imediatas, como chorar, gritar e se acidentar, passou a narrar cenas de vida. Contava da relação com amigos, com quem ia frequentemente às cachoeiras da região, jogava bola, frequentava suas casas. O Eu corporal/sensorial predominava, mas passara a manifestar também vivências de prazer lúdico e, assim, parecia estar vivenciando com menos persecutoriedade a relação analítica. Nesse tempo, estar com ela já não me provocava o desconforto de muitas vezes colocar o meu Eu mais em prontidão do que em atenção flutuante e *rêverie*.

Passado um longo tempo de análise, contou que um casal de amigos pediu que ficasse uma tarde com o filho e o acompanhasse em uma tarefa da escola: ele teria que juntar sílabas para formar palavras, e ela achou bom estar ali com ele. Disse-me que parecia um jogo de quebra-cabeça, formavam frases com as palavras, e a primeira palavra que formaram era o nome dele. Eu me interessei pelo nome do garoto, lhe perguntei, e ela me respondeu: "Diego", o que me surpreendeu, pois soou em mim como uma junção de "Id" e "Ego", me motivando, então, a dizer-lhe que, assim como ela acompanhara a criança a juntar sílabas para formar nomes, construir frases, nós ali também tentávamos identificar suas emoções, dar-lhes um nome, às vezes emoções que ficavam distantes demais para ela perceber, mas que, quando nomeávamos, ela reconhecia e, assim, se aproximava de si mesma. E parecia que também estava exercitando o amor. Ela disse sentir "que agora andava de boa com as pessoas". Completei, dizendo: "Também consigo mesma e comigo".

O Isso, alheio e estranho a si mesmo, o não Eu, sendo alfabetizado, ganhando significados, passava de descarga a fluxo de ideias; transformado, fortalecia o incipiente Eu que, mais introjetivo que expulsivo, alcançava alguma integração.

Percebi que ela vinha redirecionando seu viver, antes prevalentemente sob um Eu intempestivo, com movimentos de excitação e descarga, denotando a força do Isso e, agora, também um Eu que se revelava perceptivo das coisas que se passavam à sua volta e dentro dela também. As sensações tinham prioridade em suas manifestações, mas, nessa experiência relatada de acolhimento ao garoto, mostrava um Eu aberto à relação com o outro, amoroso, despontando junto ao incipiente Eu pensante. Formar palavras, frases, exigia senso de percepção e sentido das palavras encontradas e, deste modo, revelava um Eu com capacidade de contenção, de fazer ligações, nomear, pensar e se comunicar, assim como fazia agora na sessão, na forma de narrativa e reconhecendo seus bons sentimentos.

As sessões de análise pareciam ajudá-la a ampliar as funções do Eu, especialmente a percepção e a atenção, expandindo seu olhar e descobrindo o ato de conhecer como uma experiência prazerosa. Dava mostras de que a excitação vinha se transformando em um Eu afetivo e pensante, dimensões que, a duras penas, pareciam estar se firmando. Nas sessões, mostrava interesse ao que eu lhe apontava.

Entretanto, reunir-se com a família era motivo de conflitos, especialmente na chácara dos pais, em reunião de amigos deles e dos irmãos; ela ora brigava, ora se isolava, possivelmente se defendendo de desejos eróticos e, com a fantasia de ser mais seguro ver nos homens da família adversários que parceiros, mantinha seu Eu empobrecido, deixando de desfrutar dos benefícios que a família oferecia.

Também nas sessões, frequentemente na primeira da semana, quando ela chegava aos gritos, eu sentia que me propunha, ao mesmo tempo, aproximação e afastamento. Mas a cada grito que denunciava o ser só e dependente, era como se ela rogasse: "Quem me dera ouvir de alguém a voz humana / … / Onde é que há gente no mundo?" (Pessoa, 1980, pp. 268-269). Estava o mundo surdo a ela e/ou ela surda ao mundo? Eu estava sendo capaz de ouvi-la naquilo que, a meu ver, os gritos queriam ao mesmo tempo denunciar e abafar?

IV

No período em que foi se aproximando de sua família e de seus amigos, contendo ambivalência de sentimentos, o Eu diminuindo seus conflitos entre narcisismo e social-ismo, surgiu seu primeiro sonho relatado, no qual apareceu uma palavra dita por mim em uma sessão, cuja sonoridade lhe agradara, e na sessão em que me relatava o sonho quis recuperar o significado da palavra. Assim, dava mostras de estar, pela linguagem afetiva, interiorizando nossa relação, e desta nascia um Eu sonhante, a meu ver, do modo proposto por Anzieu, em *O Eu-pele* (1985/1989), sobre o "espelho sonoro".

O referido autor, tratando da construção da mente a partir do corpo, em uma leitura da lenda grega da ninfa Eco, estabelece um elo entre a voz e a exigência de amor. Fala da voz da mãe e da música que ela proporciona ao bebê como um primeiro "espelho sonoro", do qual ele vai se valer por seus choros, que a voz materna acalma em resposta, depois por seus balbucios, por jogos de articulação fonemática. Entretanto, se o espelho sonoro devolver ao bebê ele próprio, ou seja, sua exigência e seu desamparo (uma alusão a Eco), ou sua procura de ideal (alusão a Narciso), ocorrerá um desequilíbrio pulsional no qual a pulsão de morte manterá a prioridade econômica sobre a pulsão de vida.

Com frequência, na relação com a paciente, eu evocava músicas do repertório popular brasileiro para lhe nomear um estado mental; algumas vezes usei do referido poema de Gullar (1980/2017), "Traduzir-se". Ela reconhecia e, às vezes, até cantava. Penso que essas diversas vozes ressoando em mim e em seu Eu possibilitaram o contato estético com o Isso, o estranho familiar que a habitava, levando ao encontro dos estranhos "Eus", desconhecidos de si mesmos, e também a maior intimidade comigo.

V

Quando chegava gritando nas sessões, compreendi que calava dentro de si algo muito penoso. Por vezes, interpretei como dor de separação e desamparo, pedindo especial atenção e reconhecimento, ou como intenção de me atrair para uma relação punitiva, sadomasoquista; outras vezes, como um clamar pela condição de sujeito, de ter voz, e outras, ainda, como manifestação da bissexualidade, da fantasia fálica de penetração em mim. Certa vez, conteilhe do quadro de Edvard Munch, *O grito*, quando então começou a manifestar um leve interesse por artes, o que certamente também a ajudou no desenvolvimento do simbólico.

Ela iniciou namoro com uma jovem mulher. O Eu erótico compareceu, estimulando desejo e imaginação sobre o que gostaria de viver. Entretanto, essa relação trouxe novos embates, não promovendo repetição de acidentes, mas se recordando com dor de seus infortúnios. O Eu real compareceu se debatendo com o Eu ideal – o que gostaria de ter sido – e sentimentos de irrealidade.

Chegou na primeira sessão da semana gesticulando, falando alto, algo confuso; sentada no divã, assim continuou, parecia acusar a família. Chamei-a pelo nome, modo que encontrei para convocá-la para a realidade, e ela me olhou como que despertando de um estado confusional, alucinatório; propus que Eu já estava ali com ela.

Ela se aquietou e disse que havia dois dias só vinha tendo vontade de gritar e cantar muito alto. Disse-lhe que, se queria me encontrar e contar comigo, Eu já estava ali para escutá-la.

Deitou-se e, depois de um breve silêncio, disse que estava com uma música na cabeça. Outra pausa e disse: "Sabe o que diz a música?", e cantando prosseguiu: "um dia ainda volto ao começo / e apago, então, as marcas desse amor".[3] Disse-lhe que ela me parecia querer se livrar de tristeza e culpa.

Disse-me que achava, então, que tinha a ver com o que vinha sofrendo nos últimos dias. Sentia que tinha errado bastante, que não soubera discriminar o bem e o mal, que havia feito muitos estragos em sua vida e não tinha como apagar isso. E até no amor tinha praticado as maiores maldades consigo mesma. Não soubera preservar as boas relações. Acreditava que hoje seria diferente.

Contou-me também que, quando saiu de casa para estudar e morar fora, não fez o curso, gastara o dinheiro com drogas e foi viver numa casa de prostituição, e agora compreendia que o seu sentimento era de irrealidade. Falou que certa vez um homem lhe disse que não era aquele o seu mundo, que deixasse aquele lugar, fosse embora, e ele a ajudou a sair de lá; hoje agradecia a esse homem desconhecido.

Avento a hipótese de que eventos antigos foram redespertados na forma de um conglomerado, denunciando o terror que a paciente carregava, provavelmente desde seus começos de vida, marcados por ataques ao objeto amado, destruído em fantasia; desastre que se reapresentava repetidamente, ganhando força com a fantasia de submissão da mãe aos homens de casa, e que por identificação narcísica pode tê-la levado a se prostituir. Trabalhei com ela apenas no sentido de que com a análise estava acordando para sua realidade psíquica e de vida; em parte se reconhecia, em parte se estranhava. Compreendi que era como se estivesse renascendo e manifestando a dor desse renascimento.

Ela disse sentir que já não era a mesma pessoa, mas também não sabia quem era e passou a questionar o sentido de sua existência.

---

[3] Verso da composição musical de Cláudio Rabello e Enrique Urquijo Prieto, "Volta ao começo", interpretada pelo cantor Fábio Jr. no álbum *Vida*, de 1988.

Nessa cesura, a percebi bastante assombrada, sofrida, em tragicidade edipiana, se rendendo ao Eu consciente, com percepção do conflito de identidade, em visão binocular do presente e do passado, do interno e do externo. Passara a se enxergar e se estranhar, em auto-observação sobre as pulsionalidades libidinal e agressiva, olhando para seus desastres, se responsabilizando, um Eu diferenciado do Isso, em transformação, em tomada de consciência, agradecida por quem favorecera cuidados a ela.

Evoco Camus (1942/1989), que diz: "Um dia apenas o 'porquê' desponta e tudo começa com esse cansaço tingido de espanto. 'Começa', isso é importante. O cansaço está no final dos atos de uma vida mecânica, mas inaugura ao mesmo tempo o movimento da consciência. Ele a desperta e desafia a continuação" (p. 32).

Compreendi esse momento de sua análise como um segundo movimento da consciência, agora o Eu se apercebia da existência da mente, mas, de modo paradoxal, reconhecia a violência, o estilhaçamento interno: o sentimento de irrealidade e os ataques à percepção, à própria mente e à própria vida. Essa consciência se mostrou significativa no porvir da análise; passara a se apresentar com uma curiosidade mais viva acerca de si mesma. Como a personagem do livro *Fora de mim*, da escritora Martha Madeiros (2010), a paciente agora seguia triste e menos catastrófica.

Num fim de semana, apresentei seu caso clínico em uma reunião científica, e quando nos encontramos, na primeira sessão da semana, disse-me que teve um sonho. E contou: "Eu chegava no trabalho e, quando entrei em minha sala, os papéis estavam todos espalhados. Tinha entrado alguém e mexido em todas as minhas coisas, nos meus papéis, nos das doutoras; eles não levaram nada, mas estava tudo revirado". E fez algumas associações.

Comento, aqui, esse sonho: imaginei que ela poderia ter captado o terceiro entre nós, mas, longe de gritar, atacar e fragmentar o próprio Eu, seu Eu consciente e o Eu inconsciente interagiram com qualidades intuitivas, transformando em sonho o que fora sentido como invasivo entre nós. Mostrara que com nossa separação, com essa falta, seu Eu podia se espalhar, mas conservava um tanto de si e de nosso vínculo, o suficiente para sonhar. Revelara, ainda, que a análise podia revirar sua mente, mas ela já se apresentava em condições de prosseguir com novas associações.

Entretanto, se invadida pela pulsionalidade destrutiva, não sabíamos quanto seu Eu seria capaz de sustentar inteireza, relações sonhantes e intuitivas. Esse é o labor destinado ao seu Eu, lidar consigo mesmo, com o Isso e com o mundo externo. Esse é um dos trabalhos psíquicos contínuos do ser humano, seja para um Eu ainda incipiente ou mais fortalecido pelas ampliações simbólicas e identitárias.

Referências

Anzieu, D. (1985). *O Eu-pele* (Z. Yazigi & R. R. Mahfuz, Trads.). Casa do Psicólogo, 1989.

Camus, A. (1942). *O mito de Sísifo: ensaio sobre o absurdo* (M. Gama, Trad., 3a ed.). Guanabara, 1989.

Freud, S. (1923). O Ego e o Id. In S. Freud, *Edição standard brasileira das obras psicológicas completas de Sigmund Freud, Vol. 19: O ego e o id e outros trabalhos (1923-1925)* (J. Salomão, Trad., pp. 15-77). Imago, 1996.

Gullar, F. (1980). *Na vertigem do dia* (pp. 30-31). Companhia das Letras, 2017.

Medeiros, M. (2010). *Fora de mim*. Objetiva.

Ogden, T. H. (2012). Sobre três formas de pensar: o pensamento mágico, o pensamento onírico e o pensamento transformativo

(A. François, Trad.). *Revista Brasileira de Psicanálise*, *46*(2), 193-214. Disponível em: http://pepsic.bvsalud.org/scielo.php?script=sci_arttext&pid=S0486-641X2012000200016.

Pessoa, F. (1980). Poema em linha reta. In F. Pessoa, *O eu profundo e os outros eus* (10a ed., pp. 268-269). Nova Fronteira.

20. O que há de Eu em Mim[1]

Sandra Luiza Nunes Caseiro[2]

I

O Congresso Brasileiro de Psicanálise deste ano homenageia os cem anos do texto "O Eu e o Id" (1923), o último dos grandes trabalhos teóricos de Freud, no qual ele elabora a segunda tópica, o segundo lugar: o Id (o Isso), o Eu e o Supraeu. Um mapa fundante.

Recebi de nossa diretora científica, Luciana Torrano, o convite para compor esta mesa. Ao ler o título, fui instantaneamente fisgada e aceitei prontamente, respondendo: "*Eu* quero, sim, escrever sobre *Isso*". Mas, ao enviar meu aceite, veio-me o pensamento: "O que *Eu* sei sobre *Isso*?".

---

[1] Texto apresentado no pré-congresso realizado em Ribeirão Preto como preparação para o Congresso Brasileiro de Psicanálise de 2023 que homenageia os cem anos do texto de Freud "O Eu e o Id", organizado pela Sociedade Brasielira de Psicanálise de Ribeirão Preto (SBPRP) e pela Federação Brasileira de Psicanálise (FEBRAPSI).

[2] Psicanalista. Membro efetivo com funções didáticas da Sociedade Brasileira de Psicanálise de Ribeirão Preto (SBPRP).

O que há de Eu em Mim – é uma pergunta ou uma afirmação? Lendo o título novamente, pensei na gramática da nossa língua: "eu", pronome pessoal do caso reto, e "mim", pronome pessoal do caso oblíquo. A denominação desses pronomes, caso reto e caso oblíquo, vem da imagem da ação de um verbo: em uma linha reta, absolutamente perpendicular ao indivíduo – caso reto – ou inclinada em relação a ele – caso oblíquo. Como se fosse um facho de luz a pino, ou luz inclinada resultando em sombras...

Relacionei *luz a pino* com Eu e *sombras* com Mim. Estava encontrando figurações para aquilo que tenho ciência de mim, Eu, e sentindo que Mim, mesmo que eu não o conheça, é muito maior que Eu. Assim, havia, de certa forma, retornado ao texto "O Eu e o Id". Nesse texto (e no anterior de 1920/2006), Freud descreve o indivíduo como vindo à luz composto por duas pulsões básicas, Eros e Tânatos, que em Klein aparecem como instinto de vida e instinto de morte; em Winnicott surgem como impulso amoroso originário contendo a agressividade associada inicialmente à motilidade do bebê; e em Bion que se transformam em pré-concepção. Não que esses desdobramentos possam ser dispostos linearmente, mas, partindo de Freud e escolhendo diferentes vértices, engendram um profundo e amplo campo de formulações sobre a constituição (como substantivo e verbo) do Eu e do Mim.

Mas mantive a figuração de luz e sombras, essa mágica complexa que é a luz, e lembrei dos espelhos.

Chegando aos espelhos, instantaneamente vieram-me à mente contos da literatura. Vou usufruir da valência de trechos e elementos desses contos.

II

Um, nenhum e cem mil, de Luigi Pirandello

Moscarda, o personagem do livro, ao explicar para a esposa que estava em frente ao espelho investigando um ponto dolorido do seu nariz, assombra-se ao ouvir dela: "Achei que estivesse vendo para que lado ele é torto. Voltei-me como um cão que alguém tivesse pisado no rabo: – Torto? Eu? Meu nariz?" (Pirandello, 1926/2019, p. 9).

Com essa revelação, a de seu torto nariz, começa uma sofrida caminhada desejando encontrar seu *verdadeiro Eu* e o que as pessoas viam nele:

> *Enquanto eu mantenho os olhos fechados, somos dois: eu aqui, e ele no espelho. Devo impedir que ao abrir os olhos, ele se torne eu e eu, ele. Eu devo vê-lo sem ser visto. É possível? Assim que eu o vir, ele me verá, e nos reconheceremos. Muito obrigado! Eu não quero me reconhecer, eu quero conhecê-lo fora de mim. (p. 24)*

Moscarda vai encontrando um Eu probabilístico que o perpassa, mas escapa dele, e, principalmente, a impossibilidade de, simultaneamente, ser ele mesmo e observar-se. Sente sua angústia ampliar-se à medida que descobre outros Moscardas, desconhecidos por ele, mas vistos por outras pessoas. A ideia de que não conseguiria integrar todos os Moscardas e, assim, sentir-se unificado, finalizado ("eu sou *assim*"), o mantém em turbulência: afinal, quem é Moscarda?

Não nos fazemos essa pergunta todo o tempo?

"O espelho", de Machado de Assis

Jacobina, protagonista do conto, de origem humilde, consegue "elevar-se" a partir de uma nomeação a um posto militar. Para ele e sua família, é agora o "Sr. Alferes", vestindo-se numa farda condizente com o título. Ao ir ver uma tia, esta coloca no quarto destinado à visita a melhor peça da casa: um espelho proveniente da família real portuguesa. Jacobina, admirando-se diariamente dentro da farda, gosta muito do que vê. Por imprevistos, a tia e todos da fazenda se ausentam. Sozinho de humanos, depara-se com um "nada" de si. Demandava "se alimentar" de sua imagem no espelho. Por um lado, encontra a necessidade de outros humanos para dar continuidade ao seu ser. Por outro, descobre que nada do que tinha sido enquanto Sr. Alferes tinha uma origem dentro dele.

Com essa experiência, desenvolve a teoria:

> *Toda criatura humana traz duas almas consigo: uma que olha de dentro para fora e outra que olha de fora para dentro. . . A alma exterior pode ser um espírito, um fluído, um homem, muitos homens, um objeto, uma operação. . . Está claro que o ofício dessa segunda alma é transmitir a vida, como a primeira; as duas completam o homem, que é, metafisicamente falando, uma laranja. Quem perde uma das metades, perde naturalmente metade da existência; e casos há, não raros, em que a perda da alma exterior implica a da existência inteira. (Assis, 1882/2007, p. 155)*

O personagem descreve a ele mesmo não como alguém que resgatou sua humildade após significativa experiência, mas como um sábio que exige o silêncio e a atenção de todos quando fala. A sutil ironia do texto nos leva a duvidar das conclusões filosóficas do personagem. Podemos questionar: antes de estar sozinho de humanos, Jacobina já não havia se abandonado?

"O espelho", de Guimarães Rosa

O narrador, após assustar-se com sua imagem diante de dois espelhos que faziam jogo, "imagem hedionda", adentra uma série de experimentos "positivos, científicos", querendo encontrar o seu Eu original, puro, absoluto. Deseja chegar ao que não se vê, ao transcendente. Começa por procurar anular de sua imagem no espelho tudo o que havia sido colocado por ele mesmo e pelos outros, indumentárias que encobriam sua essência original, sua alma. Quer eliminar até mesmo o que poderia ter de traços genéticos, atávicos, chegar ao que era só seu. Após meses de exaustiva e determinada investigação, por sentir-se adoentado, abandona o experimento.

Tempos depois, ao olhar-se no espelho, não se vê. Era ele o "transparente contemplador? . . . Não haveria em mim uma existência central, pessoal, autônoma? Seria eu um... desalmado?" (Rosa, 1962/2009, p. 450). Anos depois, ao fim de uma ocasião de sofrimentos grandes, o espelho mostra-lhe uma luzinha que se esforçava para cintilar e, na sua hesitante irradiância, lhe delineia um rostinho de "menos-que-menino", seu rosto. Comovido, pensa:

> *Será este nosso desengonço e mundo o plano – intersecção de planos – onde se completam de fazer as almas? Se sim, a "vida" consiste em experiência extrema e séria; sua técnica, ou pelo menos parte – exigindo o consciente ali-*

> *jamento, o despojamento, de tudo o que obstrui o crescer da alma, o que a atulha e soterra? Depois o "salto mortale"... – digo-o, do jeito, não porque os acrobatas italianos o aviventaram, mas por precisarem de toque e timbre novos as comuns expressões, amortecidas... E o julgamento-problema, podendo sobrevir com a simples pergunta: "Você chegou a existir?". (Rosa, 1962/2009, p. 451)*

III

Cada indivíduo vem à luz com uma digital de sua personalidade. Que é, usufruindo da filosofia de Jacobina, a laranja e suas duas metades, a que olha de dentro para fora e a que olha de fora para dentro. Unindo dois autores, Jacobina e Bion, podemos oferecer nomes para essas metades: as letras gregas Ψ (psi) e ξ (ksi) formando a laranja, $\Psi(\xi)$, ou, conforme Bion (1962/2021, 1963/2004), pré-concepção. Uma pré-concepção corresponde a um estado de expectativa para buscar. Como um corredor numa linha de partida aguardando o *futuro* sinal para iniciar sua corrida.

Por exemplo, a expectativa que o recém-nascido tem de um seio. Acontecendo o encontro de sua expectativa com o seio, a realização da expectativa, da pré-concepção, o bebê absorve a concepção de um seio. O recém-nascido busca não só o seio, mas o seio e a mente da mãe. Pedindo licença poética, imaginemos uma ficção impossível (se não impossível, desumana): deixar um recém-nascido humano e um recém-nascido urso, cada um em uma ilha, sendo provido tudo o que é necessário para chegarem à idade adulta. Porém, o bebê humano nunca terá contato com nenhum outro humano, e o bebê urso com nenhum outro urso. Adultos, o urso, ainda que com comportamentos estereotipados, será um urso, porque tudo de que ele precisa para ser um urso está na carga genética que recebeu. O humano não será um humano. O que ele necessita para ser um humano não está só no código genético, mas na mente do humano que cuida dele enquanto bebê, na mente do grupo ao qual essa dupla pertence, na mente de muitos humanos, na cultura. É nesse desengonço de intersecção de mentes onde se completam de fazer as almas, é como acontece a expansão mental. Essa jornada exige o alijamento de tudo o que obstrui o seu crescer, o que a atulha e a soterra, para usufruir do nosso jeito (com a nossa digital) das experiências que vamos transpassando ao viver, assim engendrando nossas concepções e nossos conceitos. Não me refiro só a grandes experiências, como acontecimentos que sejam um marco, por exemplo, o nascimento de um primeiro filho (uma conjectura), mas ao cotidiano, ao que a banalidade nos oferece para vivenciar. Quais toques e timbres novos somos capazes de ouvir e emitir a cada nova experiência?

Somos um rascunho ininterrupto. *Somos* a partir das experiências emocionais que alcançamos vivenciar do nosso jeito. Inefáveis a nós mesmos, é transitório o que denominamos Eu e Mim, ficando como traço mais fisgável as emoções e os sentimentos que vivenciamos. Encontramos alguns nomes para elas, que nunca as descrevem, porque quando estamos no seu domínio, o infinito, as sentimos, e quando vamos falar sobre elas – e para falar temos de voltar ao que é finito – já se foram, e as palavras nunca as acolhem inteiramente. Claro que percebemos padrões que se repetem em nós e no outro, um jeito. Mas, à medida que se afastam de nossas digitais, vão se transformando em indumentárias ou rotas de fuga de algo que poderíamos chamar de "nossa existência", do que poderia ser "a nossa verdade" em dado instante, outra verdade no instante seguinte... Essa incerteza de quem somos, como somos, nos assusta. Como diz Guimarães Rosa, "a espécie humana peleja para impor ao latejante mundo um pouco de rotina e lógica, mas algo ou alguém de tudo faz frincha para rir-se da gente" (1962/2009, p. 447). Enquanto nos afastamos de nossa digital, criamos falsas concepções e conceitos distorcidos. Com um pouco de sorte e coragem, temos a chance de alcançar reconcepções (Chuster, 2018a, 2018b) nos aproximando do nosso jeito. A análise trabalha nessa direção.

IV

Uma vinheta clínica

Uma pessoa que trabalha comigo há anos. Certa semana, tive um imprevisto e precisei desmarcar uma sessão no dia da sessão. Na sessão seguinte, a terceira da semana, a pessoa chega como se nada de diferente tivesse acontecido entre nós. Mas aconteceu algo inusual: desmarquei uma sessão no dia do nosso encontro. Até então, era apenas uma silenciosa observação minha. Nenhum comentário da parte dela, guardo para mim essa observação. Ela deita-se e inicia um longo relato, demonstrando uma emoção vívida e harmônica com suas palavras, sobre as dificuldades de relacionamento que estava sentindo entre ela e seus sócios na empresa. Um tema ausente nos últimos meses. Relaciono com minha falta no dia anterior.

Poderia notificar essa relação, mas escolho nada dizer, nada havia em mim de mais "caso reto" sobre nós. Penso se eu sentia dificuldades no fluir dos nossos encontros, e de maneira geral sinto que não. Escolho continuar no caso oblíquo e me inserir na conversa sobre seus colegas de trabalho. Procuro conversar sobre os eventos que ela relatava, tentando apontar-lhe diferentes direções, as irrevogáveis diferença e separabilidade entre ela e esses outros, entre ela e qualquer outro, eu inclusive. A conversa segue seu curso até que ela diz que tinha uma compreensão do que falávamos, mas que sentia muito medo de os sócios se cansarem dela, desistirem dela, não levarem suas ideias a sério e a tratarem como "café com leite". Comento que era impossível ela saber o que se passava na mente dos sócios; talvez se aproximasse um pouco do que sucedia, caso encontrasse condições para conversar com eles. Estava tentando dar-lhe uma senha para alguma outra conversa que poderia estar acontecendo entre nós.

Caímos num silêncio longo. Continuava em mim a relação entre o tema sobre o que conversávamos e minha falta. Mas de que forma elaborar isso com alma? Deixei-me descansar. Descansando, veio-me à mente uma situação assustadora, e em segundos recordei toda uma vivência infinita enquanto aconteceu. Numa viagem, eu estava sobre uma grande plataforma de corais com água até os joelhos, acompanhando meus filhos, que mergulhavam. Havia um monitor do grupo, um mergulhador. E muitos outros grupos e monitores. Chegamos ali em diferentes embarcações até certo ponto e, desse ponto aos corais, fomos de bote. Cada grupo deveria retornar ao seu bote em um determinado horário. Dando o nosso horário, apenas um dos meus filhos subiu à plataforma. E o outro? Olhando para toda aquela imensidão, a extensão da plataforma, o mar, botes, grupos, filas, pessoas, apitos, chamadas, não avistava meu outro filho. Continuei olhando, procurando, deixei de ouvir. O tempo pareceu muito lento. Até que muito ao longe descubro um pontinho verde neon, a cor do short do meu filho.

Volto à sessão. Quando penso em arriscar alguma formulação inspirada por essa re-vivência, escolhendo com que palavras iniciar essa conversa, ela interrompe meu movimento mental e diz muito timidamente: "Mudando totalmente o rumo da conversa, você pode me contar por que precisou desmarcar a sessão de ontem?". Mudamos para o "caso reto", aquilo era absolutamente sobre nós. Seguimos com meu relato sincero sobre o motivo que me desviou de nosso horário e ela demonstrou gratidão e alívio por eu assim fazer. Eu estava sinceramente comprometida com ela, apesar de não me ser possível corresponder a muitas de suas expectativas.

Penso que aconteceu nessa sessão um "cair em si" (dentro dela e dentro de mim) de sua forte ligação comigo e o inerente medo de perda quando nos achamos em uma forte ligação. O medo de que em algum momento eu pudesse me cansar dela e negligenciá-la, tratá-la como café com leite (medo dentro dela e investigação sobre isso dentro de mim). Foi importante eu "escolher" partilhar com honestidade o motivo de minha ausência, não a tratando como café com leite. Foi uma forma de reparar meu ato de desmarcar a sessão sem perguntar sua opinião, mesmo tendo eu me encontrado sem possibilidade de previamente conversar sobre isso. A relatada dificuldade de relacionamento com seus sócios estava ocorrendo entre mim e ela. Ela, colocando essa dificuldade lá longe, entre ela e os sócios, declinava de reclamar sinceramente sobre o ocorrido e revelar que doeu, assustou. Eu, não encontrando um caminho para conversar com ela, escapava de sustentar que faltei, decepcionei. Posso conjecturar que tivemos a oportunidade de reconceber concepções/conceitos sobre vincular-se, separar-se, comprometer-se, intimidade, confiança... Não é difícil imaginar que essa pessoa e eu roçamos espaços e tempos nos quais ser negligenciado trazia até a possibilidade de morte. Quantos Eus dentro de Mim (nela e em mim) foram penetrados por essa "experiência banal" até (imagino) nos aproximarmos de nossas digitais?

Recheia-se nessas aproximações. Cresce a alma. Mas são tão estranhas e assombrosas que as evitamos. Diz-se que o cavalo se assusta com a própria sombra e se agita, lançando o cavaleiro ao chão.

V

"Axolotes", de Julio Cortázar

Fui encontrada por esse conto que comunica o estranho, o assombro, o recheio e a interrupção dessa experiência.

Um homem comum vagueava pelo zoológico de Paris. Pensa em tantas alternativas de animais a visitar, e algo o leva a ir ao aquário (uma pré-concepção + intuição?). Lá, vai passando por tantos peixes desinteressantes, até que avista os axolotes. E já começa o estranho quando procuramos sobre o que é um axolote: uma espécie de salamandra mexicana que permanece em seu estado de larva mesmo quando adulta. Um animal neotênico, conservando durante toda a vida brânquias externas, uma característica do estado larval. Tem grande capacidade de regeneração, não só de membros, mas de órgãos do corpo, como coração e cérebro. Existe uma espécie de axolote na África capaz de viver em terra no período de secas e retornar à vida aquática na estação das chuvas. Imagino que, se Bion tivesse lido o conto de Cortázar, o utilizaria como metáfora para, pelo menos, os conceitos de pré-concepção e cesura.

A partir do livro *Transformações* (1965) e prosseguindo nos trabalhos posteriores (1967, 1970, 1977), Bion promove maior relevância ao espectro finito↔infinito, minimizando o peso do par consciente/inconsciente. Coloca como obsoleto o que já sabemos e aponta para o novo, o futuro, a intuição e a imaginação. Também focaliza a efemeridade do que poderíamos denominar Eu e a simultaneidade de diferentes qualidades de apreensão da experiência vivenciada em um dado momento. Esse novo vértice mantém seu apoio na questão da verdade. Verdade para Bion refere-se ao que honesta e sinceramente o indivíduo sente quando mergulhado em uma experiência.

Verdade é o alimento fundamental para o desenvolvimento e a expansão mental. Verdade está relacionada a amor, a vínculos amorosos. Bion escreve que o desenvolvimento da personalidade de um indivíduo ocorre como uma cebola: em camadas, cada camada tendo sua forma peculiar de sentir. Olhando para a mente humana a partir dessas elaborações, o indivíduo "não é", ele "torna-se" ele mesmo conforme se aproxima, sustenta e dá continência ao labirinto de suas emoções e sentimentos, conforme se aproxima de suas pré-concepções, de seu rostinho de *menos-que-menino*. O indivíduo vai "tornando-se" novamente e novamente durante todo o seu viver (Caseiro, 2019). Como estratégia para evitar dor (frustrações, inconstâncias, lutos, desilusões, decepções, medos, incertezas etc.), distanciamo-nos de "nossas verdades", embrulhando-nos em dissimuladas camadas de mentiras, que podem até ser atraentes, interessantes e sofisticadas, mas são desleais a nós mesmos.

Voltando aos axolotes e aos animais neotênicos, neotenia é também uma propriedade do animal humano, capaz de lidar com coisas novas e aprender até uma idade avançada. No conto, testemunhamos neotenia nos dois animais: no axolote e naquele homem comum. O homem se sente inevitavelmente atraído pelos axolotes, obsesso por eles, "porque desde o primeiro momento compreendi que estávamos vinculados, que uma coisa infinitamente perdida e remota continuava a nos unir, apesar de tudo" (Cortázar, 1956/2021, p. 241).

A história é narrada por entrelaçamentos entre o homem e o axolote. "Às vezes uma pata se movia de leve, eu via os minúsculos dedos pousando com suavidade sobre o musgo. É que não gostamos de nos mexer muito..." (Cortázar, 1956/2021, p. 242). Os axolotes transformam-se em uma chance de realizar uma nova forma de ser: "os olhos dos axolotes falavam-me da presença de uma vida diferente, de outra maneira de olhar... Os olhos de ouro continuavam ardendo com sua doce, terrível luz; de uma profundeza insondável, que me dava vertigem... Aquilo olhava e sabia. Aquilo reclamava" (p. 242).

Os encontros sucedem-se até que o homem/axolote reflete: "só uma coisa era estranha: continuar pensando como antes, saber. . . Eu era um axolote e sabia agora instantaneamente que nenhuma compreensão era possível" (Cortázar, 1956/2021, p. 244).

Atemorizado por essas experiências, o homem interrompe esse enlace: "tive a impressão que já não se interessava tanto por nós, de que obedecia a um hábito. . . Mas as pontes entre mim e ele estão cortadas, porque o que era sua obsessão agora é um axolote, alheio a sua vida de homem" (Cortázar, 1956/2021, p. 244).

Ao final, o axolote mantém a esperança de ainda existir e brotar dentro do homem. Tinha esperança de que o homem se olhasse no espelho e enxergasse seu rostinho de *menos-que-menino*, de axolote.

Finalizando, ao falarmos de Eu e Mim pelo vértice apresentado, é preciso mudar o tempo do verbo do presente "há" para o gerúndio "havendo", assim oferecendo perenidade à pergunta: "Você chegou a existir?".

Referências

Assis, M. (1882). O espelho. In M. Assis, *50 contos de Machado de Assis* (pp. 154-162). Companhia das Letras, 2007.

Bion, W. R. (1962). *Aprender da experiência* (E. H. Sandler, Trad.). Blucher; Karnac, 2021.

Bion, W. R. (1963). *Elementos de psicanálise* (J. Salomão, Trad., E. H. Sandler & P. C. Sandler, Revs. Trad., 2a ed.). Imago, 2004.

Bion, W. R. (1965). *Transformações: do aprendizado ao crescimento* (P. C. Sandler, Trad., 2a ed.). Imago, 2004.

Bion, W. R. (1967). Notas sobre a memória e o desejo (P. C. Sandler & H. Fundament, Trads.). *Jornal de Psicanálise, 19*(39), 33-35, 1986.

Bion, W. R. (1970). *Atenção e interpretação* (P. C. Sandler, Trad., 2a ed.). Imago, 2006.

Bion, W. R. (1977). Cesura (M. T. M. Godoy, Trad.). *Revista Brasileira de Psicanálise, 15*(2), 123-136, 1981.

Caseiro, S. L. N. (2019). Do inefável, um instante: algumas reflexões sobre as sessões de psicanálise apoiadas nas elaborações de W. R. Bion. *Revista Brasileira de Psicanálise, 53*(3), 151-166.

Caseiro, S. N. (2022). At-one-ment e tornar-se: um instante cosmogônico. *Revista Brasileira de Psicanálise, 56*(3), 151-162.

Chuster, A. (2018a). *Simetria e objeto psicanalítico: desafiando paradigmas com W. R. Bion*. Trio Studio.

Chuster, A. (2018b). Sortilégio: a experiência entre o ser e o nada. *Berggasse 19, 9*(1), 36-51.

Cortázar, J. (1956). Axolotes. In J. Cortázar, *Todos os contos* (H. Jahn & J. V. Baptista, Trads., Vol. 1, pp. 241-245). Companhia das Letras, 2021.

Freud, S. (1920). Além do princípio de prazer. In S. Freud, *Escritos sobre a psicologia do inconsciente* (L. A. Hanns, Trad., Vol. 2, pp. 124-182). Imago, 2006.

Freud, S. (1923). O Eu e o Id. In S. Freud, *Escritos sobre a psicologia do inconsciente* (L. A. Hanns, Trad., Vol. 3, pp. 13-71). Imago, 2007.

Pirandello, L. (1926). *Um, nenhum e cem mil* (F. Degani, Trad.). Nova Alexandria, 2019.

Rosa, G. (1962). O espelho. In *Ficção completa* (Vol. 2, pp. 446-451). Nova Aguilar, 2009.

Bibliografia consultada

Bion, W. R. (1967). *No entanto... pensando melhor* (P. C. Sandler, Trad.). Blucher; Karnac, 2022.

Bion, W. R. (1975). *Uma memória do futuro, Vol. 1: O sonho* (P. C. Sandler, Trad.). Martins Fontes, 1989.

Bion, W. R. (1997). *Domesticando pensamentos selvagens* (L. C. U. Junqueira Filho, Trad.). Karnac, 2015.

Freud, S. (1900a). *Edição standard brasileira das obras psicológicas completas de Sigmund Freud, Vol. 4: A interpretação dos sonhos (I) (1900)* (J. Salomão, Trad.). Imago, 1976.

Freud, S. (1900b). A interpretação dos sonhos (II). In S. Freud, *Edição standard brasileira das obras psicológicas de Sigmund Freud, Vol. 5: A interpretação dos sonhos (II) e Sobre os sonhos (1900-1901)* (J. Salomão, Trad., pp. 667-725). Imago, 1967.

Freud, S. (1916). Sobre a transitoriedade. In S. Freud, *Edição standard brasileira das obras psicológicas de Sigmund Freud, Vol. 14* (J. Salomão, Trad., pp. 343-348). Imago, 1976.

Freud, S. (1919). O estranho. In S. Freud, *Edição standard brasileira das obras psicológicas de Sigmund Freud, Vol. 17.* (J. Salomão, Trad., pp. 273-314). Imago, 1976.

Klein, M. (1946). Notas sobre alguns mecanismos esquizóides. In M. Klein, *As obras completas de Melanie Klein, Vol. 3. Inveja e gratidão e outros trabalhos (1946-1963)* (E. M. Rocha, Trad., pp. 17-43). Imago, 1991.

Winnicott, C., Shepherd, R., & Davis, M. (orgs.). (1974). *Explorações psicanalíticas: D. W. Winnicott* (J. O. A. Abreu, Trad.). Artmed, 1994.

21. O lugar dos afetos nos tempos ultrarrápidos da atualidade[1]

Fabio Firmino Lopes[2]

Koyaanisqatsi[3]

1. Vida louca.

2. Vida em turbulência.

3. Vida desequilibrada.

4. Vida se desintegrando.

5. Um estado de vida que exige outro modo de viver.

---

[1] Apresentado em 8 de julho de 2023 no evento preparatório ao 29º Congresso Brasileiro de Psicanálise organizado pelo Grupo de Estudos Psicanalíticos de Santa Catarina (GEP-SC).

[2] Médico psiquiatra, psicanalista, membro associado da Sociedade Psicanalítica de Porto Alegre (SPPA), membro associado com funções didáticas do GEP-SC, diretor do Instituto de Psicanálise Romualdo Romanowski.

[3] Filme Koyaanisqatsi (1982), de Godfrey Reggio. Consta do final do filme, como um epílogo. No original: "ko.yaa.nis.qatsi (from the Hopi language), n. 1. *crazy life*. 2. *life in turmoil*. 3. *life out of balance*. 4. *life disintegrating*. 5. *a state of life that calls for another way of living*".

Enquanto pensava em como organizar esta apresentação, lembrei-me do filme cujo título e tradução do inglês constam na epígrafe: *Koyaanisqatsi*, produzido em 1982 e lançado no Brasil em 1983, dirigido por Godfrey Reggio e com trilha sonora de Philip Glass. O filme de cerca de noventa minutos é "narrado" em imagens - reproduzidas em *slow motion* e *time-lapse* - de paisagens naturais e cenas do cotidiano de grandes cidades dos Estados Unidos, ordenadas daquelas para estas e que conotam a relação do ser humano com a natureza e com a tecnologia.

Em entrevistas, Reggio explica que, na produção do filme, escolheu prescindir das palavras por considerá-las insuficientes para definir o mundo em que vivemos, inseridos que estamos na tecnologia. A sequência e a velocidade errática das cenas, acompanhadas da música "minimalista" de Glass, despertam no espectador um certo desconforto e mal-estar, resultado que se aproxima da intenção do diretor: descentrar-nos do lugar de insensibilidade que a aceleração da vida moderna nos coloca, "um estado incognoscível e invisível por ter se tornado indescritível"[4]. Ao mesmo tempo, o efeito hipnótico das imagens e da cadência repetitiva da trilha sonora - ora intensa, ora morosa e sombria - provoca uma sensação de letargia e fascínio. Reggio considera que, para definir ou nominar esse (como chamei) *estranhamento torporoso*, a linguagem é insuficiente; por isso, diz ter escolhido a palavra título do filme da língua Hopi - uma nação indígena do nordeste do Arizona (EUA) -, "porque era uma língua de oralidade . . . [e] de mais profundidade; . . . uma linguagem que descrevia o mundo em que vivíamos".

Esse "mundo" se refere ao início da década de 1980, quando a produção cinematográfica - e a humanidade em geral - não dispunha do aparato tecnológico atual. A narrativa dos filmes

[4] Disponível em https://youtu.be/3gsCTkd3A5M?si=q63k0N_zeVv6HSho.

daquela época – com exceção desse e de alguns poucos do chamado "cinema experimental" – é considerada lenta, desinteressante, quase sonífera aos olhos e à mente do espectador da atualidade, acostumado com a rapidez vertiginosa, fragmentada, multifacetada e não linear de cenas, informações, personagens e acontecimentos cujo objetivo é produzir na audiência uma sequência de *momentos de experiência intensa*, instantânea e, por extensão, superficial. Sem tempo para pensar. Os significados mais profundos, *quando há*, só poderão ser elaborados e absorvidos *a posteriori*.

Essa é uma das características do mundo em que vivemos: a *intensidade*, em termos de velocidade e volume de informações. Era da instantaneidade, do imediatismo. Tudo é "pra já"! O que importa é a satisfação "aqui e agora", espetacular, arrebatadora, facilitada pela disponibilidade de dados pessoais e coletivos em tempo real, provenientes de toda e qualquer parte do planeta. Nessa concepção de vida, o ontem é depreciado, a experiência é desprezível; o amanhã, uma abstração inimaginável, inconcebível.

Tudo é... pouco. Insuficiente. Disso decorre uma sensação crônica e indefinida de "empanturramento" e de insatisfação. Daí o predomínio das patologias do vazio, da angústia sem nome, dos excessos (trabalho, sexo, jogos, drogas de qualquer natureza) para suplantar a falta de consistência e, principalmente, de sentido (significado e direção).

A pergunta-título deste evento nos convida a refletir sobre os afetos e sua relação com essa intensidade contemporânea. E nos obriga, inicialmente, a estabelecer alguns contornos à palavra "afeto", na tentativa de aproximação de uma linguagem comum, direcionados pelo elo com o memorável texto freudiano que este ano comemora seu centenário, tema deste evento e do próximo Congresso Brasileiro de Psicanálise: *Das Ich und das Es*.

Os afetos

Segundo o *Vocabulário de psicanálise de Laplanche e Pontalis* (2001), o termo *affekt*, usado por Freud, "exprime qualquer estado afetivo, penoso ou desagradável, vago ou qualificado, quer se apresente sob a forma de uma descarga maciça, quer como tonalidade geral; . . . é a *expressão qualitativa* da quantidade de energia pulsional e das suas variações" (p. 9, grifo nosso).

O conceito de afeto na obra freudiana se confunde com o de pulsão e pode ser pensado em duas perspectivas: qualitativa – como ressonância emocional de uma experiência geralmente intensa – e quantitativa, esta última relativa aos investimentos e suas manifestações.

Desde os textos pré-psicanalíticos, Freud trabalha com a concepção de quantidades de excitação no sistema nervoso relacionadas com os sintomas nos quadros de histeria. Green (1973/1982) nos lembra que a expressão "cota de afeto" (*Affektbetrag*) aparece pela primeira vez em "Algumas considerações para um estudo comparativo das paralisias motoras e histéricas", texto escrito em 1888 e publicado em 1893: "Cada acontecimento, cada impressão psíquica, é provido de uma certa cota de afeto, da qual o ego se desembaraça ou por meio de uma reação motora ou por uma atividade psíquica associativa" (Freud *apud* Green, p. 27).

No *Projeto para uma psicologia científica* (1950[1895]/1988), Freud considera que as impressões que aportam no psiquismo, provenientes do exterior e do interior do corpo, têm uma intensidade ou quantidade (com a notação Qη) que carrega os neurônios. Devido à necessidade de regulação dessa quantidade de excitação – *princípio de constância* (Freud, 1920/1976, 1950[1895]/1988) –, o excesso é descarregado na forma de uma ação motora ou distribuída a outros neurônios (que chama de neurônios ψ), formando vias de facilitação, *redes associativas* cada vez mais complexas. Ele atribui ao Ego a função de inibição dos processos psíquicos primários e entende que, embora a tendência do sistema seja a descarga absoluta - *princípio de nirvana*, ligado à pulsão de morte (Freud, 1920/1976, 1924/1988) -, *a retenção de uma certa quantidade de excitação é imprescindível à vida.*

À carga de excitação proveniente do interior do corpo Freud (1915/1974) denomina pulsão e a define como conceito limítrofe entre o somático e psíquico. Para aportar no psiquismo, a pulsão, "sentida" como desprazer, precisa ser transformada em uma representação, processo que envolve uma liberação de afeto ligada ao alívio da sensação de desprazer. No dizer de Green (1973/1982), "o modelo do afeto é mais frequentemente invocado para experiências de desprazer, dor e angústia do que para os estados de prazer" (p. 37).

Em "O Eu e o Isso" (1923/1988), Freud aborda inicialmente a consciência e o inconsciente, os aspectos topográficos, econômicos (pulsional) e dinâmicos (transferencial) do psiquismo - a primeira tópica - e denomina a "organização coerente dos processos psíquicos na pessoa" de *Eu* (*das Ich*). Discorre também sobre os afetos conscientes e inconscientes (por exemplo, sentimento inconsciente de culpa) e sobre os desdobramentos desse processo evolutivo em termos de divisão do Eu em partes inconscientes (o reprimido, as defesas, os afetos e representações não verbais) e pré-conscientes (os afetos e representações-palavras) que se ligam à consciência e à percepção sensorial externa.

No capítulo final, trata das relações dependentes do Eu e situa neste a "sede da angústia" (Freud, 1923, p. 71), na medida em que ele tem a função de mediar as demandas pulsionais do Isso - angústia neurótica - com as oposições internas do Supereu - angústia de consciência (Green, 1973/1982, p. 83) - e externas - angústia real.

Freud retomará esse último tema em "Inibição, sintoma e angústia" (1926/1976), assinalando o estado de desamparo (*Hilfosigkeit*) como a angústia mais temível, devido ao caráter desorganizador das tensões libidinais (pulsões de autopreservação e sexuais) impossíveis de satisfação autoerótica. A mobilização de afetos mais regressivos, primários – a angústia como principal representante do temor do aniquilamento – mobiliza defesas igualmente primárias (clivagem, projeção, denegação), cujo objetivo intrínseco é a fuga do desprazer. O excesso de carga excitatória – quer por demanda pulsional, quer por agressão vinda do exterior – é sentido como intenso desprazer, caracteriza o afeto da angústia sem nome e tem um caráter compulsivo, de repetição, na tentativa de se ligar a algo (pulsão de vida) ou se desligar de tudo (pulsão de morte). Nas palavras de Green (1973/1982, p. 248):

> *o Eu – não podendo evitar o desprazer – pode desejar libertar-se da escravidão afetiva renunciando a qualquer prazer. Daí se segue, então, quando o objetivo está quase atingido, um sentimento de vazio psíquico, de morte afetiva, que não é a dor, mas o aquém da dor, que atinge o próprio sentimento de existir.*

O processo de subjetivação, pensado no referencial teórico apresentado, envolve a transformação dos afetos mais primitivos – ligados às pulsões originárias – pelas defesas primárias e integração de todos esses elementos em estruturas de maior complexidade (defesas e afetos secundários, representações-palavras), que permite ao Eu tornar-se senhor, e não mais escravo dos afetos, sujeito, e não objeto das pulsões.

Tempos ultrarrápidos da atualidade

Retornemos a *Koyaanisqatsi* e à vida em turbulência.

No artigo "A civilização tecno-científica e a desrealização da imagem", Cattaneo (2020) comenta sobre esse e mais dois filmes da trilogia Qatsi – Powaqqatsi (1988) e Naqoyqatsi (2002) – à luz da reflexão de Jacques Ellul, filósofo francês, sobre a tecnologia. Ele destaca a ideia de Reggio de "arrancar todo o primeiro plano de um filme tradicional" e trazer o pano de fundo para o protagonismo: o trânsito como evento, a cidade como o equivalente a um chip de computador, "a aceleração e a densidade como qualidades de um modo de vida que não é visto e não é questionado; . . . vida vivida em estado religioso". Remete ao conceito de Ellul de sistema tecnológico, uma lógica geral do mundo contemporâneo que "toma como referências a funcionalidade, a eficiência e a efetividade da dimensão aplicativa em detrimento da epistemológica". Em outras palavras, o conhecimento científico não é mais fruto da intuição e percepção sensíveis, e sim do estudo de fenômenos produzidos artificialmente por meio de equipamentos técnicos.

Segundo Cattaneo (2020):

> *através da fragmentação e da divisão, o sistema tecnológico tenta tornar computável a totalidade da experiência humana e, assim, traduzi-la em informação; . . . substitui o ambiente natural e se torna o novo meio humano. . . a tecnologia reduz um todo a unidades simples, analisando-o e geralmente compartimentando-o; . . . é inevitavelmente simplificadora, . . . operacional, instrumental . . . reduz tudo o que era natural ao fragmento de um objeto gerenciável. . . o ambiente tecnológico pouco favorece a espontaneidade e a criatividade.*

A partir disso, poderíamos pensar na lógica da cultura universal atual como sendo da ordem da lógica do inconsciente (atemporalidade, imediatismo e instantaneidade), do princípio do prazer (Freud, 1911) e do narcisismo primário (Freud, 1914)? Uma lógica em oposição ao processo de subjetivação fruto do precipitado de identificações (Freud, 1923/1988) a partir das vivências e dos contínuos processos de ligação, desligamento e religação (Green, 1982) em direção à ampliação da complexidade do psiquismo?

Baumann (2007) diferencia a "modernidade líquida" atual em contraste com a solidez das estruturas sociais do passado, como uma condição em que "as organizações sociais . . . se decompõem e se dissolvem mais rápido que o tempo que leva para moldá-las e, uma vez reorganizadas, para que se estabeleçam" (p. 3). Para ele, isso levaria a um enfraquecimento dos vínculos pessoais e coletivos, a uma sensação de insegurança e incerteza generalizadas, a uma "sociedade cada vez mais vista e tratada como uma rede em vez de uma estrutura" (p. 4). Diz ele:

> *A virtude que se proclama servir melhor aos interesses do indivíduo não é a conformidade às regras (as quais, em todo caso, são poucas e contraditórias), mas a flexibilidade, a prontidão em mudar repentinamente de táticas e de estilo, abandonar compromissos e lealdades sem arrependimento – e buscar oportunidades mais de acordo com sua disponibilidade atual do que com as próprias preferências. . . . (p. 5) O progresso se transformou numa espécie de dança das cadeiras interminável e ininterrupta, na qual um momento de desatenção resulta na derrota irreversível e na exclusão irrevogável. Em vez de grandes expectativas e sonhos agradáveis, o "progresso" evoca uma insônia cheia de pesadelos de "ser deixado para trás" – de perder o trem ou cair da janela de um veículo em rápida aceleração. (p. 11)*

Seria a aceleração do tempo na atualidade fruto desse medo de derrota pelo progresso irrefreável? O fluxo alucinante de informações poderia ser pensado como uma defesa contra esse pavor de ficar para trás, de "perder o trem" e se desintegrar? Deixar de ser sujeito?

O abandono das próprias preferências remete ao processo de despersonalização e de desinvestimento pulsional (Green, 1982), aplicável tanto ao indivíduo quanto à identidade grupal e social.

O lugar dos afetos nos tempos ultrarrápidos

Sinto que parti da pergunta tema deste debate e encerro com muitas outras.

A velocidade dos tempos atuais e a quantidade de informações fragmentadas disponível remete à lógica atemporal do inconsciente, aos processos primários de pensamento e é da natureza do irrepresentável. A intensidade com que elas nos invadem pode ser comparada à vivência traumática: excesso de excitação/estímulo que supera a capacidade do psiquismo de dar representação à experiência, resultando em um acúmulo de energia livre (não ligada), da ordem do pulsional, manifestada na forma de angústia. *Este é o afeto que tem lugar predominante na atualidade.*

Esse estado de coisas – da ordem do *Isso* – leva a uma sensação de desvitalização e esgotamento e à busca de mais informações, na tentativa de preencher o Vazio inominável. Sem tempo de as significar psiquicamente e integrá-las, posto que esse processo não é instantâneo como a transmissão de dados, incrementa-se a frustração e a busca de cada vez mais. Um *pseudodesejo de tudo saber*, que é, na verdade, da natureza da compulsão à repetição e que apaga as pulsões epistemofílicas, componentes da pulsão de vida.

Sed fugit interea, fugit irreparabile tempus...[5] (Virgílio, Geórgicas, Livro III, v. 284).

Referências

Bauman, Z. (2007). *Tempos líquidos*. Zahar. (e-book).

Cattaneo, F. (2020). The Techno-scientific civilization and the de-realization of the image. Godfrey Reggio's "Qatsi Trilogy" in the light of Jacques Ellul's reflection on technology. Disponível em: https://cris.unibo.it/handle/11585/813798.

Freud, S. (1911). Formulação sobre os dois princípios do funcionamento mental. In S. Freud, *Obras completas de Sigmund Freud: edição standard brasileira* (Vol. XII, pp. 273-286). Imago, 1974.

Freud, S. (1914). Sobre o narcisismo: uma introdução. In S. Freud, *Obras completas de Sigmund Freud: edição standard brasileira* (Vol. XIV, pp. 77-113). Imago, 1974.

Freud, S. (1915). As pulsões e os destinos das pulsões. In S. Freud, *Obras completas de Sigmund Freud: edição standard brasileira* (Vol. XX, pp. 117-144). Imago, 1974.

Freud, S. (1920). Além do princípio do prazer. In S. Freud, *Obras completas de Sigmund Freud: edição standard brasileira* (Vol. XVIII, pp. 13-85). Imago, 1976.

Freud, S. (1923). O Eu e o Isso. In S. Freud, *Obras completas de Sigmund Freud: edição standard brasileira* (Vol. XIX, pp. 15-80). Imago, 1988.

[5] "Mas foge o tempo; foge irreparável" (tradução de Manuel Odorico Mendes. In Virgílio, *Geórgicas*, organizado por Paulo Sérgio Vasconcellos, 2019, Ateliê Editorial. pp. 216-217).

Freud, S. (1924). O problema econômico do masoquismo. In S. Freud, *Obras completas de Sigmund Freud: edição standard brasileira* (Vol. XIX, pp. 175-199). Imago, 1988.

Freud, S. (1926). Inibição, sintoma e angústia. In S. Freud, *Obras completas de Sigmund Freud: edição standard brasileira* (Vol. XX, pp. 95-201). Imago, 1976.

Freud, S. (1950[1895]). Projeto para uma psicologia científica. In S. Freud, *Obras completas de Sigmund Freud: edição standard brasileira* (Vol. I, pp. 333-454). Imago, 1988.

Green, A. (1973). *O discurso vivo: a conceituação psicanalítica do afeto*. Francisco Alves, 1982.

Green, A. (1982). O duplo limite. In A. Green, *A loucura privada. Psicanálise de casos-limites* (pp. 269-288). Escuta, 2017.

Laplanche, J. (2001). *Vocabulário de Psicanálise – Laplanche e Pontalis* (pp. 9-10). Martins Fontes.

Virgílio. *Geórgicas*. Mendes, M. O. (trad.); Vasconcellos, P.C. (org.). Ateliê Editorial, 2019.

22. Os afetos e a mente ampliada do analista[1]

Zelig Libermann[2]

O conceito "patologias atuais", que passou a ser citado com mais ênfase em artigos, livros e debates psicanalíticos, já há algum tempo não se refere a uma patologia específica, mas a um conjunto de distúrbios psíquicos com características psicodinâmicas semelhantes. Na busca de uma descrição mais generalizada, podemos situar as patologias atuais em três eixos: fenomenológico, metapsicológico e sociológico.

Do ponto de vista das características sintomáticas, as patologias atuais compreendem quadros de depressão, organizações psicossomáticas, uso de drogas, transtornos alimentares, personalidades fronteiriças e/ou narcisistas.

---

[1] Trabalho apresentado no encontro "Desafios do eu: os afetos na clínica atual", em primeiro de abril de 2023, promovido pelo Grupo de Estudos Psicanalíticos de São José do Rio Preto e Região como atividade preparatória do 29º Congresso Brasileiro de Psicanálise da Federação Brasileira de Psicanálise (FEBRAPSI).

[2] Médico psiquiatra e psicanalista. Analista didata da Sociedade Psicanalítica de Porto Alegre (SPPA). Diretor científico da Federação Brasileira de Psicanálise (FEBRAPSI) no biênio 2022-2023.

No que se refere aos aspectos metapsicológicos, o reforço às defesas narcisistas e a dificuldade em manter laços afetivos acarretam uma insuficiência de representações na mente do indivíduo, gerando uma angústia intensa que pode levar à substituição da atividade simbólica, essencial à construção do psiquismo, por manifestações voltadas ao corpo ou ao ato. O pensamento perde lugar para a ação.

Com relação ao que denominei eixo sociológico, o avanço científico e tecnológico e os costumes mais flexíveis propiciaram uma vida mais longa e com melhor qualidade. No entanto, essa evolução teve como contrapartida a possibilidade de negação do poder do outro, uma vez que a tecnologia acena com a ilusão de satisfação imediata dos ideais narcisistas. Além disso, o espaço para o questionamento, necessário à evolução da sociedade, está tomado, muitas vezes, por um relativismo extremado em que se perdem os limites, as responsabilidades e as funções atribuídas a determinados papéis sociais. Em ambos os casos, a consequência é uma angústia intensa frente a um vazio de representações (internas e externas).

Tendo delimitado esse campo de estudo, gostaria, então, de propor uma questão: seriam as patologias atuais prerrogativas contemporâneas?

Depressão, anorexia nervosa e uso de drogas, entre outros, acompanham a humanidade há centenas de anos. Além disso, encontramos nessa trajetória inúmeros momentos de transformações sociais, políticas e econômicas, nas quais fenômenos amplamente citados na atualidade, como ausência de sentido, sensação de vazio, egoísmo, gratificação ilimitada, relatividade da autoridade, estiveram presentes nas relações humanas.

Assim, caberia questionar por que enfatizamos a atualidade de patologias que há muito tempo acompanham o homem.

Sem negar as especificidades da sociedade contemporânea e o esforço das várias disciplinas do conhecimento para compreender os fenômenos de nosso tempo, minha hipótese é que a atualidade poderia ser atribuída à psicanálise, e não à patologia. Penso que, ao longo de sua história, nossa disciplina passou por acréscimos teóricos que permitiram a compreensão mais ampla da mente e por desenvolvimentos técnicos que possibilitaram acesso a áreas do psiquismo que funcionam "aquém" da representação.

A evolução da teoria psicanalítica ampliou o entendimento sobre os períodos iniciais da vida psíquica. Tal fato proporcionou não apenas o atendimento de pacientes com estruturas não neuróticas, em que um ego frágil e fronteiras lábeis demandam uma grande parte da energia para enfrentar os limites entre o externo (objeto) e o interno (pulsão), como também o acesso a áreas mais primitivas do psiquismo de pessoas com estruturas neuróticas.

A compreensão de aspectos da vida primitiva realça aquilo que é uma constante na obra de Freud: o funcionamento da mente é explicado a partir da observação de fenômenos da psicopatologia. Saúde ou doença mental são frutos da intensidade de cada um dos elementos presentes no funcionamento psíquico. Pulsões, identificações primárias, desmentida e cisão do ego, entre outros, são conceitos relevantes para a normalidade e para a patologia.

A vida se define pela força de ação das pulsões do Id, fusionadas de um modo mais perene, que caracteriza o funcionamento geral de um indivíduo, mas que também pode apresentar quantidades variáveis em momentos diferentes.

No que se refere às configurações mais estáveis de funcionamento do indivíduo, como não pensar em um grau de identificação primária na situação do auge do amor, quando ocorre o desejo pelo retorno a um estado anterior de fusão e a fronteira entre ego e objeto está temporariamente ameaçada de desaparecer?

E quanto à desmentida? Fortemente associado à patologia, frequentemente esquecemo-nos que esse mecanismo de defesa pode ter uma função de preservação do psiquismo. A fórmula "sei que existe, mas..." da desmentida que, por um lado, pode levar ao fetichismo e outras perversões ou, em grau maior à psicose, por outro permite não somente uma elasticidade que contribui para evitar o rompimento do ego, como também é um fator de manutenção da fantasia que auxilia o sujeito a enfrentar a realidade cotidiana. Por exemplo, a moça que "sabe que sua mãe morreu, mas...", que, em alguns momentos, assolada pela saudade, desvia-se de seu caminho para passar em frente ao prédio onde morara sua mãe, recentemente falecida, na esperança de vê-la passear com o cachorro como fazia todos os dias.

O que se procura salientar neste trabalho é que esses elementos, tanto na normalidade quanto na patologia, não são prerrogativas atuais. É evidente que as mudanças sociais se refletiram na incidência de certos tipos de patologia em que se observam o predomínio da expressão de pulsões desenfreadas, identificações primárias e desmentida que empobrecem o funcionamento mental.

E, como consequência, também a prática psicanalítica passou por transformações. Verifica-se, já há algum tempo, a necessidade de expansão de nosso campo de conhecimento para dar conta daquelas organizações que estão além da neurose, de aparelhos psíquicos que estão além (ou será aquém?) da representação. E também ampliar a possibilidade de ajuda a pacientes neuróticos que, embora em intensidade menor, nos mostram aspectos relacionados às experiências primitivas de seu desenvolvimento. Afinal, como destaca Norberto Marucco (1998), "em toda neurose transferencial coexiste uma neurose narcisista" (p. 44).

Pois bem, os conceitos de áreas de não representação e de ego cindido acarretaram um acréscimo aos objetivos da psicanálise.

Não se trata apenas de relembrar os conteúdos ou de revivê-los na transferência. O paciente necessitará *viver* pela primeira vez aquelas experiências que, por sua potencialidade traumática, não puderam ser abarcadas pelas representações à época de seu acontecimento. A respeito de *viver* pela primeira vez, Green (2000/2001) utiliza o interessante termo heterocronia, derivado da biologia e que significa geração de partes do corpo em época diferente daquela em que nascem normalmente. Esse termo, como um amálgama desses acréscimos à relação analítica, implica também a transformação do papel do analista em seu contato com os pacientes.

A constatação de que existem áreas da mente que não estão respaldadas nas representações teve reflexos na técnica. E, a meu ver, Freud abriu o caminho para mudanças posteriores com seu artigo "Construções em análise" (1937/1976), o qual ampliou o espectro da psicanálise para além da reconstrução baseada na recordação.

No texto, o trabalho do analista é visto sob os ângulos da interpretação (que está ligada ao material do paciente) e da construção (que consiste em o analista oferecer, a partir de conteúdos comunicados pelo paciente, elementos ausentes da história). Para defender esse pensamento, Freud lança mão da comparação com a arqueologia. Segundo ele, a partir de indícios históricos encontrados, os arqueólogos podem inferir certas características da vida em determinado local, em épocas passadas. Também o analista teria essa possibilidade: tendo como base as manifestações do paciente, poderia supor conteúdos de sua história.

Penso que essa ideia de Freud poderia ser relacionada a uma das grandes transformações da psicanálise contemporânea: a importância do trabalho da mente do analista na relação com seu paciente (que poderíamos considerar implícita nas ideias de Bion, 1970/1991) sobre a mente em desenvolvimento e a capacidade negativa; no conceito de espaço potencial de Winnicott (1953/1975);

na concepção de Green (1990) sobre a contratransferência imaginativa; na teoria do campo analítico do casal Baranger (1961/1977) e no recurso à figurabilidade do analista descrito por César e Sara Botella (2002).

Essa visão diferente sobre a participação da mente do analista no processo de análise está ligada à compreensão da relação analista/paciente, compreensão que vem se transformando ao longo do tempo.

Primeiramente, havia a ideia de que uma pessoa sã escutava outra pessoa doente com o objetivo de fazer interpretações, tendo como principal ferramenta a instrumentalização da transferência. Nesse modelo, Freud, preocupado em afastar da psicanálise o estigma da sugestão, formula a metáfora do analista como um espelho que deveria refletir os conflitos do paciente. Quando admite que o analista possa perceber algum sentimento seu em relação ao paciente, foi para considerar esse fato como um obstáculo ao tratamento. E sugere que o analista deveria voltar a se analisar.

Anos mais tarde, no início da década de 1950, os estudos de Paula Heimann, em Londres, e Henrich Hacker, em Buenos Aires, contribuíram para que os sentimentos do analista em relação ao analisando, a denominada contratransferência, passassem a ser considerados como um instrumento de comunicação do mundo interno do paciente. E também colaboraram para que as delimitações do *setting* tivessem uma importante transformação. Passou-se a valorizar os movimentos afetivos do analista como uma possibilidade de compreensão do paciente.

Em que pese essa importante mudança nas delimitações dos papéis, podemos dizer que ainda prevalecia uma lógica "aritmética", uma lógica da soma.

Com o advento das ideias sobre campo psicanalítico (Baranger & Baranger, 1961/1977), os mesmos elementos constituintes do enquadre analítico passaram a ser considerados de outro ponto de vista. Não se trata somente de um paciente expressando sua psique (por meio de todas as formas possíveis: linguagem, comportamento, caráter etc.) e desencadeando no analista sentimentos a serem compreendidos e interpretados como manifestações do mundo interno do primeiro. Trata-se de uma relação em que o encontro entre duas pessoas desencadeia a possibilidade de criação de algo novo. Um objeto analítico que não é de um e não é de outro, que promova ligaduras com potencial transformador da realidade. O enquadre psicanalítico torna-se um *espaço potencial* de jogo e área de ilusão.

Nesse contexto, passou a existir uma diferente contribuição pessoal do analista, uma dimensão ampliada de sua mente, envolvendo não apenas seus pensamentos, mas também os afetos, as percepções sensoriais, as manifestações corporais etc. Segundo André Green (1990), a equação teve como acréscimo o funcionamento imaginativo do analista, isto é, a capacidade de associar imaginativamente *a partir do material do paciente*, mas tendo em conta também suas próprias vivências, suas leituras, suas conversas com colegas.

No entanto, esse recurso tem seus riscos: como saber se nos significados que estão na mente do analista não predominam suas problemáticas próprias? Contar com o funcionamento mental do analista não implicaria o risco de se repetir, em análise, a situação que levou ao estabelecimento da organização narcisista primária no paciente?

O próprio Freud adverte, em seu texto "Construções em análise" (1937/1976), que o direito do analista de oferecer hipóteses não implica o descuido com os indícios originados na reação do paciente a essas formulações. E entre esses indicadores (sonhos, atos falhos ou associações que se relacionem com a construção), considera de especial valor a convicção de verdade que surge no paciente frente ao que lhe comunica o analista. Levando-se em conta que, em muitas situações, não será possível trazer certos conteúdos à consciência, a convicção "no [âmbito] terapêutico rende o mesmo que uma recordação recuperada" (p. 267).

Complementando essa posição, André Green pergunta: qual a razão para enfrentarmos esse risco de dependência? E ele mesmo responde:

> *Se me sinto de acordo com a técnica de um Winnicott..., apesar do risco de indução à dependência, é porque me parece a única que faz justiça à noção de ausência. O dilema que opõe a presença intrusiva (que conduz ao delírio) e o vazio do narcisismo negativo (que conduz à morte psíquica) é modificado pela* transformação do delírio em jogo, e da morte psíquica em ausência, *dentro da criação de um campo intermediário do espaço potencial. (1975/2001, p. 84, grifos nossos)*

A insuficiência de simbolização, que implica predomínio de manifestações por meio do corpo ou do ato, frequentemente confronta o enquadre analítico e seus recursos: a clássica posição de neutralidade; o silêncio e a inatividade do analista; as regras do *setting* etc.

E como definir que posturas devem ser mudadas? Quais as regras do *setting* que precisamos tornar flexíveis? E, principalmente, como mudar sem cair em um relativismo extremado que nos faça perder a especificidade que nos define?

Penso que André Green (1975/2001) esboça uma ideia de integração que nos auxilia a percorrer esse difícil caminho:

> *De modo algum sou partidário, durante essas fases difíceis, de abandonar a atividade interpretativa que segue sendo, para mim, a essência do trabalho analítico. Sustento, ao contrário, que as modificações técnicas eventuais (passagem da posição deitada para a sentada, aumento da frequência de sessões e de sua duração – nunca de seu encurtamento –, resposta a chamadas telefônicas ou a cartas do analisando) têm um só propósito: manter o poder da palavra libertadora por meio da interpretação. Esta é a prova de que a relação de transferência continua, ainda nas condições mais difíceis, o que não significa que as interpretações devam ser sempre "de transferência" nem necessariamente "profundas". (p. 89)*

Considerações finais

Em psicanálise, há aproximadamente três décadas, se considerava que existia uma ampla variedade de pessoas para quem não estava indicado o tratamento psicanalítico. Nesse grupo, certamente se incluíam indivíduos que, hoje em dia, consideramos como portadores das, assim denominadas, patologias atuais. Por essa razão e pelo contato com alguns textos (Dostoiévski, 1879/2002; Freud, 1908/1976) que descrevem sociedades de épocas pregressas com características semelhantes às do tempo atual é que propus a questão inicial sobre a que devemos atribuir a atualidade: às patologias ou à psicanálise.

Podemos enumerar uma série de fatores que condicionaram essa mudança em nossa clínica. Desde as transformações da sociedade e da cultura à evolução da teoria psicanalítica, passando pela questão muitas vezes referida da diminuição da demanda por psicanálise, que teria levado os psicanalistas a buscar uma ampliação do mercado de trabalho.

Embora não desconsidere todas essas possíveis variantes, particularmente, centro minha atenção na evolução da teoria psicanalítica, que, como descrevi, permitiu a ampliação do entendimento da mente humana.

Levando-se em consideração a neurose clássica (conforme a denominação de Green, 1975/2001), podemos considerar a lógica unitária: pulsão, representantes da pulsão, repressão, Superego, bloqueios etc. Porém, no campo da não representação não encontramos mais a lógica da unicidade. Precisamos pensar em termos de campo analítico, do encontro de duas pessoas distintas, com situações distintas que estão interagindo.

E, como parte desse desenvolvimento, uma transformação importante ocorreu em relação ao papel desempenhado pelo enquadre e pelo analista na relação com seus pacientes. O enquadre analítico passou a ter uma flexibilidade, buscando, no entanto, não perder sua especificidade. E é importante que mantenha seu arcabouço para o estabelecimento de um juízo que, entre outros fatores, proteja o analista das loucuras privadas do paciente, mas também proteja o paciente das loucuras privadas do analista (Green, 1988). O enquadre deve ser mantido como um espaço potencial de criatividade entre paciente e analista.

A partir do desenvolvimento dos conceitos de contratransferência, de campo analítico e das teorias sobre o psiquismo do início da vida, a mente do analista passou a ter outra dimensão na relação analítica. Ao entendimento de conflitos e à formulação de interpretações, adicionou-se a função prioritária da contenção. Nossa tarefa como analistas é procurar, em primeiro lugar, ajudar o paciente a afrouxar os laços que o prendem a um modo de vida em que a repetição predomina mais que a transformação.

Esses objetivos devem ser buscados sem que tenhamos de abrir mão de nossas especificidades: a compreensão da dimensão humana em seus aspectos inconscientes; o método centrado no encontro entre dois seres humanos que se propõem a interagir em um tempo que não é o do cotidiano acelerado; a busca de um autoconhecimento que não procura o alívio imediato; enfim, o pensamento antes que o ato.

Referências

Baranger, W., & Baranger, M. (1961). La situación analítica como campo dinámico. In W. Baranger & M. Baranger. *Problemas del campo analítico* (pp. 129-164). Kargieman, 1977.

Bion, W. (1970). O místico e o grupo. In W. R. Bion, *Atenção e interpretação: o acesso científico à intuição em psicanálise e grupo* (pp. 71-81). Imago, 1991.

Botella, C., & Botella, S. (2002). *Irrepresentável: mais além da representação*. Criação Humana.

Dostoiévski, F. (1879). *Os irmãos Karamazov*. Ediouro, 2002.

Freud, S. (1908). La moral sexual "cultural" e a doença moderna. In S. Freud, *Obras completas* (Vol. IX, pp. 163-180). Amorrortu, 1976.

Freud, S. (1937). Construcciones en análisis In S. Freud, *Obras completas* (Vol. 23, pp. 255-270). Amorrortu, 1976.

Green, A. (1975). El analista, la simbolización y la ausencia en el encuadre analítico. In A. Green, *De locuras privadas* (pp. 48-87). Amorrortu, 2001.

Green, A. (1988). Sobre a loucura pessoal. In A. Green, *A psicanálise e modos comuns de pensamento.* Imago.

Green, A. (1990). O trabalho do negativo. In A. Green, *Conferências brasileiras de André Green: metapsicologia dos limites* (pp. 63-82). Imago.

Green, A. (2000). Construcción de la heterocronía. In A. Green, *El tiempo fragmentado* (pp. 23-44). Amorrortu, 2001.

Marucco, N. (1998). *Cura analítica y transferencia: de la represión a la desmentida.* Amorrortu.

Winnicott, D. (1953). Objetos transicionais e fenômenos transicionais. In D. Winnicott, *O brincar e a realidade* (pp. 13-44). Imago, 1975.

23. O @Eu com @Isso: na era digital[1]

Liana Albernaz de Melo Bastos[2]

Eu vejo o futuro repetir o passado
Eu vejo um museu de grandes novidades
O tempo não para
Não para, não, não para.
(Cazuza/Arnaldo Pires Brandão)

I

Cem anos depois, estamos nós aqui a discutir "O Eu e o Id". O adendo, na era digital, nos convoca a articular as descobertas do fundador da psicanálise na Viena do início do século XX e os tempos em que vivemos. Tradição e invenção se atravessam.

Em tempos em que somos regidos por algoritmos e usamos @ nos endereços eletrônicos de qualquer pessoa do planeta, é curioso

[1] Encontro preparatório para o XXIX Congresso Brasileiro de Psicanálise do Rio de Janeiro, em agosto de 2023.

[2] Membro efetivo da Sociedade Brasileira de Psicanálise do Rio de Janeiro (SBPRJ). Professora adjunta da Universidade Federal do Rio de Janeiro (UFRJ).

lembrar que o algoritmo foi criado por Al-Khwarizm, matemático persa do século IX.[3] Já o @ devemos aos monges copistas que, na Idade Média, criavam símbolos para substituir palavras. No caso, a preposição latina *ad* (em casa de, tradução sugerida pelo Museu de Língua Portuguesa) pelo @[4] *Ad aeternum*. Museu de grandes novidades.

Novidade também, ainda que há muito existisse na boca do povo, foi a estreia polêmica do conceito de inconsciente que Freud trouxe com *A interpretação dos sonhos*, em 1900. O inconsciente tomou o protagonismo, deslocando a temporalidade lógica do Eu consciente. O passado torna-se presente, e realizam-se nos sonhos, pela atemporalidade do inconsciente, os desejos infantis. Assim, Freud infligiu mais uma ferida narcísica à humanidade. Depois de Copérnico e Darwin, Freud. Do *cogito, ergo sum*, passou-se ao "sou onde não penso".

Como era de se esperar, a resistência não tardou a aparecer no meio científico. Do desprezo à desqualificação como charlatanismo, a psicanálise foi atacada. E não é que hoje ela torna a sê-lo com os mesmos argumentos? "Como nossos pais", diria Belchior (Regina, 1976)...

Prigogine (1991) aponta para "o divórcio entre a situação essencial do homem, em que o tempo desempenha papel fundamental e a visão atemporal, vazia, da física clássica, mesmo com as interrogações e as novidades trazidas pela mecânica quântica e pela relatividade" (p. 29). Refere Freud, ao lado de Lévi-Strauss e Zola, como exemplos de pensadores que buscaram inspiração nas duas visões. Há, segundo ele, "uma contraposição . . . entre o

---

[3] https://impa.br/noticias/al-khwarizmi-o-homem-que-simplificou-a-multiplicacao/#:~:text=Al%2DKhwarizmi%20foi%20um%20grande,Mam'un%2C%20em%20Bagd%C3%A1.

[4] www.museudalinguaportuguesa.org.br.

ideal da ciência, um esquema universal e atemporal e das ciências humanas (que) se baseiam num esquema histórico ligado ao conceito de situações novas que se sobrepõem a outras" (p. 29). Seu trabalho, ao superar a dicotomia entre os dois modelos, lhe valeu o Prêmio Nobel.

Latour e Stengers, dentre outros teóricos das chamadas teorias da complexidade, propõem respostas e alternativas a três matrizes das ciências modernas: o reducionismo, a abstração e o determinismo. A epistemologia clássica, ao exigir da prática clínica a rigorosa definição territorial de um método e de um objeto para adquirir o *status* de prática científica, destina-se exclusivamente a revelar a verdade de seus objetos de estudo (Viñar, 2020).

No obituário que escreveu após a morte de seu mestre Charcot, Freud citou-o: *"La théorie, c'est bon, mais ça n'empêche pas d"exister"* (1893/1986, p. 15). O que não deixa de existir e não pode ser explicado pelas teorias conhecidas necessita de outras. Para se compreender o inconsciente, objeto da psicanálise, foi preciso avançar para um novo paradigma: o da complexidade e da multicausalidade que amplia zonas de incerteza e do real incognoscível, o famoso "umbigo do sonho". Freud antecipou com a psicanálise um modo contemporâneo de pensar. O tempo não para.

Em 1923, Freud, para sistematizar o que sua prática clínica lhe exigia e os impasses teóricos surgidos, precisou criar uma nova ordenação do psíquico. A pulsão de morte já adentrara a cena. Os sonhos traumáticos não podiam ser entendidos como a realização dos desejos infantis. A compulsão à repetição não buscava o prazer. O inconsciente não cabia mais na sua concepção de Icc/Pcs-Cc. Era necessário uma nova e complexa organização psíquica: a segunda tópica. Não abandonou o já posto, mas ampliou a compreensão de "certas coisas" cujos efeitos já eram conhecidos. Ao avançar metapsicologicamente, "estas mesmas coisas apresentavam-se de modo diverso" (Freud, 1923/1986, p. 13).

II

"O Eu e o Isso" é um texto denso. Vou circunscrever algumas questões para pensar nossas constituições subjetivas nas suas relações histórico-culturais.

A constituição do Eu perpassa toda a obra freudiana. Contudo, na segunda tópica não apenas ela vai se complexificar como vai possibilitar discutir a existência de uma diferenciação no Eu, chamada de ideal do Eu ou Supereu (que já fora enunciada em 1914 e em 1921). A novidade é dar-lhe o estatuto de inconsciente nas suas relações com o Eu e o Isso.

A gênese do ideal do Eu está nas identificações primárias, imediatas, que o Eu faz com os pais da pré-história pessoal. No começo dos tempos, não é possível discernir entre investimento de objeto e identificação. São essas escolhas de objeto/identificações primárias que vão atrair as identificações posteriores, considerando a constelação edípica e a bissexualidade. Daí o Supereu ou ideal do Eu (Freud aqui não faz distinção) ser tido como o herdeiro do complexo de Édipo.

Freud atribui a gênese do Supereu a dois fatores biológicos: o desamparo e a dependência do ser humano durante sua prolongada infância e a acometida em dois tempos da vida sexual. Referindo-se a esta, apresenta a hipótese ferencziana:

> *herança do desenvolvimento para a cultura imposto pela era das glaciações. Assim a separação do Supereu respeito ao Eu não é algo contingente: transfere os traços mais*

> *significativos do desenvolvimento do indivíduo e da espécie e, mais ainda, na medida em que procura expressão duradoura ao influxo parental, eterniza a existência dos fatores a que deve sua origem. (Freud, 1923/1986, pp. 36-37)*

Ao tomar a hipótese ferencziana, Freud é obrigado a tratar da filogênese, sobre a qual afirma:

> *Não se pode falar de uma herança direta no Eu. . . Não é lícito tomar de modo rígido a distinção entre Eu e Isso, nem esquecer que o Eu é um setor do Isso diferenciado particularmente. As vivências do Eu . . . quando se repetem com frequência e intensidade em muitos indivíduos por gerações se transpõem em vivências do Isso, cujas impressões são conservadas por herança. Deste modo, o Eu hereditário alberga em seu interior os restos de inumeráveis existências-Eu e quando o Eu extrai do Isso a força para seu Supereu, talvez não faça senão trazer de novo à luz figuras, plasmações egóicas mais antigas, fazendo-as ressuscitar. (Freud, 1923/1986, pp. 39-40)*

Desse modo, carregamos nossas heranças transgeracionais, aquelas que nos foram necessárias para o desenvolvimento da cultura, do indivíduo e da espécie.

Ainda ao definir o Eu como o "cemitério dos objetos perdidos", Freud põe a morte e a vida em cena. O Eu, ao carregar traços do objeto, se apresenta ao Isso como objeto de amor. O Isso, ao investi-lo, transforma a libido objetal em narcísica, dessexualizando-a (trabalho da pulsão de morte) para que outros objetos possam ser investidos. Esse trabalho de desfusão e fusão pulsional carrega riscos. Mas é a partir dele que nos reinventamos na singularidade de cada sujeito. Nos tempos de hoje, carregamos o ontem. O que somos e o que seremos depende da destrutividade e da criatividade. *Wo Es war, sol Ich wer den* – "Lá onde estava o Isso, um Eu deve advir", em tradução livre –, traz um duplo sentido: um limite-obstáculo e um limite-apoio para o salto (Tysler, 2021). O tempo não para.

III

Em 2020, o tempo parou. Ficamos suspensos na angústia do desconhecido: o SARS-CoV-2 passou a habitar nossas mentes e corações. Outras pestes, que já nos dizimaram (os Eu-hereditários), espreitavam-nos. A ameaça de morte rondava, e os 700 mil brasileiros que morreram não eram apenas números nas estatísticas. Ao desamparo, como se já não fosse excessivo, somaram-se a negligência e os ataques de um governo fascista em que o negacionismo era atrelado a uma política de extermínio da população mais vulnerável. Esta foi colocada na linha de frente em nome de uma economia que não economizava vidas.

Aqueles que puderam se isolar o fizeram. Nós, psicanalistas, começamos a nos valer dos recursos tecnológicos para atendimentos online: imagens nas telas ou só a voz. Nossos corpos ficaram reduzidos às imagens e à voz. "Toda voz é corporal" (Roussillon, 2023, p. 103): os timbres, as entonações, os ritmos, os sotaques, os engasgos, as tosses, os choros, os silêncios, as interrupções, os ruídos do entorno. O atendimento online tornou possível mantermos a ligação em tempos em que o desligamento (pelo isolamento ou pela morte) esteve tão presente.

Na SBPRJ, alguns de nós, premidos pela angústia e pelo desejo de minorar o sofrimento (próprio e alheio), organizamos o projeto

Estamos Ouvindo (EO), de atendimento pontual, online (somente por voz) e gratuito. Passada a pandemia, nosso projeto se mantém: até este momento, são mais de novecentos atendimentos. Seguimos uma tradição: o atendimento gratuito à população carente que esteve presente no movimento psicanalítico europeu com as clínicas públicas. Em 1922 – ano em foi redigido "O Eu e o Isso" –, foi inaugurado o Ambulatorium, em Viena (Danto, 2019). (Essa prática se perdeu com a diáspora psicanalítica determinada pelo nazismo e manteve-se "esquecida" pelas instituições psicanalíticas.) A tradição foi atravessada pela inovação tecnológica. É com essa bagagem e a de nossas clínicas privadas que vamos discutir as modificações do enquadre cujas conclusões permanecem em aberto.

No projeto EO, atendemos pessoas de lugares distantes, muitas das quais jamais teriam acesso a uma escuta psicanalítica pela precariedade econômico-social-geográfica. As dimensões continentais do Brasil, suas megalópoles com mobilidade reduzida e a enorme desigualdade social se escancararam para nós. A localização de nossos consultórios em zonas de classe média e alta da cidade mostrou como nossas práticas clínicas exclusivamente presenciais são excludentes para a população das periferias.

Do enquadre material, mantivemos os horários adaptados às circunstâncias das pessoas e a regularidade. Buscamos sustentar o enquadre subjetivo: a atenção flutuante e a associação livre, ainda que atravessadas por nossas angústias. Mais do que com a neutralidade, trabalhamos o lugar do analista como testemunha empática do sofrimento (Ferenczi, 1928/1992). Isso não impedia o campo transferencial e a dissimetria apesar do cansaço maior com o atendimento online (dificuldade maior para a atenção flutuante? Solicitação de maior capacidade imaginativa?). As intervenções psicanalíticas (interpretações, construções, pontuações, cortes) foram possíveis. No EO, a duração dos atendimentos tinha flexibilidade decidida pela dupla. Surpreendentemente para nós, no

EO estabelecia-se uma relação transferencial que permitia que, em poucos atendimentos (variavam de 1 a 8, em geral), a pessoa atendida "recuperasse um pouco a capacidade de produzir e de gozar" (Freud, 1912/1986, p. 118).

"Todos tememos a trivialização da experiência psicanalítica (agora e no passado), mas o vigor da teoria e dos dispositivos que se utilizem são fatores diferentes da inteligência ou estupidez com que os utilizem os operadores" (Viñar, 2020, p. 118). Vivemos, e prosseguimos, uma experiência nova e intensa sobre a qual ainda temos muito a aprender. Em um *après-coup*. Os tempos passados continuam em nós – a psicanálise para muitos –, e os futuros dependerão de nossa capacidade de reinventarmos, utilizando a tecnologia sempre e quando ela se mostrar eficaz. Se desejamos uma psicanálise inclusiva, que não deixa à deriva e ao desamparo tantos, precisamos nos apossar daquilo que, em nossos tempos, nos permite estendê-la. Afinal, somos todos sujeitos de nosso tempo e cultura. O tempo não para.

Referências

Danto, E. A. (2019). *As clínicas públicas de Freud: psicanálise e justiça social.* Perspectiva.

Ferenczi, S. (1928). Elasticidade da técnica psicanalítica. In S. Ferenczi, *Psicanálise IV* (pp. 25-36). Martins Fontes, 1992.

Freud, S. (1893). Charcot. In S. Freud, *Obras completas* (Vol. III, pp. 9-24). Amorrortu, 1986.

Freud, S. (1900). In S. Freud, *Obras completas* (Vol. V, pp. 504-609). Amorrortu, 1986.

Freud, S. (1912). Consejos al médico sobre el tratamiento psicoanalítico. In S. Freud, *Obras completas* (Vol. XII, pp. 107-120). Amorrortu, 1986.

Freud, S. (1923). El yo y el ello. In S. Freud, *Obras completas* (Vol. XIX, pp. 1-66). Amorrortu, 1986.

Prigogine, Y. (1991). *O nascimento do tempo.*

Regina, E. (Intérprete). (1976). *Como nossos pais* [Gravação]. Falso brilhante. Composição de Belchior. Universal Music.

Roussillon, R. (2023). *O narcisismo e a análise do eu*. Blucher.

Tysler, J. J. (2021). Para além do todo-traumático e as novas temporalidades da sessão. In A. Staal & H. B. Levine (orgs.), *Psicanálise e vida covidiana* (pp. 267-291). Blucher.

Viñar, M. (2020). O futuro da psicanálise em dez minutos. *Jornal de Psicanálise*, *53*(99), 115-120.

24. (So)mente a tela de computador?![1]

Hemerson Ari Mendes[2]

Há uma década, fui convidado/indicado pela Federação Brasileira de Psicanálise (FEBRAPSI) para escrever um artigo sobre o uso das novas tecnologias em/para tratamentos psicanalíticos, para uma publicação destinada a leigos. O interesse pelo assunto demonstrado pelos editores, pelo público, bem como a necessidade da nossa Federação de discutir/pensar/posicionar-se frente ao tema é um indicativo que o virtual se impõe como real. Na semana que termino a versão inicial deste trabalho, recebo a *Revista Brasileira de Psicanálise* na qual quatro artigos são publicados abordando esta temática - Montagna (2015); Lisondo (2015); Almeida (2015) e Luz (2015) -, o que, por si só, indica que estamos frente a uma nova e inescapável questão a ser elaborada.

Goldfajn (2011) mostra-nos como as novas tecnologias, nomeadas de e-parafernálias, invadiram nosso *setting*, ela descreve algumas vinhetas clínicas de pacientes que atendeu ao longo de um dia. Gordon et al. (2014) escrevem um artigo com um

---

[1] O presente artigo é parte do publicado originalmente na *Revista Calibán*, vol. 15, n. 1, 2017. Dedicado a Marina, Matheus, Raphael e Helena, nativos digitais incansáveis no árduo processo de me alfabetizar.

[2] Psicanalista, membro titular da Sociedade Psicanalítica de Pelotas (SPPEL); atual presidente da Federação Brasileira de Psicanálise (FEBRAPSI).

provocante título – Realidade virtual e *setting*: de costas para o Futuro? –, entre outras coisas, abordam o que Victor Guerra, em comunicação pessoal, já havia comentado: crianças propõem jogos em seus iPads e *smartphones*. Não temos como fugir, o brincar passa pelos seus novos carretéis. Na sua conclusão, o artigo cita a preocupação que no afã de agilidade na comunicação, de contato, de acessibilidade total, podemos perder os limites, ver borradas as diferenças, corrompidas as noções de tempo e espaço e, com isso, evadirmo-nos das experiências de frustração, perda e dor.

Sabbadini (2013) escreve sobre algo que empiricamente, ao conversar-se com vários analistas, comprova-se como fato: a "análise" por Skype é uma realidade! O que é ratificado pelos artigos de 2015 citados. Eu acrescentaria que algumas supervisões também são realizadas de maneira virtual, sejam informais, ou as oficiais – como parte do processo da formação dos futuros analistas pelos Institutos das Sociedades.

Portanto, podemos pensar as novas tecnologias por diversos ângulos: a invasão destas no *setting* – introduzidas pelos pacientes; sua utilização como instrumentos terapêuticos – tablets nas sessões com crianças e adolescentes; tratamentos viabilizados por meio delas – Skype-análises; como instrumento de divulgação da psicanálise – blogs, sites, videoconferências. Neste trabalho, proponho discutir algumas dessas questões e, na medida do possível, tentarei fazer paralelos entre passado e futuro.

O futuro do presente

Ao pesquisar sobre o tema, deparo-me com alguns sites que divulgam, convidam e enaltecem a prática psicanalítica por meio das redes de computadores. Evidentemente, não são sites de Sociedades vinculadas à IPA, contudo, expressam algo sobre como o tema está sendo pensado/atuado. Um deles faz a seguinte abordagem:

> *Qual é a diferença entre a terapia realizada pessoalmente com o psicanalista e a terapia online? Somente a tela do computador.*

Percebe-se que estamos frente a uma rampa escorregadia. Permito-me brincar: mas e se a tela do computador só mente, o que poderíamos fazer? Somente com puta dor poderíamos ficar?!

Voltemos um pouco; segundo Roudinesco (1998), Kurt Eissler avaliou em 15 mil o número de cartas escritas por Freud, já o historiador alemão Gerhard Fichtner propôs 20 mil. Segundo Zimerman (2001), só para Fliess, entre 1887-1902, período que abarca a fundação/invenção/descoberta da Psicanálise e da sua "autoanálise", ele escreveu cerca de 2.000 cartas. É evidente o caráter "terapêutico/transferencial" desta comunicação. Este período sucedeu a importantes perdas – Paneth, Fleischl, Brücke, Charcot, seu pai, além do distanciamento de Breuer –, ansiedades e sentimentos depressivos intensificaram em Freud (Jones, 1975).

Neste período, as cartas para Fliess intensificaram em frequência e aprofundaram o tom intimista e de declarada dependência; em janeiro de 1896 – citada em Breger (2002) –, Freud escreve:

> *Sua espécie não deveria extinguir-se, meu caro amigo; o resto de nós precisa de gente como você. Tudo o que lhe devo: conforto, compreensão, estímulo em minha solidão, um sentido para minha vida, que ganhei por meio de você, e, finalmente, a própria saúde, que mais ninguém poderia ter me devolvido. E, antes de tudo, por meio de seu exemplo que ganhei a força intelectual de acreditar em meu próprio*

> *julgamento, mesmo quando sou abandonado — mas não por você —, e, como você, de enfrentar com altiva humildade todas as dificuldades que o futuro possa me reservar. Por tudo isso, aceite meus modestos agradecimentos. Sei que você não precisa de mim tanto quanto eu de você, mas também sei que tenho um lugar reservado em seu coração.*

Sim, era o que se tinha, da mesma forma que seu neto brincava com um carretel e, hoje, talvez, viesse a usar um tablet. Temos que olhar para a nova situação da mesma forma com que Freud olhava para as estranhas manifestações de seus primeiros pacientes, ou ficava atento aos seus próprios sonhos, além de seguirmos curiosamente olhando para o brincar das nossas crianças.

Portanto, antes de pensarmos sobre as (im)possibilidades, (in)adequações, (contra)indicações das novas tecnologias de comunicação como instrumentos para tratamentos psicanalíticos e demais usos, gostaria que pudéssemos examinar o impacto delas no dia a dia das pessoas, suas relações e, consequentemente, na organização de suas mentes. Ou seja, vamos pensar sobre aquilo que não se escolhe, que vai lentamente infiltrando-se e fazendo parte das relações, inclusive, terapêuticas.

Navegarei neste pequeno mosaico de experiências que vão se apresentando/impondo como possibilidades de comunicação nas nossas vidas, pois bem antes das e-parafernálias invadirem o *setting* de Goldfajn, elas foram lentamente invadindo nossas vidas.

Na velocidade do fogo

Há vinte anos, começo a atender Anna. Ela se recuperava fisicamente de problemas decorrentes de uma atitude impulsiva, ocorrida num momento em que se sentiu abandonada e raivosa. Eu recém-começava a formação analítica, apresentei o caso no primeiro seminário clínico que tivemos. Era uma psicoterapia, mas com alta frequência, e eu pensava na possibilidade de que ela viesse a ser um caso de supervisão oficial, algo que ganhou força quando começamos a trabalhar a/na transferência de forma mais sistemática. Depois de alguns meses, após uma sessão que expressa seu sentimento de ser rejeitada sexualmente por mim, volta e comunica-me que se encontrará com alguém que conheceu no final de semana por meio da internet – algo que eu não entendia exatamente como funcionava. Marcaram um encontro em uma cidade intermediária. Na semana seguinte, ela volta e conta que ele era a pessoa mais fantástica que conhecera até então, era o amor da sua vida – quase um Fliess das cartas intermediárias de Freud. Com as mesmas rapidez, impulsividade e incontinência que a levaram a atear fogo em si mesma e que a trouxeram ao tratamento, avisa-me que o interromperá, se mudará para cidade do "amor da sua vida". Queimado pelo/no processo, fico segurando as angústias que ela depositou em mim. Um mês depois, utilizando os mesmos instrumentos que a aproximaram do "seu amor" – telefone, e-mail, mensagens –, desesperada, solicita-me ajuda e orientação; está abandonada, machucada, com sua mala, mas sem dinheiro, no aeroporto da cidade do amor de sua vida.

À deriva

Sousa, Francisco e Meurer (1993) escrevem sobre as vicissitudes de psicanalisar (n)o interior; todos eram analistas didatas da Sociedade Psicanalítica de Pelotas (SPPel), talvez não imaginassem que o que descreveram como algo específico de uma pequena província seria universal menos de uma década depois. Em uma cidade de pequeno ou médio porte, era comum os pacientes saberem mais coisas sobre a vida, os hábitos e as relações dos terapeutas do que em cidades maiores. Habitualmente, lida-se com comentários que entremeiam fantasias dos pacientes com dados e informações mais concretas/literais das suas vidas. Entre outros temas, o trabalho abordava essas questões.

Katharina tinhas ares e crenças de herdeira da província, mas estava inundada de angústias e consequentes necessidades de controle. Era natural e esperado seu interesse/sua curiosidade pela origem – sociocultural, geográfica, étnica e religiosa – daquele migrante que lhe foi indicado como analista. Depois de alguns meses, chega em uma sessão e comenta que soube coisas interessantes sobre mim na internet. Naturalmente, estimulo para que ela siga falando, como em tantas outras situações. Ela aceita a proposta, coloca-me em sua prancha e começa a surfar em ondas que eu desconhecia, ou melhor, que eu conhecia, mas imaginava que ninguém naquelas paragens sabia – pelo menos, não ela.

Vai lentamente descrevendo fatos da minha vida ocorridos há décadas e a milhares de quilômetros, faz paralelos com acontecimentos da sua própria vida, pequenas inferências plausíveis sobre como eu me sentira. Eu, no aqui e agora, sinto-me como quem, com ar de deboche, estende a mão para uma cartomante, e ela começa a descrever acontecimentos que avacalham o meu desdém. A sua descrição sobre acontecimentos da minha vida pessoal transforma a minha fantasia sobre a dimensão do meu *setting*. Eu, que não tinha nem uma foto familiar no consultório, descubro que havia uma espécie de romance familiar publicado na rede; mais que isso, o mundo virou uma pequena província, o Google é uma vizinha/parente fofoqueira, sempre disposta a dar as mais variadas informações a qualquer desconhecido curioso. Apesar de a sua fala buscar uma empatia, de ter um tom predominantemente carinhoso, sinto-me invadido. Meu *setting* – que até podia não ser asséptico, mas ao menos eu fantasiava que seus aspectos antissépticos estavam controlados – não volta a ser o mesmo, e isso não é só com essa paciente;

ela só apresentou o cartão de visita do impacto que as novas tecnologias trariam às relações, à privacidade e, evidentemente, às relações terapêuticas. Não sei se já existia o neologismo "googlar", mas com essa experiência antevi claramente suas implicações e amplitudes.

O carretel dos meus filhos

Se Anna apresentou-me uma internet mais multifacetada do que a que eu conhecia, Katharina apontou-me para o aprofundamento do seu uso. Passei a olhar mais atentamente para o uso que meus filhos faziam desse novo brinquedo, que aqui nomearei de carretel do século XXI.

Amplitude *versus* profundidade

Quando minha filha começou a utilizar os programas de computador para conversar, a conta telefônica despencou, mas eu demorei para entender o porquê da troca, já que me parecia que escrever era mais complicado do que simplesmente falar. Só entendi quando percebi que ao escrever ela o fazia com grupos, e que cada pessoa de um grupo estava em um lugar diferente, além de poder escrever com vários grupos e ao mesmo tempo. Sim, provavelmente maior amplitude com menor profundidade. O que se ganha? O que se perde? Ou, simplesmente, o que se transforma? Como e quando as consequências aparecerão na clínica?

Nativo digital

Meu filho, então adolescente, é silencioso, ou melhor, ele precisa estar no clima, disposto a conversar. Se assim não for, ele consegue, com firmeza e objetividade, encerrar o assunto. Compartilhamos vários interesses, tento acompanhá-lo, participar, saber o que está acontecendo com ele. Desde criança ele tem hábitos noturnos, funciona lentificado logo que acorda e está ligado à noite. Relaciona-se com amigos, pratica esportes, tem uma vida social. Mas ele nasceu com a internet, suas combinações se dão através da internet, começou a manter-se financeiramente por meio da internet e, em muitas oportunidades, mostra-se entusiasmado para conversar comigo pela internet. Precisa contar-me o que está acontecendo, aceito e assim dialogamos, às vezes isto ocorre após um jantar silencioso, na qual não consigo engatar um assunto ou criar um clima, mas na internet ele pode retomar aos assuntos pendurados. Avanço ou retrocesso? Defesa ou autenticidade? Submeti-me ou sintonizei?

Complementariedade

Meu caçula é diferente. Precisa da presença, precisa conversar, irrita-se quando eu respondo sem tirar os olhos do jornal, incomoda-se com excessos de checagem nos *smartphones*. Ele foi fazer um intercâmbio em outro país, ficou um ano fora. Foi uma experiência muito rica. Contudo, antes de viajar, ele criou-me uma conta no Skype. Paradoxalmente, conversamos com mais ritmo e frequência do que quando morávamos na mesma casa. A conversa diária não o impediu de viver intensamente a nova experiência. A nossa comunicação não era uma resistência à outra forma mais aprofundada e íntima de comunicação, era o jeito de utilizarmos o lastro da experiência que tínhamos antes, para que ele melhor pudesse aproveitar a nova experiência. Aqui, uma certeza e uma dúvida: as novas possibilidades foram (são) um ganho! Porém, podemos extrapolá-las, simples e diretamente, para a clínica?

O virtual agendou consulta

Eu, os pacientes e meus filhos não temos o livre arbítrio - novidade? - sobre todos os usos/impactos/invasões e as respectivas consequências que as novas tecnologias vão tendo nas nossas vidas. Elas são como memes culturais que não podemos ignorar. O que podemos é pensar e tentar delimitar a maneira como vamos nos relacionar com isso.

Mas vamos objetivamente ao tema em questão: é possível o atendimento em Psicanálise através dos novos instrumentos tecnológicos - Skype, Messenger - e até os velhos - telefone, e-mail? Não nos esquecendo da chistosa frase de HL Mencken: "Para cada problema complexo, há uma solução que é simples, elegante e errada."

Lembro-me que Ricardo Bernardi, psicanalista da APU (Associação Psicanalítica Uruguaia), em uma supervisão na SPPel, comentou que muitos colegas quando escrevem algo para ser publicado, ou quando fazem apresentações em Congressos, mostram suas mais belas panelas, aquelas que ficam expostas na sala, quiçá, nas cristaleiras, as quais todos os visitantes admiram. Contudo, estas mesmas pessoas cozinham com as panelas velhas, com tampas amassadas e, eventualmente, com cabos quebrados. Algo que de maneira mais técnica ele - Bernardi (2009) - descreveu assim: "*La teoría desarrollada y explicitada no siempre coincide con la teoria implícita en la práctica*".

Mesmo nos primórdios, exceções já eram exceções, Freud (1893) relata que atendeu Katharina nas montanhas e Mahler em um passeio (Brown, 2014). Com isso estou sugerindo que devemos nos ater e permanecer com as orientações freudianas, como se elas fossem os Dez Mandamentos das Sagradas Escrituras? Claro que não, inclusive porque isto não estaria em acordo com o espírito freudiano. Por outro lado, poderíamos pegar as exceções como validações de qualquer tipo de alquimia? Igualmente, creio que não!

Contudo, Gordon et al. (2014), ao escreverem sobre as possíveis modificações provocadas no *setting* pela realidade digital e virtual defendem que "o *setting* não se define apenas pela frequência ou duração das sessões ou pela localização espacial dos encontros, mas por um *setting* interno do analista, produto da sua própria experiência e convicção no método psicanalítico". Percebam que no início da construção existe um "apenas", mas no final o *setting* interno do analista ganha primazia sobre os demais itens. Será?

Freud (1919) quando escreveu sobre a ampliação do trabalho dos psicanalistas além dos seus consultórios, disse que eles teriam que adaptar a técnica da Psicanálise às novas condições, sendo necessário "fundir o ouro da Psicanálise com o cobre da sugestão direta". Contudo, advertiu, "quaisquer que sejam as formas que essa psicoterapia para o povo possa assumir, os seus ingredientes mais efetivos e mais importantes continuarão a ser, certamente, aqueles tomados à psicanálise estrita e não tendenciosa". Estaria aqui a autorização para incluir "somente a tela de computador" como a pequena poção de cobre que se misturaria com o ouro e não lhe traria qualquer perda? A meu ver, seria, no mínimo, preguiçosa tão direta adesão.

Desenvolvimento ou transformações?

Ouso afirmar que Psicanálise não é genérica. Psicanálise é caminhar ao ar livre, inclusive em dia de vento e chuva, não é assistir televisão enquanto se caminha na esteira. Não me parece possível a Psicanálise virtualizar-se sem perder algo da sua especificidade, sem diluir-se, sem desvirtuar-se.

Não se isola a Psicanálise do mundo virtual, não garante que ela fique "assepticamente" desvinculada da contemporaneidade. Não impede que o virtual concretize dentro do *setting*, tampouco, que este, eventualmente, virtualize-se.

O virtual como transicional

Irma é um paciente com múltiplas mudanças na sua vida. Há quinze anos, no final do seu curso universitário, havia feito uma psicoterapia comigo. Depois deste período, morou em dezenas de cidades, alguns estados, trabalhou na sua área em diferentes especialidades, além de períodos que resolveu abandonar a sua profissão e viver de bicos, com remunerações bem menores do que sua valorizada profissão. Suas mudanças eram sempre abruptas, agia impulsivamente, suas questões eram sempre prementes (ou melhor, pré mentes). Quando retorna à cidade, volta a procurar-me, porém depois de um ano, em função de um novo trabalho e, também, de dificuldades transferenciais, intensificadas por informações relacionadas a acontecimentos da minha vida pessoal, aceita uma proposta de trabalho e muda-se para outra cidade, gerando uma necessidade de espaçamento das sessões. Envia-me um e-mail – era um misto de nova interrupção e pedido de socorro. Neste e-mail fala da distância, sinaliza que procurará um psiquiatra para controlar a medicação, fala de avanços na sua análise (uma vida sem aditivos) e da confusão de sentimentos que tinha em relação a mim, pede-me a conta bancária para enviar o pagamento, mas acrescenta:

> *Pode ser que tudo mude e semana que vem te ligue chorosa: "Hemerson, salva a minha vida", não sei ... a vida é um fluxo incoercível de surpresas, e como diria o poeta:*

> "... *O futuro é uma astronave que tentamos pilotar,*
> *não tem tempo nem piedade nem tem hora de chegar,*
> *sem pedir licença muda nossa vida e depois convida*
> *a rir ou chorar...*"

"Escutei" o e-mail, como uma comunicação/sessão/associação. Proponho que pudéssemos melhor conversar sobre a sua decisão, mesmo que não fosse de forma presencial; depois de alguns e-mails, evoluímos para horários pré-estabelecidos via Messenger. Foi uma tentativa de evitarmos a repetição simples e automática, como tantas outras ao longo da sua vida, todas sem um mínimo de espaço reflexão. Eu diria que no tempo que assim trabalhamos fizemos um uso "transicional" do novo experimento, não era uma análise e era uma análise.

Em uma das suas sessões presenciais, trouxe-me uma peça em argila, uma sereia, entregou-me para que eu cuidasse dela, disse que foi a primeira peça daquele tipo que tinha feito. Mesmo não vindo ao consultório, gostaria de deixar algo dela ali. Foi rico o diálogo surgido com os lapsos de escrita, como o óbvio "meu paicanalista". Também foi interessante quando me comunicou que percebeu que eu havia começado a escrever e depois apaguei.

Conseguimos falar sobre a interrupção e, creio, elaborar a separação de uma forma diferente das anteriores. O tempo da escrita, a possibilidade de reler o escrito em meio ao diálogo, impôs uma lentificação no processo e no ritmo de tomada de decisões que não existia com a fala. Até hoje, de tempos em tempos, ela me envia mensagens.

Essa experiência não substituiu a análise, tampouco o comentário que ela me fez anos depois, de que havia substituído a análise e suas medicações pela atividade de escrever. Hoje, seu tempo é dividido entre seu trabalho, que não voltou a abandonar, e uma premiada produção poética. Por outro lado, houve uma escuta analítica na comunicação pelas redes e isso viabilizou que o simples repetir se transformasse em um tempo para reler (recordar) e poder elaborar.

Para o bem

Dora era uma paciente com histórico de depressões e pânico, já tinha feito múltiplos tratamentos, tinha uma vivência de incompreensões e abandonos associados a eles. Era bastante prolixa na sua fala, seu vazio existencial e ideias suicidas eram temas constantes. Fazia um tratamento psicoterápico, associado a intervenção clínica medicamentosa. Em um final de semana, liga-me de madrugada, é um telefonema suicida, está sozinha em lugar de impossível acesso naquele momento. Escuto, escuto, escuto (...). Com Menninger (1970) em mente, tento nomear o que e quem ela estava querendo matar; o que desejava ser morto. Tento ser continente da sua dor (...). Não sei exatamente quanto tempo ficamos ao telefone, tenho certeza que não foi nada que eu tenha dito que mudou o desfecho, foi o tolerar ficar do outro lado, foi tolerar escutar. Foi o transformar o contato virtual em uma presença real. Quando desligamos tínhamos certeza que o dia amanheceria para os dois. Esta experiência foi fundamental para que a paciente pudesse seguir vivendo e tentando dar sentido ao vazio da sua vida, sem precisar afogá-lo. Mas ela não existiria sem o antes, nem se elaboraria plenamente sem o depois, ambos presenciais. Até hoje, em momentos que o desespero invade a sua mente, ela evoca a vívida experiência de estar acompanhada na ausência, que tem como primeiro rascunho o telefonema daquela madrugada.

Ou para o mal

Quando a mãe de Serguei estava grávida, eu atendi sua avó, após uma grave tentativa de suicídio. Quando este começa a ter problemas, ambas lembram de mim. Ele é um adolescente fronteiriço em vários sentidos, inclusive geográfico; mas também com ameaças suicidas, sumiços, além de outras atividades impulsivas que eram temas frequentes nos nossos encontros. Tinha precárias noções de espaço, tempo e individualidade. Evidentemente, seus relacionamentos eram caóticos. Sua comunicação era confusa e fragmentada. Usava o divã, às vezes a poltrona, não raro, caminha pelo consultório. Em mais de uma oportunidade tive que estender o tempo da sessão, dada a desorganização que ele se encontrava ao final.

Eu estava em férias, a milhares de quilômetros, ele telefona, diz que precisa que eu atenda a ele e a namorada naquele momento. Comunico sobre a impossibilidade, ele escuta e comenta: tudo bem que tu estás longe, mas preciso que tu venhas para cá agora. Este tipo de comunicação não era novo, a inclusão da namorada era. Portanto, não fico surpreso, já havia manejado com outras situações semelhantes. Ele desliga, dentro do padrão. Alguns minutos depois, liga novamente, apavorado diz que eu preciso voltar imediatamente, pois a namorada acabara de fazer uma tentativa de suicídio com grande gravidade.

Ele falava comigo, como quem se comunicava com um colega de jogo que estava em um cibercafé de um distante país e, ao mesmo tempo, na mesma trincheira da batalha virtual. Para este casal, naquele momento, não seria melhor não ter tido acesso a mim? Não teriam buscado uma saída mais concreta para as suas dores e angústias? Qual seria a minha responsabilidade pelo desfecho? Teria eu feito concessões excessivas ao longo da sua análise, assim, aumentando sua confusão entre o real e o virtual? Sim, os novos instrumentos não são meios que viabilizam experiências do tipo ganha-ganha.

Conclusão

O trânsito, a violência, a correria, as questões financeiras, as necessidades de constantes viagens, a velocidade das transformações (...) fazem parte dos tempos atuais. São interferentes na construção de condições adequadas para um trabalho analítico. É triste que não se consiga muitas vezes viabilizar uma análise em condições suficientemente boas. Mas, lamentavelmente, ou felizmente, gambiarras não trarão os mesmos resultados, tampouco devemos aceitar como álibi para o enfrentamento de um processo analítico.

Ao mesmo tempo, nós, analistas, não podemos ignorar que não sabemos qual a subjetividade dos nativos da revolução cibernética, tampouco, o impacto na mente dos demais. Giovannetti (2011) apresenta um instigante caso de análise, predominantemente via Skype, de um desses jovens nativos, uma espécie de migrante cibernético. No artigo, ele afirma que a certidão de nascimento de todo psicanalista é a data do encontro entre Freud e Dora, ganhou adendos no percurso, mas que nenhuma data deve ser considerada como definitiva, pois isso impediria a escuta viva dos que chegam hoje a cada analista. Finaliza dizendo que não sabe se conseguiremos responder as novas questões levantadas pela contemporaneidade, mas sabe que nem sequer conseguiremos pensar se nos aferrarmos melancolicamente as cristalizações da nossa prática psicanalítica. Sim, devemos seguir buscando a ampliação dos espaços (in)existentes para melhor exercer a nossa função (im) possível que é analisar.

Neste trabalho, apresento um particular sobrevoo pela minha memória – um amplo espectro que inclui a vida, a clínica, estudo e formação, relacionamentos... Mas, também, tempo de tantas mudanças pessoais, de vida e, obviamente, de um mundo que se transforma em uma velocidade jamais vista. Neste período, assim como em qualquer outro, passado e futuro, real e virtual, local e ubíquo, factual e fantasiado precisarão ser constantemente analisados, integrados, revisados, analisados. Afinal, analistas de qualquer época seguirão tendo que trabalhar com e sob as leis de um inconsciente atemporal.

Referências

Almeida, M. M. (2015). Parcerias psicanalíticas com a tecnologia do víde(o)lhar no futuro clínico: focando as relações em tempos de selfie. *Revista Brasileira de Psicanálise*, *49*(1), 151-164.

Bernardi, R. (2009). ¿Qué metapsicología necesitamos? Vigencia de J Bleger. *Revista Uruguaya de Psicoanálisis*, *108*, 223-248.

Breger, L. (2000). *Freud: o lado oculto do visionário*. Manole, 2002.

Brown, C. (2014). *Um por um: 101 encontro extraordinários*. Três Estrelas.

Freud, S. (1893). Estudos sobre a histeria. In S. Freud, *Edição Standard Brasileira das Obras Psicológicas Completas de Sigmund Freud* (Vol. 2, pp. 143-151). Imago, 1980.

Freud, S. (1919). Linhas de progresso na terapêutica analítica. In S. Freud, *Edição Standard Brasileira das Obras Psicológicas Completas de Sigmund Freud* (Vol. 17, pp. 69-182). Imago, 1980.

Freud, S. (1937). Análise terminável e interminável. In S. Freud, *Edição Standard Brasileira das Obras Psicológicas Completas de Sigmund Freud* (Vol. 23, pp. 239-247). Imago, 1980.

Giovannetti, M. F. (2011). Sobre migrações e transferências. *Revista Brasileira de Psicanálise*, *45*(2), 95-104.

Goldfajn, D. S. (2011). E-setting: um dia ordinário no consultório de um psicanalista. *Revista Brasileira de Psicanálise*, *45*(3), 61-68.

Gordon, A. et al. (2014). Realidade virtual e setting: de costas para o Futuro? *Revista Brasileira de Psicanálise*, *48*(1), 93-104.

Jones, E. (1953). *Vida e obra de Sigmund Freud*. Zahar, 1975.

Lisondo, A. B. D. (2015). Psicanálise a distância. *Revista Brasileira de Psicanálise*, *49*(1), 136-150.

Luz, A. B. (2015). Oi. Q horas mesmo ficou nossa sessão? TKS. *Revista Brasileira de Psicanálise*, *49*(1), 165-175.

Menninger, K. (1970). *Eros e tanatos: homem contra si mesmo*. Ibrasa.

Montagna, P. (2015). Skype análise. *Revista Brasileira de Psicanálise*, *49*(1), 121-135.

Roudinesco, E., & Plon, M. (1997). *Dicionário de psicanálise*. Zahar, 1998.

Sabbadini, A. (2013). New technologies and psychoanalytic setting. In A. Lemma & L. Caprota (eds.), *Psychoanalysis in the tecnoculture era* (pp. 23-33). Routledge.

Sousa, P. L. R., Francisco, B. S. S., & Meurer, J. L. (1993). Psicanalisar (n)o interior. In Lemlij, M (ed.). *Psicoanálisis en la America Latina*. Fepal & IPA.

Zimerman, D. E. (2001). *Vocabulário contemporâneo de psicanálise* (pp. 61-95). Artmed.

25. Considerações sobre o Eu: *what is up?*[1]

Adalberto A. Goulart[2]

Em 2019, tivemos notícias sobre mais uma virose que rondava o mundo. Então, a Organização Mundial da Saúde (OMS) declarou a pandemia de covid-19 e frustrou os nossos planos. Foi um período de grande turbulência, de dor e de medo. Uma experiência completamente nova, estranha, produtora de muita angústia. Nossas vidas estavam concreta e simbolicamente ameaçadas, fomos diariamente inundados por notícias de milhares e milhares de mortos, com o colapso dos sistemas de saúde, com a crise nos necrotérios e cemitérios. E como foi difícil, para algumas famílias, o convívio intenso e pleno, sem possibilidade de escape ou fuga. E como foi difícil para muitos estar a sós consigo mesmos. Com os cuidados possíveis e com a chegada das vacinas, fomos superando a crise sanitária e política, as *fake news*, e, pouco a pouco, voltando a sentir o cheiro e o calor das pessoas.

Sobreviventes, estamos aqui, prosseguindo. Então, o que se passa?

---

[1] Trabalho apresentado na 25ª Jornada da Sociedade de Psicanalítica do Recife (SPRPE), preparatória para o 29º Congresso Brasileiro de Psicanálise.

[2] Membro efetivo e didata da Sociedade Psicanalítica do Recife (SPRPE), presidente do Núcleo Psicanalítico de Aracaju.

Essa minha breve consideração sobre a pandemia não foi com a intenção de reaver o passado, tampouco de projetar o futuro, mas para contextualizar a questão de como estamos agora, ou, melhor ainda: quem somos agora? Poderia perguntar: como estão vocês? Ou melhor: quem são vocês agora? Mais que me responder, seria interessante que questionassem a si mesmos: quem é você agora? Ou: quem sou eu agora? Se me responderem de imediato, entenderei que vocês têm lembranças ou teorias sobre o que seriam, mas não é essa a pergunta. Dispensando as lembranças e teorias, quem é você agora? O sentido da vida está no movimento estimulado pela nossa ignorância, pelo mistério, pela dúvida que suscita curiosidade. E a primeira curiosidade que se apresenta é sobre o Eu, claro.

Quando um bebê chega a este mundo, já traz consigo algo que jamais encontrará em nenhum outro. Chega com todo o conhecimento do universo, o que faz sentido se pensarmos que a história da evolução da vida chegará impressa em cada novo ser, é a nossa herança filogenética; e que a evolução da vida continuará a ser produzida, na intimidade obscura e solitária de sua essência. Um montante de conhecimentos aos quais só e apenas ele terá acesso, que o farão único e específico e que o ajudarão a corresponder às exigências que a vida faz para que possa prosseguir.

Mas para alcançar tal objetivo, logo de início, apresenta-se uma tarefa extremamente árdua: ele terá de renunciar à ilusão de fusão para tornar-se um ser singular, protagonista de sua própria história.

Piera Aulagnier (1985/1999) nos diz que a primeira atividade de representação da criança se dá pelos efeitos originados pelo duplo encontro com o próprio corpo e as produções da psique materna. A criança forma uma representação de si a partir desse encontro.

As primeiras representações psíquicas, anteriores à fantasia e muito mais distantes da palavra, seriam formadas por meio de pictogramas representativos da imagem da coisa corporal, uma representação que a psique se dá a si mesma como atividade representante das partes corporais.

Essa seria uma condição para tudo que está por vir em termos de funcionamento anímico. Tudo seria previamente metabolizado em pictogramas. Portanto, o acesso mental aos fenômenos internos ou externos somente se dará se puderem ser pictografados e se responderem às condições de representabilidade. A pergunta "quem é você agora?" começa a fazer sentido.

Por exemplo, aquilo que se origina fora de si ou no outro adquire sentido para a psique no momento em que adquire representabilidade, operação que é realizada pelo próprio sujeito quando o externo se torna interno.

Em outras palavras, a primeira versão da história do sujeito começa a ser escrita no momento em que nasce um corpo biológico, vivo, que deverá ser recebido por sua própria psique. Os registros do funcionamento somático começam a ocorrer, levando ao surgimento de um duplo psíquico para o corpo somático. Falamos das profundezas da alma humana, da essência desconhecida do nosso ser.

Também Jean Laplanche (1987/1993) nos traz que a relação entre a psique e a realidade é semelhante à relação entre a psique e o corpo; a realidade seria criada pela atividade sensorial, a partir da notação e do registro psíquico.

Em 1895, Freud já mencionava, por exemplo, que a realidade seria única para cada sujeito, por ser cada sujeito único, dada a especificidade inscrita em sua vida somática que irá fundar o psiquismo.

Mais recentemente, Heisenberg, Prêmio Nobel de Física (1985), nos diz que as leis da natureza referem-se ao conhecimento que podemos ter sobre a natureza, e não à natureza propriamente dita, que o evento físico e o conteúdo da mente humana são inseparáveis. Ou seja, a percepção envolve necessariamente a autopercepção.

Assim, o modelo do pictograma nada mais é do que uma representação de um mundo-corpo anterior ao processo primário e não correspondente a qualquer conteúdo reprimido. Anterior à percepção de um outro, a psique relaciona-se prioritária e originalmente com as sensações que o corpo produz, detectando e registrando variações de prazer ou desprazer e, assim, autorrepresentando-se.

Se algo interferir com esse registro primordial, a sensorialidade não terá representação no psiquismo, manifestando-se apenas fisiologicamente.

Sendo a representação o germe que poderá dar origem à fantasia e, mais tarde, ao pensamento, um transtorno nesse momento poderá deixar o sujeito em um mundo de sensações somáticas apenas, o que é descrito por alguns pacientes como angústia do vazio, percepção de um abismo ou de um deserto interior. Não existem conflitos, as coisas parecem não ter sentido, uma sensação de irrealidade ou desmoronamento e de impotência. Uma espécie de depressão branca, caracterizada pela ausência de um correspondente psíquico para as sensações somáticas, sendo o excesso pulsional descarregado diretamente a partir do ato ou no próprio corpo. A pessoa sente, mas não sofre, não recorda, age sobre a sua dor. Esse funcionamento pode também ocorrer sem ação, em estado letárgico (depressões brancas) ou no ato (angústia generalizada, pânico, impulsividade, adicções, transtornos alimentares, manifestações psicossomáticas), revelando uma profunda carência narcísica.

A imagem de si mesmo, o narcisismo, está prejudicada, e, consequentemente, a construção da própria subjetividade. É a resposta a um trauma que poderá interromper o desenvolvimento. Os problemas aqui não são de identificação, mas de identidade. Então, quem é você agora?

Com *Luto e melancolia* (Freud, 1917/1974), aprendemos que se a libido objetal fracassa, só restará como alternativa a fixação narcísica, quando a ausência de representação de objeto compromete a representação de si mesmo. Nos casos aos quais nos referimos, sob ameaça de aniquilamento, o investimento retorna ao Eu como solução para manter a integridade egoica, embora a duras penas.

Se as coisas correrem razoavelmente bem, em um processo mediado pelo amor da mãe, o corpo terá como referência um corpo psíquico, investido libidinalmente, reconhecido como um outro único, com sua própria identidade, capaz de se preservar e se desenvolver, se adaptar e conquistar autonomia, liberdade e responsabilidade por si mesmo, pelo que sente, pensa e faz.

Um autor mais recente, Ferrari (2004), nos diz ser a mente uma configuração percebida pela mente, um sistema de representações que se percebe a partir de seu próprio repertório de conceitos, sendo, portanto, como já afirmado, específico e único para cada indivíduo. Então, não somos algo que nos é oferecido, mas algo que pressiona no sentido de emergir do nosso próprio corpo em busca de representação. Ao mesmo tempo, estamos diante de algo que nunca poderá tornar-se totalmente representação, pelo fato de estarmos dentro desse algo concreto e vivo, que produz ininterruptamente o que somos a cada momento. Assim, o corpo é a primeira realidade da mente, é o seu primeiro objeto, sendo, ao mesmo tempo, o que lhe dá origem. Dessa perspectiva, é a criança que se oferece, a partir da sua fisicidade, a si mesma.

Entendemos que as emoções estariam em uma zona intermediária entre as sensações e a capacidade para pensar que poderá se desenvolver. Um estado que contém, ao mesmo tempo, qualidades físicas e potenciais qualidades psíquicas correspondentes. A mãe ou cuidador surgirá como uma espécie de catalizador dos potenciais já existentes em cada criança.

É por meio do corpo que entramos em contato com o mundo e, sendo esse a origem da mente, portanto, a realidade externa também será única e específica para cada sujeito. O que apreendemos são as respostas que o nosso próprio corpo oferece em relação aos estímulos provenientes do mundo interno e externo (que se torna interno).

É importante ressaltar que, embora eu esteja tomando como modelo o bebê e o surgimento da mente, não estou falando de história ou do que passou, mas daquilo que continua a nos ocorrer a cada momento. Persiste a pergunta: quem é você agora, ou quem sou eu agora?

Então, dizer que eu sei o que sou é como dizer que tenho memórias, dizer que sei o que eu fui. São teorias sobre mim, e isso ajuda a me organizar, mas seria como tomar as sombras pela coisa em si, e a pergunta permanece. A ignorância de base é a que existe com relação ao Eu. A representação que construo a respeito de mim mesmo, que é sempre incompleta, é uma interpretação, assim como o é toda a atividade mental.

Quem sou Eu neste momento? O que se passa? Já que a interpretação que crio a meu respeito não sou Eu, mas apenas uma interpretação. Quem faz a pergunta? A resposta não pode ser racional ou intelectual, pois seria uma outra interpretação. O verdadeiro conhecimento implicaria a não interferência dos conceitos, das teorias. Eu sou o conhecedor, o conhecimento e o objeto do conhecimento, uma vez que só há separação no mundo das interpretações, daquilo que não é. Assim, nada há para ser adquirido, mas apenas ignorância a ser removida.

A psicanálise observa que os indícios das formações inconscientes (atos falhos, sonhos, devaneios, formações de sintomas) nos mostram, a cada ocorrência, a presença atemporal do desejo indestrutível do qual nos fala Freud (1923/1976).

Em outras palavras, nossa percepção recebe a informação e impõe à informação percebida um formato espaçotemporal. Não mais a coisa em si, mas uma interpretação do fenômeno observado. Em seguida, podemos organizar e conectar os fenômenos em conceitos e categorias, o que poderá nos levar a admitir a existência de algo absoluto, criado pela nossa percepção e cognição, e não relativo.

O problema é que o conhecimento só poderá ser conquistado a partir da experiência emocional, jamais da razão, em um estado de atenção plena, em um tempo absoluto. A coisa em si é a própria experiência emocional, não conhecer, mas tornar-se conhecimento. O realismo da cognição dá lugar ao metarrealismo, quando ser e pensar caminham juntos em busca do desconhecido, do que ainda não é. Olhar para dentro, para a mente em si, em vez de olhar para as projeções que fazemos na realidade.

A personalidade capaz de tolerar a ignorância sobre si mesma poderá desenvolver a capacidade para pensar, que equivaleria à liberdade de ser quem se é. O objeto psicanalítico é a incógnita, o encontro com o vazio pleno de potencialidades. Dessa forma, o que chamamos de real seria uma construção subjetiva inconsciente, e a consciência seria um epifenômeno.

Temos, então, que o inconsciente dinâmico é produzido ininterruptamente, durante todo o tempo, a partir das demandas corporais pulsionais e da percepção corporal dos estímulos externos, criando marcas, representações mentais em seu caminho para a descarga, a satisfação, acionando o aparelho anímico na sua função de contenção e registro.

A psicanálise propõe um olhar para além do que nos é familiar, em direção ao sentido último, que, no entanto, se mostra incognoscível. Um encontro inalcançável, uma vez que, à medida que nos aproximamos, se coloca mais para adiante tal qual o horizonte. No entanto, o que nos interessa realmente é a orientação e o sentido capaz de liberar fronteiras, muito mais que o encontro inapreensível, porque este está em constante produção, consonante com a vida.

Falamos de algo que ainda não tem palavra que o represente, que traz o frescor fugidio do momento presente e que, uma vez representado e interpretado, já é passado, e então abre-se uma nova procura orientada ao infinito. E será a partir da percepção desses estímulos que poderemos expressar algo sobre quem somos diante de alguma coisa, de alguma situação, da experiência que vivemos no encontro com algum paciente ou agora, aqui. É dessa escuridão que nascemos todos os dias e a cada momento de cada dia.

Aquilo a partir do qual eu poderei ser sensibilizado, estímulos internos e externos, irá pouco a pouco se organizar em potenciais qualidades psíquicas, mas ainda não representadas. Para tanto, o movimento pulsional buscará seu objeto, o não Eu, para que sentidos possam ser construídos, significados sejam alcançados como descanso ao desejo, ainda que fugaz.

Em resposta ao movimento marasmático e surdo que vem das entranhas, algum sentido poderá nascer no contato com um hospedeiro acolhedor e do encontro, transformador para ambos, poderá nascer o sentido também para ambos. É o espaço primário reservado ao novo, ao estrangeiro, ao traumático, àquele que ainda não se inscreveu na memória. A partir da experiência, do sentido que reverbera em memória, cria-se o inconsciente e também a consciência, enquanto qualidades psíquicas.

Assim, para responder a pergunta "quem sou Eu?", em lugar da memória, abre-se o desejo ainda informe. Em lugar da história, a criação. Esse será sempre o espaço-tempo em que a existência buscará seu sentido. O inconsciente infinito é holístico, reúne o sujeito à experiência sem a mediação do Eu consciente, seguindo o caminho da intuição, propõe ser em lugar de conhecer, verdade afetiva em lugar de verdade intelectual.

Enfim, concluindo, poderíamos dizer que a psicanálise busca revelar a verdade interior de cada momento, e não a anterior já vivida.

Referências

Aulagnier, P. (1985). Nascimento de um corpo, origem de uma história. *Rev. Latinoam. Psicop. Fund.*, *II*(3), pp. 9-45, 1999.

Ferrari, A. (2004). *From the eclipse of the body to dawn of thought.* Free Association Books.

Freud, S. (1895). Projeto para uma psicologia científica. In S. Freud, *Obras completas* (Vol. I, pp. 41-68). Imago, 1987.

Freud, S. (1917). Luto e melancolia. In S. Freud, *Obras completas* (Vol. XIV, pp. 271-291). Imago, 1974.

Freud, S. (1923). O Ego e o Id. In S. Freud, *Obras completas* (Vol. XIX, pp. 25-83). Imago, 1976.

Heisenberg, W. (1971). *A parte e o todo.* Trad. Vera Ribeiro. Contraponto, 1996.

Laplanche, J. (1987). *A tina: a transcendência da transferência.* Martins Fontes, 1993.

26. O tecer das moiras: o masoquismo primário e sua relação com o Eu[1]

Ana Cláudia Zuanella[2]

As moiras fazem parte da mitologia grega e representam as três tecelãs dos fios da vida, uma responsável por fabricar, outra por tecer e a última por cortar o fio que compõe o destino de deuses e homens.

Para falar do masoquismo primário e sua relação com o Eu, farei uso dessa alegoria usando como fios condutores o masoquismo, a pulsão de vida e a de morte para discorrer sobre a mescla vital que nos constitui e, por conseguinte, atravessa nosso destino tal qual os teares das moiras o faziam na antiguidade grega. O masoquismo erógeno primário será, nesta ilustração, a agulha que direciona os fios para formar a tapeçaria da existência de cada um.

Falar sobre o masoquismo primário remete à virada de 1920 da teoria pulsional, a qual nos apresentou a pulsão de morte, esse

---

[1] Trabalho apresentado na mesa-redonda *O masoquismo primário e sua relação com o Eu e o Supereu* da XXV Jornada da Sociedade Psicanalítica do Recife (SPRPE), que ocorreu entre 13 e 14 de outubro de 2023 em Recife.

[2] Membro efetivo, didata e docente da SPRPE, diretora do Instituto de Psicanálise da SPRPE, mestre em Psicologia Clínica pela Universidade Católica de Pernambuco (Unicap).

conceito disruptivo com o qual Freud abalou novamente a compreensão sobre a vida anímica.

Ao apresentar a pulsão de morte como um fator que poderia inviabilizar o processo analítico e que ia de encontro com o que entendíamos do funcionamento psíquico, muitos na época ergueram uma barreira intelectual e afetiva contra o novo conceito. Outros, no entanto, o abraçaram e desenvolveram suas teorias ao seu redor, entre eles Klein, Green, Rosemberg e Nathalie Zaltzman.

Do meu encontro com velhos e novos autores, surgiu uma outra compreensão do masoquismo, revelando uma visão inovadora da pulsão de morte que me capturou e instigou a privilegiar nesta comunicação. Abordá-la aqui é uma forma de reconhecimento aos que nos inspiram a olhar e refletir para além do conhecido.

Começamos a ouvir sobre o masoquismo, na obra freudiana, enquanto uma modalidade de prazer sexual, inicialmente proposta por Krafft-Eibing (citado por Freud em 1905) e ampliada por Freud (1905) para a compreensão da complexa sexualidade humana.

Os primórdios das noções psicanalíticas sobre o masoquismo se deram a partir do sadismo, sendo o primeiro derivado do segundo, formando um par de opostos (Freud, 1915/2020) que ilustra dois dos quatro destinos da pulsão, indicando a reversão da pulsão em seu contrário – da meta ativa para a passiva – e o retorno para a própria pessoa.

A partir de 1920, muito foi revisto com a introdução de um novo polo pulsional que visava a volta ao estado original, inorgânico, visão essa contrária ao desenvolvimento que havia sido entendido até então como natural à vida psíquica. Tânatos foi apresentado na teoria freudiana com toda sua ilogicidade, intempestividade, irrepresentabilidade, colocando vida e morte no centro do nosso ser.

A questão de uma propulsão direcionada à morte brindava a psicanálise com um problema metapsicológico em algumas frentes, uma delas, o quesito econômico. Como pensar em uma busca de descarga que visasse o aniquilamento, o desprazer? De acordo com o conceito de homeostase psíquica, era na descarga da pulsão que se dava o prazer. Foi justamente o masoquismo que delatou esse impasse (Freud, 1924/2011), retirando-o de sua posição derivativa para trazê-lo ao protagonismo do par sadomasoquismo. Não à toa, o masoquismo foi um dos únicos conceitos a ser revisado por Freud após a integração da pulsão de morte à psicanálise.

É importante recordar que nas hipóteses iniciais de Freud a função do aparelho psíquico era a descarga da energia, cujo acúmulo causava desprazer; e o escoamento, o prazer. Estava aí o masoquismo instaurado como tópico de referência para a compreensão do início do funcionamento psíquico.

No entanto, a redução da tensão a zero acarretaria não o prazer, mas um estado inorgânico, de ausência de desejo, tal qual descrito como o almejado pela pulsão de morte. Para manter a vida seria premente haver um quantum permanente de libido. Essa compreensão levaria à dedução de que a descarga libidinal não necessariamente garantiria o prazer; este solicitava uma nova compreensão econômica.

O masoquismo erógeno primário, com sua aparente incoerência surgiu, então, como uma explicação bastante coerente para o funcionamento anímico.

Le Guen (2003) nos oferece sua versão ao afirmar: "O masoquismo é o que nos permite continuar a suportar os sofrimentos e as misérias da vida; digamos que o masoquismo nos faz viver" (p. 17).

É a possibilidade de encontrar satisfação no sofrimento que torna toleráveis as grandes frustrações, o desemparo, a dolorida adaptação à realidade. A suportabilidade do desprazer só é possível por um quantum constitutivo de masoquismo erógeno primário. O princípio de realidade e o sujeito como um todo contam com essa parcela de prazer no sofrimento para poderem se estabelecer.

Para além desse aspecto, o masoquismo primário é o protótipo da fusão pulsional. Como bem descreve Le Guen (2003), o masoquismo primário se confunde com a intrincação pulsional, é o momento e o lugar onde se forma o Eu. Pela erotização da sua destrutividade, confere ao Eu primário a possibilidade de desviar uma parte da pulsão de morte e servir-se disso para se defender da carga pulsional erógena que prime o incipiente aparelho mental. Esse desvio, originado da fusão pulsional, faz com que o masoquismo fique a serviço da pulsão de vida.

Em 1926, Freud se viu diante de semelhante construção hipotética, que o fez ver a angústia como fator benéfico ao funcionamento mental, ao contrário de como a concebia anteriormente, enquanto resultado patológico do recalque. A mudança na sua compreensão decorreu da observação clínica de que a angústia cooptava o Eu a trabalhar a favor de defesas que tentavam extingui-la, ou seja, a presença antecipada da angústia convocava o Eu a renunciar a certos prazeres cuja satisfação só faria aumentar o desprazer cuja angústia nascente denunciava.

Assim, podemos repensar o masoquismo, o qual, tendo sido concebido como o retorno da pulsão sádica atacando o próprio sujeito, posteriormente abre uma frente enquanto movimento que permite a sobrevivência do Eu.

Nessa compreensão, podemos falar do masoquismo enquanto guardião da vida, termo cunhado por Brenno Rosemberg (2003) e ideia difundida por Paim (2014) e Terra Machado (2021).

Para Rosemberg (2003), o masoquismo erógeno primário seria o catalisador da fase de formação do Eu, em que se realiza a intrincação das pulsões, a qual permite o aparelho psíquico estabelecer algum tipo de equilíbrio. De acordo com o autor, masoquismo e princípio do prazer são resultados dessa fusão pulsional, são "dois aspectos do mesmo momento psíquico" (p. 81).

Rosemberg (2003) expressa que o masoquismo erógeno primário não significa satisfazer a pulsão de morte, mas encontrar um meio de não a satisfazer. O masoquismo erógeno primário, tão intimamente ligado à pulsão de morte, é o meio de impedir nossa destruição.

Essa ideia, aparentemente incoerente, há muito já havia sido apresentada por outra grande pensadora que foi além da função vital do masoquismo primário. Nathalie Zaltzman, em 1979, escreveu o livro intitulado *A pulsão anarquista*, cujo teor era a discussão de uma dimensão do protesto vital da pulsão de morte. Na visão dessa psicanalista francesa, a pulsão de morte significa um movimento transgressivo, impulsor de vida, um representante da anarquia que luta pela existência. Diz ela: "a pulsão de morte é um impulso útil à vida" (*apud* Natale, Winograd & Klier, 2020, p. 14).

Esse aspecto transgressivo da pulsão de morte exerce sua função de "desligamento contra quaisquer situações de domínio mortal, domínio de Eros e domínio da pulsão de morte do outro, da destrutividade da massa, a autocracia e da autossuficiência do Eu" (Zaltzman *apud* Natale, Winograd & Klier, 2020, p. 25).

Pensando sob essa perspectiva, à medida que a pulsão de morte tem como característica efetuar o desligamento erótico, este pode ser utilizado a favor de proteger o sujeito de relações patológicas ou o favorecer quando há a necessidade, por motivos outros, da separação.

Natale, Winograd e Klier (2020) atentam para o artigo "A negação" (1925/2011), em que Freud destaca que a pulsão de morte passa a ser responsável pela separação e pela constituição do objeto. A primeira expulsão que o bebê estabelece ao ser afastado da mãe é realizada pela pulsão de morte e dá origem à negação enquanto função simbólica, sendo considerado o responsável pela estruturação do psiquismo.

Paim (2014) é um autor que reforça essa ideia. Para ele, o desligamento da pulsão em relação ao objeto, que está vinculado à pulsão de morte, cria um espaço e um tempo para a busca de um novo destino da demanda pulsional.

É possível ver que o desligamento não significa apenas o impedimento de novos investimentos saudáveis, ele também tem a função de possibilitar o rompimento de relações adoecedoras. Pode-se questionar, inclusive, se este tem um papel relevante no trabalho inicial do luto, por exemplo.

O "além" do princípio do prazer não seria a busca "a mais" da descarga pulsional, mas referir-se-ia a uma compreensão de que há algo mais essencial ao psíquico do que a busca de satisfação. Para além, ou como tarefa além daquela inicialmente exigida do aparelho mental, está a função da sobrevivência, função essa instigada pela pulsão de morte.

Para dar voz e corpo às ideias aqui apresentadas, pinçarei pontos de uma análise que poderão ilustrar o que se pretendeu expor.

Esta é a estória de Justine.

Justine ficou em análise por mais de quinze anos. Chegou com seus recém-completados 20 anos, trazendo queixas diversas sobre a relação com o namorado, os pais, os irmãos, os colegas de faculdade e uma lista de infortúnios. Filha caçula de dois irmãos bem-sucedidos, um advogado e outro engenheiro, ela decidiu cursar Geologia.

Seus pais queriam tê-la abortado e foi graças à avó que não levaram adiante a decisão; ainda recém-nascida, teve um problema grave de saúde e quase veio a óbito; diziam que foi praga da amante do pai. Devido a uma questão física, sofreu *bullying* no ensino médio, algo que a marcou profundamente. Teve duas grandes decepções amorosas e se fechou mais ainda.

Com o tempo, seus irmãos se casaram, tiveram filhos; ela ficou solteira e com a função de morar e fazer companhia para a mãe. Ela tinha certeza de que só ligavam para ela estar viva por causa da sua utilidade no funcionamento familiar.

Por vários anos, ouvi seus relatos como quem ouve uma dessas trágicas estórias infantis, dessas que hoje são tidas como politicamente incorretas por aqueles que não entendem a função de representação e elaboração da angústia que esses relatos sombrios proporcionam.

No entanto, eu não escutava suas "estórias" infantis como chance de reconstrução de alguma narrativa; ouvia como uma espectadora de situações que eram contadas com o fim de repetição de uma cadeia de grandes sofrimentos e injustiças que tinham como maior finalidade o lamento e a comprovação do sofrimento que era o seu viver. Quando eu fazia alguma interferência que a convidasse a refletir sobre sua participação no seu destino, ela, de forma acanhada e sub-reptícia, me dizia que eu não valorizava sua dor, assim como todos faziam, a chamando de vitimista.

Por mais que eu entendesse a veracidade da sua aflição, não conseguia compactuar com sua dor, talvez com receio de que sua melancolia me engolisse ou porque a ouvia como alguém que investia no sofrimento e não tinha disposição de se livrar dessa condição de Gata Borralheira da vida.

Eu, em vez de falar diretamente do seu prazer masoquista, preferia não o fazer, com receio de ser mais uma peça geradora de sofrimento e incompreensão, ocupando um papel acusatório e sádico.

Com a solidificação da relação analítica, comecei a usar metáforas das estórias infantis, aquelas que me vinham à mente no início do trabalho analítico. Percebia que ela conseguia refletir sem se sentir acusada. Eu falava da ideia que nos passam de que precisamos sofrer muito para termos finais felizes, e que quanto mais sofrermos, mais triunfante será o desfecho, o que faz parecer que sofrer é bom e nos garante prazer.

Justine, então, me contou como era fixada nas estórias da Disney e me mostrou sua coleção de bonecos infantis, dentre os quais os preferidos eram os vilões.

A pulsão de morte nos é inerente (Paim, 2023), todos já nascemos com essa força. No caso de Justine, parecia-me que seu contato com a morte e seus destinos foi intenso antes mesmo de nascer; viver, para ela, era uma luta mais ferrenha do que para a maioria das pessoas. Sua libido não parecia ser o suficiente para buscar objetos eróticos externos. Como saída para a sobrevivência física e psíquica, Justine libidinizou sua dor, não somente a contrapôs com a libido, mas fez do desprazer um prazer suficientemente necessário para suportá-lo.

Aqui relembro Zaltzman (Natale, Winograd & Klier, 2020), com seu conceito de pulsão anarquista, conceito que refere uma via pela qual a pulsão de morte assume a forma de representante psíquico que sustenta a autoconservação da vida.

Se posso hoje levantar essas conjecturas a respeito de certos traços psíquicos de Justine é porque juntas fomos dando voz a seu silêncio tanático. Mesclado com os lamentos e relatos de injustiças de toda sorte, ela começou a falar sobre sua raiva dessa condição, raiva que nunca aparecera, pois requereria atividade demais de um funcionamento tão apassivado. Eros parecia estar mais encorpado e dava um colorido a mais na tapeçaria que tecíamos.

Aos anos iniciais, seguiram-se outros tantos ouvindo sua vontade de que a mãe partisse para que ela pudesse ter uma vida própria. Ela começava a questionar o porquê de ter de ocupar um lugar na família sobre o qual não podia opinar. Passou a enfrentar as chantagens da mãe, o que inicialmente lhe custava crises de automutilação diante da culpa. Estas passaram a ser controladas, e as discussões conseguiram servir como oportunidade de escuta em vez de atuação. Quanto ao pai, entendeu que ela jamais seria a filha querida e deixou de se resignar a todas as suas vontades para agradá-lo. Tânatos agiu como pulsão anárquica, efetuando desligamentos necessários para a sobrevivência.

Lentamente, foi se estabilizando profissionalmente e quase conseguiu reconhecer seu sucesso em uma profissão tão difícil. Após ter pegado covid-19 e não ter tido ajuda de nenhum familiar, fortaleceu-se a ponto de resolver arriscar sair de casa. Procurou e alugou um *flat* sem comentar com ninguém, comunicou a família às vésperas da mudança. Diante da comoção geral, impôs sua vontade, e, inesperadamente, a família teve de se readaptar e se revezar para fazer companhia à mãe. Nesse meio-tempo, decidiu fazer uma cirurgia para reparar sua questão física; a família fez de tudo para demovê-la, em vão. Como salienta Zaltzman (Natale, Winograd & Klier, 2020), a rebeldia da pulsão anárquica pode ser absolutamente silenciosa. Justine rebelou-se, aprendendo a desejar e acreditar que poderia realizar.

Justine, que agora chamarei apenas de Ju, pôde investir em si com um tanto a mais de libido sem correr o risco de se esfacelar diante da frustração. Para sobreviver, teve de manter um investimento masoquista erógeno por mais tempo do que aquele estrutural; deu certo, tendo em vista suas opções. Entendo esse masoquismo como o guardião da vida a que Rosemberg (2003) se refere, aquele que permite a constituição do Eu posto que se vê instigado pela briga erótica pela existência.

Assim como aconteceu com Ju, penso que somos todos resultado de uma visceral rebelião e anarquia frente ao tecido criado por fios aleatórios, que ao fim, não são tão soberanos assim no resultado do nosso destino.

Referências

Freud, S. (1905). Três ensaios sobre a teoria da sexualidade. In S. Freud, *Obras completas* (Vol. 6, pp. 13-172). Companhia das Letras, 2016.

Freud, S. (1915). *As pulsões e seus destinos*. Autêntica, 2020.

Freud, S. (1924). O problema econômico do masoquismo. In S. Freud, *Obras completas* (Vol. 16, pp. 184-202). Companhia das Letras, 2011.

Freud, S. (1925). A negação. In S. Freud, *Obras completas* (Vol. 16, pp. 275-282). Companhia das Letras, 2011.

Freud, S. (1926). Inibição, sintoma e angústia. In S. Freud *Obras completas* (Vol. 17). Companhia das Letras, 2021.

Le Guen, C. (2003). Prefácio. In B. Rosemberg, *Masoquismo mortífero e masoquismo guardião da vida* (pp. 11-18). Escuta.

Machado, A.P.T. (2021). P*ulsão de morte: a inegável existência do mal*- Centro de Estudos Psicanalíticos de Porto Alegre, tradução Carlos Pereira Thompson Flores (pp. 63-87). CEPdePA.

Natale, R., Winograd, M., & Klier, N. (2020). *Pulsão de morte, trabalho de cultura e transgressão*. Appris.

Paim Filho, I. A. (2014). *Metapsicologia: um olhar à luz da pulsão de morte*. Movimento.

Paim Filho, I. A. (2023). *Comunicação pessoal.*

Rosemberg, B. (2003). *Masoquismo mortífero e masoquismo guardião da vida.* Escuta.

Zaltzman, N. (1979). *A pulsão anarquista*. Escuta, 1994.

GRÁFICA PAYM
Tel. [11] 4392-3344
paym@graficapaym.com.br